기업의
거짓말

기업의 거짓말

분식회계, 위험한 숫자놀음
조작된 회계장부

김도년 · 유윤정 지음

시대의창

세상을 깊이 있게 이해하는 방법

공교롭게도 개정판 서문을 쓰는 지금, 삼성바이오로직스의 분식회계 의혹에 시장의 관심이 쏠려 있다. 삼성그룹 안에서 벌어진 회계부정 사건이다 보니 여의도 증권가는 물론, 시민단체·정치권까지 이 사건에 촉각을 곤두세우고 있다. 현재 이 사건은 분식회계 혐의의 유·무죄를 가리는 행정기관 증권선물위원회(증선위)에서 한창 논의를 진행하고 있다. 독자들이 이 개정판 서문을 읽을 때는 이미 결론이 난 이후일 것이다. 어떤 결론이 나든, 증선위 개최 전 열린 감리위원회에서 다수 회계 전문가가 이번 사건을 '고의적인 분식회계'라고 주장했기에 삼성 입장에선 매우 곤혹스러울 것이다. 회계 전문가들은 삼성이 좀 더 글로벌 스탠더드를 갖춘 모범 기업으로 거듭나기를 바라고 있다. 국내 대표 기업답게 시장의 목소리에 귀 기울이는 성숙한 자세가 필요하다는 점을 지적한 셈이다.

　필자는 삼성바이오로직스의 분식회계 의혹과 관련, 금융감독원의 고강도 징계 통보 사실과 구체적인 분식회계 혐의점이 기록된 문건 〈금융감독원 조치사전통지서〉를 입수해 특종 보도했다. 관련 내용은 개정판에서 한 챕터를 따로 마련해 기록한다. 또 2015년에 있었던 대우조선해양의 분식회계 사건은 이 책을 처음 쓸 당시에는 법정과 금융당국의 결론이 나기 전 상황이었다. 고의적인 분식회계로 결정된 대표 사례인 이 사건도 내용을 보강해 새롭게 정리했다.

《기업의 거짓말》 초판이 처음 세상에 나온 2016년 4월은 첫 딸 담희가 막 아기 침대를 붙잡고 일어서던 때였다. 이제는 제법 말을 하기 시작한 딸이 대견해 보인다. 회계 사건도 그렇다. 이 책 초판을 쓰던 때에는 회계 이슈는 주로 전문가들만의 영역이었다. 그러나 최근 삼성바이오로직스 분식회계 의혹은 물론 한국지엠과 금호타이어, STX조선해양 등 기업 구조조정 이슈를 지켜보는 독자들은 회계로 기업의 속사정을 분석한 기사들에 뜨거운 반응을 보내고 있다. 이런 독자들과 언론이 교감할 때 우리는 우리가 사는 세상을 더욱 깊이 이해할 수 있을 것이다.

우장산에서 김도년

머리말

숫자로 늘어놓은 기업의 거짓말, 분식회계

2014년과 2015년은 분식회계의 해였다. 대우건설이 3900억 원 규모의 분식회계로 금융당국으로부터 중징계를 받는가 하면, 한 분기에 3조 원대 영업손실을 낸 대우조선해양이 분식회계로 처벌받았다. 세모그룹, 동양과 효성그룹 등 크고 작은 기업에서 일어난 분식회계 사건도 줄을 이었다. 3조 원대 허위 매출로 세상을 떠들썩하게 한 모뉴엘 사태도 대표이사에게 징역 23년의 중형을 선고하는 것으로 마무리됐다. 살인 혐의에 버금가는 수준의 징계가 내려진 것이다.

 사건은 하루가 멀다고 벌어지는데, 이 소식을 전하는 기자들은 애를 먹고 있다. 사건이 있을 때마다 등장하는 전문적인 회계용어에 머릿속은 복잡해지고, 기사를 쓰면서도 제대로 쓰고 있는지 돌아볼 때가 한두 번이 아니다. 하물며 일반 국민은 더욱 이해하기 어려울 것이다. 기자들마저 충분히 소화하지 못한 사실을 전해야 하니, 기사가 진실인지 아닌지도 의심스러울 수밖에 없고, 골치 아픈 얘기들은 그저 '뭔가 크게 잘못한 기업인의 이야기'쯤으로 여기고 넘어가고 만다. 앞으로도 이런 의사소통의 한계가 계속되리라는 점은 참 불행한 일이다.

대기업 총수들의 회계부정 사건을 남의 일 보듯 하는 것처럼 일상에서 접하는 회계도 마치 나와는 상관이 없고 알아봐야 골치만 아픈 전문가 집단의 이야기로 취급한다. 자본주의 사회에서 살아가는 우리 국민은 한 기업의 노동자로서, 가계부채의 채무자로서, 주식에 투자하는 소액주주로서, 특정 상품을 이용하는 소비자로서, 대기업과 경쟁을 해야 할 판인 영세 자영업자로서, 기업과 관계 맺지 않고서는 하루도 살아갈 수 없다. 그럼에도, 기업을 경영하고 움직이는 사람들이 숫자로 늘어놓는 말이 거짓인지도 모른 채 살아가고 있다.

국민이 회계를 어렵게 여겨 쉽게 다가서지 못하는 것은 전적으로 회계 전문가 집단의 책임이다. 애초에 회계용어를 만든 사람이 누구인지는 모르겠지만, 만약 만날 수 있다면 왜 이렇게 암호문과 같은 용어로 회계장부를 '도배'해놨는지 따져 묻고 싶다. 지금도 늦지 않았다. 그저 '까만 건 숫자'인 회계용어를 평범한 국민들도 접근할 수 있는 쉬운 언어로 바꾸는 21세기 회계판 '한글 창제'가 이뤄졌으면 한다.

과연 회계 전문가들이 스스로의 기득권을 버리고 '회계용어 순화 작업'에 나설 수 있을까? 그런 일은 절대로 일어나지 않을 것이다. 마치 한문을 써야만 기득권을 유지할 수 있었던 조선 시대 사대부들처럼 자본주의 사회에서도 자본이 어떻게 움직이는지를 국민에게 시시콜콜하게 알려주지 말아야 하는 집단이 있다. 이 책을 쓰는 이유가 여기에 있다. 이해할 수 없는 것을 이해하고 설명할 수 없는 것을 설명해야 하는 기자란 업을 하는 필자가 결국 운을 띄울 수밖에 없는 것 아닐까.

'재무제표 쉽게 읽기'류의 회계 서적은 시중에도 많이 나와 있다. 필자와 비슷한 문제의식을 가진 회계사들의 시도는 높이 평가할 만하다. 필자는 전문 회계 자격증이 있는 공인회계사는 아니다. 이 때문에 회계사들처럼 회계학의 흐름에 따라 개념을 쉽게 풀이하는 것은 어렵다. 또 주식, 채권 투자자를 위해 산업별, 업종별로 회계적 특성을 분석할 정도의 애널리스트적 능력도 갖추지 못했다(증권부 기자로 근무하고 있지만 태어나서 지금까지 주식 투자 한 번 해본 적이 없다).

이 책은 회계 전문가들이 국민의 곳간을 좀먹어 사회적 파장을 일으킨 분식회계 사건을 중심으로 서술한 '저널리스트'의 책이다. 근 1년여 동안 《이데일리》에 〈분식회계 읽어주는 남자〉 코너를 연재하면서 다양한 사건을 이해하는 과정에서 얻은 지식의 조각들을 담았다. 필자가 그랬듯 회계를 처음 접하는 사람도 쉽게 이해할 수 있도록 노력했다. 이 책으로 터득한 원리를 자신의 현실에 비춰 생각해보길 바라는 마음이다. 대중에게 다가가려고 했지만, 그렇다고 전문성을 놓치려고 하진 않았다. 회계 담당 기자로서 만날 수 있는 양식 있는 회계 전문가들로부터 감수를 받고 그들의 전문적 지식까지 녹여내기 위해 노력했다.

이 책의 주제는 분식회계이다. '분식'은 가루 분(粉)에 꾸밀 식(飾)자를 쓴다. 보여주기 싫은 부분을 감추기 위해 분을 발랐다(화장했다)는 의미다. 집을 온통 과자와 초콜릿으로 꾸며놓고 헨젤과 그레텔을 기다린 마녀처럼 기업은 회계장부를 꾸며놓고 투자자들이 덥석 투자해주기를, 나라가 세금을 줄여주기를, 노동자들이 임금 삭감과 구조조정에 동의해주기를 기다린다. 현실 속 마녀, 기업이 숫자로 저질러놓은 거짓부렁과 싸워나가기 위해서는 우리에게 회계 지식이 필요하다.

분식회계를 일부 부도덕한 기업에만 해당하는 일로 여길 게 아니다. 금융감독원의 분식회계 감시 인력이 30여 명인데 비해 감시 대상 상장기업은 1900여 개에 달하는 게 현실이다. 상장기업 하나가 금감원의 검사를 받는 데 걸리는 시간이 핼리혜성이 지구에 찾아오는 주기와 비슷한 60여 년에 달하는 상황에서, 분식회계를 일삼는 마녀는 곳곳에 널려 있을 가능성이 크다. 이 책에서 소개하는 사례 대부분도 모두 감독 당국이 멀쩡히 감시의 눈을 뜨고 있는 벌건 대낮에 번듯하게 지어진 기업의 사무실에서 벌어진 일들이다. 감시 인력을 늘릴라 치면, 작은 정부를 지향하는 정치권과 그들을 배후 조정 하는 자본 권력이 가만히 있지 않으니 국민은 눈뜬장님처럼 당하기 십상이다. 분식회계를 전문가의 영역으로만 치부하지 말아야 할 이유가 여기에 있다. 그 이전에 법과 제도를 다루는 사람들은 이런 허술한 감독 시스템을 방치한 비정상적인 상황부터 바로잡아야 할 것이다.

이 책은 분식회계 사례를 이야기하기 전에 먼저 회계에 대한 기초 지식을 간략히 설명한다. 1장에서 설명한 회계 기초 지식은 앞으로 분식회계 사례를 이해하는 데 필요한 알파벳으로 간략히만 다뤘다. 자세히 설명하려면 서론부가 너무 길어지고, 다른 훌륭한 회계 전문가들이 이미 그 내용을 다룬 책들을 시중에서 쉽게 구할 수 있기 때문이다. 2장에서는 필자가 접한 기업의 분식회계 사례를 상세히 설명했다. 최대한 쉽게 쓰려고 노력했지만, 그래도 이해되지 않는다면 필자의 이메일로 문의하시면 성실히 답변해드리겠다. 3장에선 기업의 분식회계가 일어나는 원인이 무엇인지, 또 그 해결책은 무엇이 있는지 필자 나름대로의 견해를 제시했다. 기사로도 여러 차례 지적했지만, 법을 다루는 사람들은 별로 관심이 없는 듯해 이번 기회에 강력히 제도 개선을 촉구하려고 한다. 감자에 뿌리는 케첩처럼 회계의 개념을 재미있는 에피소드로 설명하는 〈재밌는 회계살롱〉을 넣어 21세기 회계판 한글 창제에 보탬이 되고자 했다. 쉬어 가는 코너이지만, 알고 나면 분통이 터지는 내용이 많으니 결코 쉬어갈 수 없을지도 모르겠다.

이 책은 필자 혼자만의 힘으로는 도저히 쓸 수 없었다. 함께 경제 기자 생활을 하고 있는 동지이자 갓 태어난 귀여운 딸 담희의 엄마인 아내 유윤정 기자가, 〈재밌는 회계살롱〉 파트를 맡아 태교를 회계 공부로 대신했다. 또 성병수 가현회계법인 이사는 회계감사로 바쁜 와중에도 원고를 꼼꼼하게 감수하느라 시간을 쏟아부었다. 강대준 인사이트파트너스 대표, 최병철, 박동흠 회계사, 박권추 금융감독원 부국장과 최진영, 박희춘 금감원 전·현직 회계전문심의위원, 정도진 중앙대 경영대학 교수, 김수헌 글로벌모니터 대표 등 회계 전문가들의 식견을 빌리지 않았다면 날마다 쏟아지는 회계 현안을 이해할 수 없었을 것이다. 책을 한번 써보라고 부추긴 한국공인회계사회의 이승환 씨와 회계기자스터디모임 멤버들에게도 감사의 인사를 전한다. 책이 나오는 데까지 부족한 원고를 검토해주고 아이디어를 제시해준 시대의창 출판사의 모든 분께도 감사 말씀을 드린다.

시장의 감시자들이 본 또 다른 회계 이야기

이 책의 저자인 김도년, 유윤정 기자와 인연을 맺게 된 것은 '회계'라는 공통분모가 있었기 때문이다. 나는 공인회계사이자 전직 애널리스트로서 회계 지식과 재무제표로 기업을 분석하는 방법을 두 기자에게 기꺼이 조언해주었다. 회계의 시선으로 바라본 경제 기사가 이들의 이름을 달고 세상에 나올 때마다 묘한 보람을 느꼈다. 밥 한술에 배부르진 않겠지만 경제 이슈를 회계 관점에서 바라본 기사를 여러 번 접하다 보면 우리나라 독자들의 '회계 지능'도 한 단계 성숙해지리라 생각했기 때문이다. 그래서 두 사람이 이 책을 감수해달라고 부탁했을 때 흔쾌히 응했다. 이와 별도로 눈앞에 닥친 숫자와 씨름하며 하루하루를 사는 회계사로서 회계 부정 사건들과 회계시스템 전반의 문제를 성찰하는 시간을 갖는 것은 의미 있는 일이기도 했다.

일반인 가운데 회계를 아는 사람은 많지 않을 것이다. 회계 전문가들 사이에서도 분식회계는 어렵게 느낄 수 있는 주제인데, 이 책은 회계를 모르는 일반 독자도 쉽게 이해할 수 있도록 사례를 중심으로 구성됐다. 물론 일반 독자에게 쉽고 재미있게 회계를 이해시키는 것만이 이 책이 쓰인 목적은 아니다. 서두에서 재무제표를 읽는 법을 단순화해 이해를 도운 다음, 본격적으로 국내외 기업의 분식회계 사례를 들어 우리 사회의 썩은 곳을 비판하고 불의를 바로 세우고자 하는 노력이 엿보였다.

분식회계는 자본주의 시장경제의 환부라 할 수 있다. 어물쩍 넘어가거나 대수롭지 않은 일로 치부해서는 안 되는 암세포와 같다. 그냥 두면 시장은 반칙과 부정이 판치는 아수라장이 된다. 참여자들의 신뢰를 상실한 시장경제가 온전히 작동하리라 기대하기는 어려울 것이다. 기술적인 회계처리 그 자체에 주목하는 회계사들과는 달리 저자는 경제 기자로서 시장의 이러한 환부를 주저 없이 기록했다. 좀 더 공정하고 따뜻한 사회를 만들고자 하는 저널리스트의 순수한 열정을 느낄 수 있었다.

쉬어가는 페이지로 마련된 〈재밌는 회계살롱〉 코너는 회계라는 것이 전문가만의 전유물이 아니라 일반인의 삶 속에 깊숙이 자리하고 있다는 사실을 새삼 깨닫게 해준다. 한국사 교과서 국정화나 기업 사내유보금 문제 등 평소 뉴스에서 접한 사실을 회계의 시선으로 접근해 치밀하게 설명해낸 것 자체로 탁월하다고 볼 수 있다. 회계학이 현실과 동떨어져 있다면 죽은 것이나 다름없지만, 사회적 맥락 속에서 존재감을 드러낼 때 비로소 살아 있는 학문으로 그 가치가 더욱 빛날 수 있다는 진리를 이 코너를 통해 느꼈다.

공인회계사나 재무 전문가가 집필한 분식회계 관련 서적은 이미 많다. 그러나 저자는 '시장의 감시자이자 친절한 이야기꾼'이란 자세로 새롭게 회계에 접근해 회계 전문가에게도 색다른 재미를 준다. 우리 사회가 성숙하고 건강한 사회로 발전하는 데 이 책이 공헌할 수 있으리라 믿는다.

공인회계사 성병수(가현회계법인 이사)

차례

경제는 숫자로 표현된다.
그 숫자 속에 평범한 사람의 삶과 죽음이 있다.

회계 민주화, 경제 민주화의 시작이다

회계는 일종의 언어다. 자본주의 사회를 움직이는 집단인 기업과 투자자, 주로는 노동자를 고용해 상품을 생산하는 산업자본과 시중자금을 끌어모아 될성부른 기업에 투자하는 금융자본이 대화하는 언어다. 은행의 리스크관리 부서에 있는 사람들은 특정 기업에 대출해줄지 말지를 결정하기 위해 기업의 회계장부를 들여다보고, 주식에 투자하는 기관투자자들도 기업을 분석하는 데 회계장부를 활용한다. 기업은 회계로 자신의 모습을 드러내고 금융회사는 회계로 기업의 속사정을 들여다본다. 물론 규모가 크거나 주식시장에서 국민의 돈을 끌어다 사업자금으로 쓸 수 있는 상장기업들은 각종 회계정보를 전 국민 앞에 공개하지만, 경제 담당 기자들도 제대로 회계정보를 해석할 줄 아는 사람이 드물 정도로 하루하루 살기 바쁜 평범한 사람들이 그것을 이해하기란 쉽지 않다.

　인간과 컴퓨터가 대화하는 프로그래밍 언어는 컴퓨터 전문가들만 알아도 상관이 없다. 국민은 텔레비전 리모컨처럼 IT 개발자들이 만든 프로그램에서 자신이 필요한 부분만 이용하면 그만이다. 그러나 회계라는 언어는 다르다. 영리를 추구하는 기업이든 사립대학, 병원과 같은 비영리단체든 국민 모두가 이런 조직과 관계를 맺고 살고 있다. 공기나 물처럼 존재하는 것이 기업이란 집단이지만, 이들의 존재를 드러내는 회계는 평범한 사람들이 쉽게 눈을 뜰 수 없을 정도로 어렵다. 가계부채의 굴레에 얽매여 순한 소처럼 일만 해야 할 국민이 회계에 눈을 뜨는 것은 국민의 고혈을 쥐어짜 더 많은 이윤을 추구하려 하는 집단의 입장에선 여간 피곤한 일이 아닐 것이다.

사학재단이 특수 관계에 있는 부실 건설사에 시중 가격보다 높은 가격에 일감을 준 뒤 학생들이 아르바이트 전선에서 힘들게 번 등록금을 몰아준다거나, 회사 돈으로 형편없는 미술 작품을 마치 고가에 팔 수 있는 미술품인 것처럼 비싼 값에 사들인 뒤 회사 돈을 그룹 총수의 호주머니로 빼돌린다거나, 금융당국의 감시는 피할 수 있을 정도로 미미한 돈이지만, 개인으로선 만지기 어려운 큰돈을 외부에 대출해준 것처럼 해놓고 그것을 자신의 호주머니 속으로 집어넣는 정황들이 재무제표에 나와 있다. 물론 재무제표는 건강검진 진단서처럼 기업의 구체적인 상황을 일일이 친절하게 설명해주진 않는다. 그러나 찬찬히 들여다보면 위험 징후를 파악해낼 수 있기 때문에 재무제표를 기초로 기업집단으로부터 더 많은 정보를 요구하는 과정에서 숨겨둔 진실을 찾아낼 수 있다. 자본주의의 근본 속성을 알기 위해서는 카를 마르크스(Karl Marx)의 《자본론》만 읽을 것이 아니라 회계를 알아야 한다. 회계는 과거에 쓰여진 고전이 아니라 지금 당장 일어나는 자본의 움직임을 읽는 창문과 같다.

그러나 법률이나 의료 분야가 그렇듯 회계 분야도 전문가들만의 전유물로 인식되고 싶어 한다. 미지급금, 미지급비용, 대손충당금, 선수금, 선급금, 미청구공사…. (일단은 모르고 넘어가자. 이 책을 차차 읽다 보면 자연스럽게 이해하게 될 것이다.) 재무제표를 봐도 일단 별나라에서나 쓸 법한 용어들에 눈앞이 꽉 막힌다. 재무제표를 잘못 기록해 실적을 부풀려놓으면 재벌 총수가 감옥에 갈 정도로 강도 높은 처벌을 하면서도, 평범한 사람들은 도대체 뭘 잘못했다는 것인지 알 수가 없다. 수조 원의 추징금을 내고 20여 년씩 감옥살이를 하는 등 악질 살인범 수준의 처벌을 할 정도로 중요한 일이라면 평범한 사람들도 알기 쉽게 써놔야 할 것 아닌가. 세상을 지배하는 사람들은 언제나 어려운 용어로 평범한 사람들을 주눅 들게 하고 자신들만의 성채를 견고히 한다. 알고 나면 별것도 아닌데도 말이다.

가진 자들의 합법적인 탈세를 도와주며 먹고 사는 사람들, 기업 지배구조의 밑그림을 그려 금수저를 들고 태어난 자식이 한 푼이라도 상속세를 덜 내고 회사를 물려받을 수 있도록 도와주는 사람들, 정의롭게 기업을 감사하는 일선 회계사들의 이름을 더럽히는 사람들도 회계 전문가라 불리는 사람들이다. 지하경제를 양성화하기는커녕 이미 양성화해 지상으로 올려놓은 경제를 지하경제로 되돌려 나라의 곳간을 축내는 이들은 단연 복지국가의 적이지만, 합법적으로 간판을 내걸고 '영업'을 하고 있다.

그 가운데서도 가장 지독한 것은 현행법으로도 금지하고 있는 분식회계다. 회계 전문가들인 기업의 재무담당자들이 외부 회계법인에서

온 회계사를 속이기도 하고, 회계사들이 재무담당자들과 짜고 범죄에 가담하기도 한다.

전 국민을 슬픔에 잠기게 했던 세월호 사태를 보자. 세모그룹 유병언 회장은 자신이 찍은 작품성도 없는 사진을 계열사에 팔아 수백억 원을 횡령했다. 만약 이 돈이 노후 선박을 교체하고 안전시설을 마련하는 데 썼더라면, 세월호 사태가 일어났을까. 포스코 그룹은 연구개발비를 부풀려 영업실적이 실제보다 나쁜 것처럼 꾸민 다음 나라에 내야 할 세금을 내지 않았다. 효성그룹도 있지도 않은 기계장치를 회계장부에 창조한 뒤 한꺼번에 털어내야 할 손실을 조금씩 털어내는 방식으로 실적을 부풀렸다. 수많은 사람이 피땀 흘려 모은 돈을 투자했다가 한꺼번에 날린 동양 사태에서도 분식회계는 어김없이 드러났다.

실적을 부풀린 기업 집단은 경영자의 경영 능력을 칭송하면서 스톡옵션과 성과급을 퍼주며 부를 축적할 수 있도록 도왔다. 우리 사회에서 누군가에게 분배돼야 할 몫을 분배받지 말아야 할 사람들에게 돌아가도록 파이프라인을 왜곡하는 것. 일하는 사람들이 만든 '잉여가치'를 자본과 자본의 마름들이 독식하도록 하는 것. 그것이 기업 집단이 분식회계를 하는 근본적인 이유다.

문제는 정직하게 사는 사람만 피해를 보는 불의한 일을 바로 잡을 수 있는 시스템에 근본적인 결함이 있다는 것이다. 기업의 회계장부가 제대로 돼 있는지를 맨 먼저 감시하는 회계사는 '회계감사'를 하면서도 늘 을(乙)의 위치에 있다. 잘못된 회계처리를 적발하면 다음번에는 감사 일감을 주지 않겠다는 기업 앞에서 그들의 부정을 눈감아줄 수밖에 없는 데다, 회계감사에 필요한 자료를 요청할 때도 기업 눈치를 봐야 한다. 회계법인 중에서도 가장 규모가 큰 빅4 회계법인인 삼일, 삼정, 안진, 한영회계법인도 2014년 회계감사를 하면서 기업의 회계처리가 잘못됐다는 의미인 '의견거절'이나 '부적정' 의견을 밝힌 곳은 단 한 곳도 없었다. 박병석 더불어민주당 의원실에 따르면 2014년 빅4 회계법인이 제출한 527건의 감사의견 중 의견거절과 부적정 의견은 0건이었고 '한정' 의견(재무제표에 일부 하자가 있지만, 큰 문제는 없다는 회계법인의 의견)은 1건에 불과했다. 나머지 526건은 모두 재무제표가 제대로 작성됐다는 의미인 '적정' 의견이었다. 그런데도 분식회계 사건이 계속해서 일어나는 것은 일선 회계사들의 회계감사 시스템이 허술하기 짝이 없다는 방증이다.

공권력이 없는 회계사들이 제대로 된 회계감사를 하지 못하는 현실적인 제약이 있다면, 분식회계를 적발하고 기업과 회계사에게 책임을 묻는 금융당국의 조사라도 제대로 이뤄져야 하지만, 이 역시 허술하긴 마찬가지다. 금융감독원의 분식회계 조사 인력은 30여 명으로 이들이 1900여 개 상장회사의 분식회계 조사를 담당하고 있다. 기업 당 60여 년에 1번꼴로 감시를 받고 있는 셈이다. 대우건설의 분식회계를 조사해서 결론을 내리는 데만 1년 9개월이 걸린 이유도 조사 인력이 극도로 부족한 탓이다. 그렇다고 해서 감독 인력을 필요한 만큼 늘려주지도 않는다. 정부는 '작은 정부'를 지향하는 시장만능론자들의 것이고, 시장 감시 인력을 확충하는 것을 마치 '세금 벌레' 공무원을 늘리는 일인 양 호들갑을 떨며 반대론을 편다. 진짜 '세금 벌레'를 잡는 인원을 늘리자는데도 말이다.

확실한 증거가 없으면 조사조차 나서지 않는 금융당국의 회계감독

방식도 지나치게 경직돼 있다. 물론 제보가 들어올 때마다 기업에 조사를 들어간다면 30여 명밖에 안 되는 인력으로는 감당할 수 없기 때문에 정작 조사해야 하는 곳에 인력이 투입되지 못하는 비효율이 발생할 수 있다. 또 악의적으로 경쟁사에 대한 근거 없는 분식회계 의혹을 제기하는 것까지 금융당국이 일일이 조사할 수는 없는 노릇이다. 하지만 금융당국이 제보자에게 지나치게 높은 수준의 자료를 요구하는 것은 무리한 감이 있다. 마치 보복당할 두려움을 안고서도 경찰서 문을 두드려 범죄를 신고하려는 사람에게 범인의 고향, 학력, 거주지, 혈액형까지 물어보는 것처럼 지나치게 구체적인 정보를 제보해야 수사를 할 수 있다는 태도를 보이고 있는 것이 지금의 금융당국이다. 제보자의 말에 일리가 있고 분식회계의 정황이 엿보이는 사건에 대해서는 제보자가 확실한 증거까지는 제출하지 못한다 할지라도 비밀리에 조사를 진행하는 것도 방법일 텐데, 이렇게 적극적으로 조사에 나설 의지도 없어 보인다. 인원이 없다며 다른 부서에서 인력을 달라고 요청받는 1순위 부서가 금감원의 회계심사·조사국이라는 웃어넘기기는 힘든 얘기도 있다.

금융당국의 인력이 부족하다면, 내부자들의 제보를 활성화할 필요가 있지만, 이 역시도 심각한 상황이다. 분식회계를 제보하는 사람들은 본인이 일자리를 잃을 각오를 해야 하고, 제보했다는 사실이 업계에 알려지기라도 한다면, 해당 업계를 떠날 것까지 감수해야 한다. 회사의 비리를 제보하는 사람을 고용할 고용주가 어디 있을까. 그래서 제보자에게 주는 포상금은 분식회계가 명백하다면 평생 살아갈 수 있을 만큼은 되어야 한다. 주가조작 범죄를 신고하는 사람에게 주는 포상금은 20억 원에 달하지만, 분식회계 제보자 포상금은 고작 5억 원밖에 안 된다. 수천억 원대 분식회계를 적발해 국가가 환수할 수 있는 돈을 생각해본다면, 분식회계 제보자 포상금을 주가조작 수준으로 늘리는 것도 그리 세금을 낭비하는 일은 아닐 것이다.

이렇게 분식회계 적발 시스템이 시작부터 끝까지 허술한 탓인지 우리나라의 회계 투명성 지수는 국제적으로도 최악이다. 우리나라는 스위스 국제경영개발연구원(IMD)이 발표한 〈2015년 국가경쟁력 평가〉의 기업 회계감사 적절성 부문에서 61개 나라 중 60위를 차지했다. 개발도상국보다도 못한 세계 최하위 수준으로 세계 10위권 내에 진입한 경제대국이라고 자화자찬하기에도 민망할 정도다.

회계 투명성은 세계 최악의 수준이지만, 우리나라의 기업공시 제도는 다른 나라에 비해 잘 갖춰져 있다는 평가를 받는다. 일례로 일본 롯데홀딩스의 대주주인 광윤사의 지분구조는 일본 국민에게 공시되지 않는다. 이렇게 큰 기업의 대주주가 누구인지도 모르는 것이 일본의 기업공시 시스템이라고 보면, 우리나라의 공시 시스템은 나름대로 선진화한 것으로 칭찬해줄 수는 있겠다.

그러나 이렇게 기업 공시를 잘한다고 해도 평범한 사람들에게는 전혀 소용이 없다. 매일 쏟아지는 공시 내용을 보고 기사를 쓰는 경제기자들도 무슨 의미인지 해석하는 데 애를 먹는 것이 현실인데, 생업에 종사하느라 신경 쓸 겨를이 없는 국민이야 오죽할까. 평범한 사람들은 도무지 이해하기 힘든 언어로 회계정보를 공시하고 나서는 '국민에게 다 알려줬는데, 왜 몰랐느냐'라는 말로 면피하는 것이 지금의 자본시장이 돌아가는 행태다. 정책당국의 수장이 '투자자 자기책임원칙'을 강조하는 것은 그런 면에서 무책임한 일이다. 투자자라면 누구나 이해하고 해석할 수 있도록 기업정보를 쉽게 알려준 뒤에나 비로소 투자자가 모든 손실에 대해서 책임을 지라고 이야기할 수 있는 것이지, 지금처럼 소수 회계 전문가들만 이해할 수 있는 공시 시스템을 갖추고 퇴직금과 평생 모은 돈을 투자한 국민에게 모든 책임을 떠넘기려는 사고방식은 제대로 된 정부가 갖춰야 할 태도가 아니다. 관료를 고용한 대한민국 정부의 대주주는 평범한 국민들 아닌가.

물론 희망적인 모습도 있다. 부실 저축은행 사태와 동양 사태 이후의 값비싼 수업료 때문인지, 평범한 사람들의 회계와 기업공시에 대한 이해도가 매우 높아졌다는 것을 피부로 직감할 수 있다.

회계 담당 기자를 하고 있는 필자도 노동조합 간부들이나 소액주주들의 제보 전화를 받으면서 이들의 회계지식에 놀랄 때가 한두 번이 아니다. 기업의 곳간을 감시해야 하는 감사위원들과 사외이사들이 경영진에 포섭돼, 있으나 마나한 존재가 돼 있지만, 노동조합과 소액주주들이 기업의 내부자이자 주인 된 심정으로 회계 감시자로서의 역할을 해나가고 있는 것이다.

정치경제학에서는 자본주의는 그 스스로의 발전이 낳은 결과물로 인해 위기를 맞을 것이라고 이야기한다. 기업과 기업 간의 이윤 추구 경쟁으로 기술을 발전시킴에 따라 노동자들은 더 많은 교육을 받아야 한다. 노동생산성을 높이기 위해 더 발달한 교통, 통신 수단을 만들어낸다. 농노를 가축처럼 부려먹고 농노가 문자를 아는 것 자체를 죄악시했던 중세 사회와 현대 자본주의 사회는 근본적으로 다르다.

회계는 여전히 더 투명해져야 할 부분이 많지만, 평범한 사람들이 회계를 알아가는 일이 늘어날수록 물질이 사람을 지배하는 이 사회가 가진 모순을 해결할 수 있는 가능성도 더 커지리라고 생각한다. 사회를 더 나은 방향으로 바꾸고자 하는 사람이라면, 국가 위에 군림하는 진짜 권력인 자본이 그들 스스로의 모습을 드러내고 그들끼리 대화하는 언어를 읽는 힘을 키워야 한다. 절대로 회계용어는 쉽게 다듬어지지 않을 것이고 자본은 평범한 사람들이 이해할 수 없도록 더 높은 장벽을 세우려 할 것이다. 그러나 길게 보면 회계정보는 소수가 독점하던 것에서 다수에게 공표되는 방향으로 발전해왔다. 이는 모두 민주주의가 발전하면서 국민의 알권리가 커진 덕분일 것이다. 필자도 기업의 재무제표와 분식회계를 읽어주는 회계 전문 기자로서 국가의 대주주인 국민이 기업 집단을 훤히 들여다보고 올바른 판단을 할 수 있도록 하기 위해 '회계 민주화'를 위한 노력을 멈추지 않을 것이다. 민주주의의 시작은 민초들이 말과 글을 깨우치는 것에서 출발하듯, 경제 민주화의 시작도 회계 언어를 깨우치는 데서 출발하기 때문이다.

김도년·유윤정

제 1 장

판도라의
상자를

열기 전에

회계, 너 누구니?
누가 이용하는 거니?

회계하면 무엇이 떠오르는가? 보기만 해도 숨이 턱턱 막히는 직사각형의 표들. 그 안에 적힌 생전 한 번도 보지 못한 거대한 숫자들. 초등학교 시절 방학 숙제로 제출하던 용돈기입장이나 은행의 예금통장이 떠오르기도 하고, 시장에 다녀오신 어머니께서 쓰시던 가계부도 생각날 것이다. 이 모든 것들이 일종의 회계다. 회계는 그리 멀리 있는 것이 아니라 누구나 하고 있었고 굳이 표를 만들어 기록하지 않아도 사람의 머릿속에서 늘 이뤄지는 사고 과정이다.

회계의 가장 기초적인 자본과 부채의 개념도 우리 모두가 유년시절부터 이미 체득하고 있던 개념이다. 갖고 싶은 장난감을 사려고 할 때 올해 세뱃돈으로 받은 '내 돈'은 얼마인지, 여기에 얼마를 더 보태야 할 것인지, 그 돈을 부모님께 달라고 조를 것인지, 친구들에게 빌릴 것인지를 생각한다. 회계는 이런 돈의 씀씀이를 일정한 형식에 따라 기록한 것에 불과하다. 기업회계로 따지면, 기존에 갖고 있던 내 돈은 자본금이고 부모님께 졸라 돈을 받았다면, 유상증자로 자본금을 확충한 것이다(부모님이 용돈을 다시 갚으라고 하진 않을 테니 부채는 아니지 않는가. 물론 농담 반 진담반으로 갚으라고 하시는 부모님들도 있지만, 갚지 않더라도 추심이 들어오거나 담보 제공을 요구하진 않을 테니 자본금으로 봐도 될 것이다). 또 친구에게서 빌렸다면 부채를 쓴 것이 된다. 회계 용어는 생전 처음 접하는 단어들로 생소하기 짝이 없다. 왜 이렇게 어려운 용어를 썼는지 혀를 끌끌 차며 그저 전문가 집단의 영역으로 단정하고 덮어버리고 말지만, 알고 나면 우리가 늘 생각하던 개념들일 뿐이다. 표준국어대사전에서 회계는 "개인이나 기업 따위의 경제 활동 상황을 일정한 계산방법으로 기록하고 정보화함"이라고 돼 있다. 앞서 설명한 그대로다.

이윤을 추구하는 기업도 회계장부를 작성하지만, 비싼 등록금을 내고 다니는 사립대학이나 비영리법인이라면서 '과잉진료에 무조건 입원, 2인실부터 입원시킨 뒤 6인실 이동' 공식으로 돈벌이에 눈이 먼 대학병원도 모두 회계장부를 작성한다. 이들이 회계장부를 작성하는 이유는 내부 조직을 관리하기 위한 목적도 있지만, 외부의 이해관계자들에게 가진 재산이 얼마인지, 돈은 어느 정도로 버는지를 보여주기 위한 목적도 있다.

그저 내 재산 관리를 위해 가계부를 쓰기도 하지만, 미래의 배우자가 될 사람에게 자동차나 전셋집 등 이런저런 형태로 가진 재산과 그런 재산을 갖기 위해 은행에서 빌린 대출이 얼마인지를 보여주기 위해 장부를 쓰기도 한다(만약 결혼하기 전 대출받은 돈을 감춘 게 있다면, 이건 매우 악질적이고 단순 무식한 형태의 분식회계다. 김우중 전 회장의 대우 그룹이 이런 방식의 분식회계를 했다).

자본주의 사회에서 기업은 온전히 스스로의 돈만으로 운영될 수 없다. 주주들로부터 끌어 모은 자본금과 은행, 회사채 시장에서 빌린 부채, 주로 2가지 형태로 자금을 조달해 기업 활동이 이뤄진다. 주식에 투자한 주주들은 기업이 앞으로 대박을 터트려 얼마나 많은 배당금을 나눠줄지, 주가는 얼마나 오를지에 관심을 두게 되고, 채권자들은 이 기업이 무리 없이 돈을 벌어서 빌려준 돈을 제대로 갚을 수 있을지에 관심을 쏟게 된다. 기업에 노동력을 제공하고 생계를 유지하는 노동자들도 매우 중요한 이해관계자 중 하나로 기업이 계속해서 사업을 영위할 수 있을지, 임금은 얼마나 올려줄 수 있을지에 관심을 기울일 것이고, 국가나 지역사회도 이 기업이 얼마나 많은 이익을 거둬서 세금으로 환원할 수 있을지 궁금해 할 것이다.

　이렇게 기업의 경영자가 주주, 채권자, 노동자, 지역사회, 국가 등 다양한 외부의 이해관계자들에게 보여주기 위해 작성하는 회계를 '재무회계'라고 한다. 외부에는 보여주지 않는 가계부처럼 경영진끼리 오로지 경영관리만을 목적으로 한 회계는 '관리회계'라고 하는데, 이는 그야말로 전 국민에게 공개되지 않기 때문에 이 책에서는 재무회계를 중심으로 다룰 것이다. 필자가 취재력을 발휘해 모든 기업의 관리회계 장부를 입수한다면 참 좋겠지만, 우리는 외부에 공표되는 재무회계 장부, 재무제표만을 눈여겨볼 대상으로 삼을 것이다. 재무제표는 금융감독원 전자공시시스템(http://dart.fss.or.kr)에 접속하면 볼 수 있다.

　금감원 전자공시시스템에서는 주식시장에 상장했거나 총자산 120억 원 이상인 기업들만 재무제표를 공시한다. 분기보고서, 반기보고서, 사업보고서, 감사보고서 형태로 공시가 되는데, 이들 기업만 공인회계사로부터 재무제표의 적정성을 검토 받을 수 있기 때문에 외부에 공시되는 것이다. 특히 상장사나 규모가 큰 기업은 경제 활동의 범위가 넓어 이해관계자들이 많기 때문에 공시 의무를 부여한다고 보면 된다.

회계를 알기 전 알아야 할
네 가지 약속

축구경기에 경기규칙이 있는 것처럼 회계에선 크게 4가지 약속이 전제
돼 있다. 골키퍼 외에는 공을 손으로 잡아선 안 되고 공이 골대 안으로
들어가야 점수가 난 것으로 본다는 규칙처럼 말이다. 이 4가지 약속은
기업실체, 화폐단위 측정, 계속기업, 기간별 보고라고 부른다. 매우 어
려워 보이지만, 축구를 보면서 생소하게 느꼈던 '오프사이드'의 개념을
이해할 수 있을 정도라면 모두 이해할 수 있는 단어들이다.

기업실체. 기업을 중심으로 생각하라

기업실체를 전제한다는 것은 한마디로 재무제표를 작성하는 기준을 사
람이 아니라 기업으로 놓고 쓰자는 약속이다. 가령 안철수 씨가 자신
의 회사 안철수바이러스연구소에 자기 돈 500억 원을 운영자금으로 내
놨다고 하면, 안철수 씨 입장에선 현금이 나간 것이지만, 안철수바이러

스연구소란 기업에는 현금이 들어온 것이 된다. 이때 재무제표는 기업을 기준으로 삼아 '500억 원의 자본금이 들어왔다'고 기록하는 것이다. 이는 재무제표에 포함해야 할 정보를 어디까지로 정할 것인지를 나누는 기준이 된다. 또 기업실체는 법적으로는 다른 법인이더라도 하나의 실체로 보기도 한다. 예를 들어 지배회사와 종속회사는 다른 법적 실체이지만, 하나의 경제적 실체로 엮어 연결재무제표를 만들기도 한다. 연결재무제표란[1] 지배회사와 종속회사를 한 회사로 보고 만드는 재무제표다. 우리가 어릴 때 받은 세뱃돈은 부모님이 항상 '반강제로' 가져갔으므로 자녀가 가진 돈도 부모의 재산으로 보고 재무제표를 작성하는 식이다.

화폐단위 측정. 돈으로 계산할 수 있는 것만 기록한다

마이클 샌델 하버드대 교수는 《돈으로 살 수 없는 것들》이란 책을 쓰기도 했지만, 재무제표에는 이런 것들은 기록되지 않는다. 경제활동 과정에서 거래가 발생했다면, 돈으로 계산할 수 있는 것들만 기록해야 한다. 재무제표의 신뢰성과 객관성을 높이려는 이유다. 만약, 돈으로 계산할 수 없는 경영자의 경영 능력, 노동자의 숙련도, 양봉업자가 과수원

1 　연결재무제표: 지배, 종속 관계에 있는 회사를 하나의 회사로 보고 만든 재무제표다. 지배회사와 종속회사의 자산과 손실, 이익을 하나로 합해 전체 기업 집단의 재무 상황을 확인할 수 있다. 또 지배회사와 종속회사 간 내부 거래는 하나의 회사로 봤을 때 왼손에서 오른손으로 이동한 거래이므로 서로 없는 셈 친다. 맏형이 막내에게 용돈을 줬더라도 가족 전체로 보면 재산이 늘어난 것은 아닌 것과 같은 이치다. 연결재무제표는 내부 거래가 많은 기업 집단의 재무상황을 좀 더 정확히 파악할 수 있지만, 우량한 자회사를 둔 부실 모회사가 마치 우량 회사인 것처럼 착각하게 만드는 단점도 있다. 국제회계기준(IFRS)에서는 연결재무제표를 주요 재무제표로 본다.

이 있어서 누리는 긍정적인 외부효과 등을 재무제표에 모두 반영할 수 있다고 하면, 주관적 관점에서 온갖 좋은 것들은 죄다 반영하려 하면서 재무제표가 엉망이 될 것이다. 물론 재무제표에는 기업의 영업 네트워크, 브랜드 가치, 인재들의 숙련도 등이 반영된 영업권이나 연구개발비, 연예인의 전속계약금과 같은 무형자산도 있다. 이런 눈에 보이지 않는 무형자산도 돈으로 계산할 수 있을 때만 재무제표에 기록된다. 다만 물가가 심각하게 올라서 돈이 휴지조각이 되는 등 화폐 체계가 무너지는 상황이 오면 화폐보다 더 정확한 기준을 찾아 재무제표를 작성할 수는 있을 것이다.

계속기업. 기업은 웬만큼 오래 살아남아 있을 거라고 가정한다

내일 당장 망할 회사라면 재무제표를 작성하는 것이 의미가 없을 것이다. 기업이 생산활동에 필요한 원자재를 외상으로 산 뒤 갚아야 하는 매입채무도 모두 갚지 못할 것으로 봐야 하고 은행에서 받은 대출금도 몽땅 갚지 못할 텐데, 이를 매입채무 얼마, 차입금 얼마를 기록하는 것은 하나마나한 일이 된다. 그래서 재무제표를 작성하는 기업은 오랫동안 경제활동을 할 수 있을 것이라는 가정을 세운다. 이를 '계속기업으로 가정한다'는 표현을 쓴다. 그러나 실제로 심각한 부실 징후가 있어서 계속해서 사업을 영위하기 어렵다고 볼 때는 계속기업을 전제로 한 기준과는 다른 기준을 적용할 수 있고, 이때 적용된 기준은 일반인들에게 공시하도록 돼 있다(그래서 곧 망할 것 같은 회사들은 기업의 감사보고서를 통해 미리 알아볼 수 있다. 이런 경우 감사보고서에서 회계사는 '계속기업 가정의 불확실성'이 있다는 견해를 제시한다).

기간별 보고. 일정한 기간 동안에 일어난 일만 기록한다

재무제표에는 특정한 회계연도라는 것이 있다. 대부분의 회사들은 달력의 기준과 똑같이 매년 1월부터 12월까지를 회계연도로 삼지만, 업종에 따라서는 직전연도 4월초부터 시작해 이듬해 3월말까지를 하나의 회기로 삼는 곳(3월 결산법인)도 있고 직전연도 7월초부터 시작해 이듬해 6월말까지를 나눠 계산하는 곳(6월 결산법인)도 있다. 보험회사는 3월 결산법인이 많고 저축은행은 6월 결산법인이 많다. 또 짧게는 월별, 분기별, 반기별로도 나눠 재무제표를 작성할 수도 있다. 재무제표는 이렇게 일정하게 인위적으로 나눈 기간에 발생하는 경제활동의 내용만을 기록한다. 일정 기간 이전의 사건이나 이후의 사건을 모두 우겨넣는다면 재무제표가 엉망이 될 것이다. 단, 예외도 있다. 기업의 이익과 손해에 커다란 영향을 미치는 사건이 회계기간은 지났지만, 재무제표가 이사회에 보고되기 직전에 일어났다면 '보고기간 후 사건'으로 반영하기도 한다. 그러나 일반적으로는 해당 회계기간에 한정해서 재무제표를 작성한다. 이런 약속을 미리 해두지 않으면 회계기간 이후에 엄청나게 돈을 벌어들인 일이 있다면, 회사는 이를 재무제표에 반영해야 한다고 주장할 수도 있고 이런 일들을 하나둘씩 반영하기 시작하면 재무제표의 신뢰성이 급격히 떨어질 것이다. 마치 경기종료를 선언한 뒤에 넣은 골은 인정하지 않는 것과 같다.

괴테는 왜 복식부기를 사랑했을까

베르너, 복식부기가 상인에게 얼마나 이익을 주는가! 그건 인간 정신이 고안해낸 가장 아름다운 발명품 중 하나지. 그리고 훌륭한 살림꾼이라면 누구나 그것을 자신의 살림살이에 끌어 써야 할 걸세!

독일의 대문호 괴테가 쓴 《빌헬름 마이스터의 수업시대》의 주인공 빌헬름은 친구 베르너 앞에서 복식부기를 예찬합니다. 복식부기(複式簿記)란 기업의 자금 흐름을 차변(좌변)과 대변(우변)[2]으로 구분한 회계장부 기록방식인데요, 중세에서 근대로 넘어오는 무렵인 14~15세기 이탈리아 상인들이 처음으로 이런 방식을 고안해낸 것으로 알려져 있습니다. 배드민턴 경기에도 단식과 복식이 있듯, 장부를 기록하는 방법인 '부기'에도 단식과 복식 2가지가 있는 것입니다.

단식부기와 복식부기는 무엇이 다를까요? 단식부기는 우리가 흔히 접하는 용돈기입장, 가계부와 같은 형식이라고 생각하면 됩니다. 가령 제가 용돈 5만 원을 받아 1만 5000원짜리 책 2권을 사고 1만 원짜리

---

2 차변과 대변: 부기에서 왼편을 차변이라 하고 오른편은 대변이라 한다. 이것은 로마시대에 주인이 노예에게 돈을 빌려주고 이것을 오른쪽에 기록했는데, 대여해준 것을 기록하는 곳이라 해서 대변(貸邊)이라 했다. 차입하는 사람은 왼쪽에 기록했는데 차입해 온 것을 기록하는 곳이라 해서 차변(借邊)이라 했다.

냉면 1그릇을 사 먹은 뒤 친구에게 5000원을 빌려주고 남은 5000원을 은행에 예금했다고 가정합시다. 현재 제 주머니에 있는 돈은 0원이지요. 이를 단식부기로 기록하면 이런 식이 됩니다.

저자의 용돈기입장(단식부기)

내용	금액	잔액
용돈	+50,000원	50,000원
책 2권	-30,000원	20,000원
냉면 1그릇	-10,000원	10,000원
친구 빌려줌	-5,000원	5,000원
은행 예금	-5,000원	0원
계	0원	0원

이런 단식부기는 현금이 들어오고 나가는 흐름을 기록해 현재 돈이 얼마나 있는지를 살펴보기에는 편리합니다. 별다른 회계지식이 없는 초등학생도 기록할 수 있을 만큼 쉽지요. 하지만 단식부기로는 현금이 구체적으로 어디서 와서 무엇에 쓰이고 현재 어떤 상태에 있는지, 이를 통해 미래에 회사가 돈을 얼마나 벌 수 있는지에 대한 정보를 담기에는 한계가 있습니다.

이런 단점을 해결한 것이 복식부기입니다. 단순한 현금 흐름만을 기록하는 것이 아니라 현금이 어떤 형태의 자산으로 바뀌었는지, 현금은 어디서 왔는지 그 내용을 자세히 기록할 수 있지요.

가령 기업이 투자자금을 조달한다면, 자기 돈인 자본금이거나 남의 돈인 부채, 크게 두 가지 형태일 겁니다. 늘어난 돈이 빌린 돈인지, 자기 돈인지는 큰 차이가 있겠지요. 또 회사 돈이 기계나 설비, 노동력 등에 투자될 때는 현금이 줄어들게 되는데, 그 현금이 어떤 형태로 바뀌었는지를 모두 기록하면 회사의 미래 가치를 살펴보기도 쉬울 것입니다. 이런 거래의 두 가지 성격을 차변과 대변을 활용해 한꺼번에 기록할 수 있다는 점이 복식부기의 장점입니다.

그럼, 복식부기의 방식으로 저자의 용돈기입장을 새롭게 기록해볼까요?

저자의 용돈기입장(복식부기)

차변		대변	
현금	50,000원	용돈	50,000원
책 2권	30,000원	현금	30,000원
냉면 1그릇	10,000원	현금	10,000원
친구 빌려줌(채권)	5,000원	현금	5,000원
은행 예금	5,000원	현금	5,000원

차변은 자산이 어떤 상태에 있는지를 보여줍니다. 현금의 형태로 있던 돈이 책, 냉면, 채권, 예금 등으로 변하지요. 대변은 자산이 늘어난 원인, 즉 무엇이 감소하여 책, 냉면, 채권, 예금 등의 형태로 변했는지를 알려줍니다. 현금이 늘어난다면 늘어난 이유가 있을 것이고 줄어든다면 어떤 특정한 형태로 바뀐 것이겠지요. 즉, 차변과 대변은 돈의 흐름을 두 가지 측면에서 본 것이기 때문에 그 금액은 항상 일치해야 합니다. 이를 회계에서 대차평균의 원리라고 합니다. 거래가 아무리 많더라

도 좌변과 우변의 합계 금액이 같은지를 확인하면서 회계상의 오류를 검증하기가 편리합니다. 단식부기로는 이런 검증을 하기가 쉽지 않겠지요.

간단한 용돈기입장이나 가계부는 현금흐름을 파악하는 것이 더 중요하기 때문에 단식부기 방식의 회계장부 기입방식이 더 편리합니다. 그러나 거래 규모가 크고 복잡한 기업의 회계장부를 기록하는 데는 복식부기 방식이 더욱 유리하겠지요.

괴테는 문인답지 않게(?) 복식부기의 매력에 푹 빠진 사람 중 하나였습니다. 딱딱한 도표에 숫자들이 나열된 복식부기가 뭐라고 말이죠. 이는 당시 시대상과도 무관하지 않아 보입니다. 18세기는 유럽의 배들이 세계 곳곳의 항로를 개척하고 탐험과 무역을 하던 대항해시대의 끝 무렵이자 막 산업혁명이 시작되던 시기였습니다. 상업과 제조업이 빠른 속도로 발전했지요. 고전경제학의 창시자 애덤 스미스(Adam Smith)가 활동하던 시대이기도 합니다.

괴테는 봉건제가 무너지고 막 자본주의가 태동하던 변혁기를 살았습니다. 이웃나라 프랑스는 혁명의 물결로 넘쳐흘렀지요. 왕과 성직자, 기사 계급은 시민의 힘으로 무너졌고 새롭게 떠오른 자본가 계급이 새로운 지배층으로 떠올랐습니다. 성장하는 자본가들, 활발한 교역, 변화하는 시대 속에서 상업 활동의 모습을 한눈에 알 수 있는 복식부기는 혁신적인 발명품처럼 다가왔을 겁니다. 소설 속 빌헬름은 복식부기를 처음 보고 놀란 괴테 자신의 모습이었겠지요.

회계의 역사
그리고 분식회계의 시작

인류 최초의 회계는 고대로 거슬러 올라간다. 기원전 2000년대 고대 바빌로니아 문명이나 중국의 주 왕조에서는 왕정의 세입과 세출을 기록하고 검증해온 기록이 남아 있다. 또 고대 메소포타미아 지방의 수메르 사람들은 진흙함에 가축이나 물품을 직접 표시해 채권과 채무를 기록했다고 한다.[3] 바빌론(메소포타미아)이나 주 왕조(황하)는 모두 인더스, 이집트 문명과 함께 인류 4대 문명의 발상지다. 농경 사회를 영위할 수 있는 큰 강 유역의 곡식창고가 있던 곳이기도 했다.

인류가 큰 강 유역에 정착해 농사를 짓고, 곡식창고에 잉여생산물을 저장하기 시작하면서 많은 변화가 일어났다. 곡식창고를 관리하는 창고지기는 창고에 들어오고 나가는 곡식을 관리하는 동시에 매년 씨를 뿌리고 추수하는 시기를 예측했다. 숫자, 문자가 탄생한 곳도 이 곡식

---

3   조르주 이프라, 《신비로운 수의 역사》, 김병욱 옮김, 도서출판 예하. 1990, 158 ~ 164쪽.

창고였고 초기적 형태의 수학, 기상학, 회계학이 발전한 곳도 이곳이었다. 공동체를 유지하려면 식량이 부족해진 다른 외부 공동체의 침입으로부터 곡식창고를 지켜야 했을 것이다. 이 곡식창고는 공동체의 영속성을 의미하는 상징물이 됐고 신전으로 발전했다. 신전에 귀속된 물품을 모으고 분배하는 역할을 맡은 사제들은 돌이나 점토에 표시해, 들어오는 물품과 나가는 물품을 관리했다. 인류 최초의 회계사는 고대의 창고지기이자 신전의 사제였다고 추측해볼 수 있다.

회계가 시작됐다면 분식회계도 있는 법. 구약성경 신명기 25장 15, 16절에는 "오직 십분 공정한 저울과 되를 둘 것이라. 그리하면 여호와께서 네게 주시는 땅에서 네 날이 장구하리라. 여호와께서는 되와 저울을 속이는 사람을 미워하신다"라는 구절이 나온다. 기원전 13세기 사람으로 추정되는 모세가 기록한 율법에서도 상품의 가치를 부풀려 거래 상대방을 속이는 행위를 금지했던 것이다. 모세가 살던 시대에도 기초적인 형태의 분식회계를 저지르는 사람들이 있었다고 미뤄 짐작해볼 수 있다. 지금으로 따지면, 되와 저울을 속이는 것은 상품의 가치를 실제보다 부풀려 팔면서 매출 실적을 뻥튀기하는 것으로 볼 수 있다. 이는 오늘날 허위 매출의 선구자 격인 종합가전회사 모뉴엘의 선조라고 이야기할 수 있겠다.

차변과 대변을 나눠 기록하는 현대적 형태의 복식부기 회계가 생겨나기 시작한 것은 중세에서 근대로 넘어가는 14~15세기 이탈리아 상인들 사이에서다. 이탈리아 상인들은 해외무역에서 현지 상인을 이용해 외국인에게 붙는 세금을 회피했다. 이탈리아 국적으로 다른 나라와 거래하면 무거운 관세를 내야 했기 때문에 현지인을 매수해 마치 현지인들 간의 거래인 것처럼 꾸며 세금을 내지 않았던 것이다. 상품거래는 물론 돈을 빌려주고 받는 자본거래까지도 현지인들에게 맡기기도 했다. 또 화폐도 부족했기 때문에 신용거래를 기록할 수 있는 기술도 발전하게 됐다. 시중에 유통되는 화폐가 넉넉하다면 가진 화폐를 빌려주고 다시 화폐로 돌려받으면 되지만 그러지 못했기 때문에 현금 없이 돈을 빌려주고 갚는 신용카드 거래의 초기적 형태가 발달하기 시작한 것이다. 레오나르도 다빈치의 가정교사였던 루카 파치올로(Luca Paciolo)는 1494년 《대수, 기하, 비 및 비례총람》이란 책을 출판, 이탈리아식 복식부기를 유럽 전역에 전파한 것으로 알려져 있다.[4]

17세기 국가가 주도적으로 상업활동을 지원해준 중상주의 시대에선 동인도회사(East India Company)의 역할이 컸다. 동인도회사는 회사의 지분을 잘게 쪼개 증권을 만들고 이 증권에 투자할 주주들을 모아 자금을 조달하는 이른바 주식회사의 맹아적 형태를 발전시키면서 근대적 형태의 재무상태표가 출연하게 됐다. 즉, 실제 사업을 하는 산업자본과 여기에 투자하는 금융자본 간의 대화를 위해 고안된 고차원적인 회계가 탄생했다고 볼 수 있다.

18세기 영국에서 시작된 산업혁명은 자본주의의 발전뿐만 아니라 회계에서도 거대한 변혁을 만들어냈다. 기술 혁신으로 중화학 공업이 발달하기 시작했고, 대량 생산 시스템의 발명으로 생산 과정을 조직하는 방법도 혁명적으로 변했다. 기업 규모가 커지면서 자금줄인 은행도 성장했고 중앙은행이 설립되어 기업 자금줄의 우두머리 역할을 하게

---

4   Richard Brown, *A History Of Accounting and Accountants*, Cossimo Books Inc. 2004, p.108.

됐다. 대량생산을 하게 된 공장경영자에게는 생산제품의 가격을 결정하기 위한 원가회계가 발전하게 됐다. 원재료와 노동력에 쓴 원가비용보다 상품 가격을 얼마나 더 많이 받아야 채권자들의 이자를 갚고 자본가가 이윤을 취할 수 있는지 분석하기 시작한 것이다. 나아가 원가를 통제하고 경영자의 의사 결정을 돕기 위한 관리회계로의 발전도 이뤄지게 된다. 관리회계란 외부 투자자나 채권자, 노동자, 정부, 국민에게 회사의 사정을 밝히기 위해 정리하는 재무회계가 아니라 경영자들의 의사결정에만 쓰기 위해 만들어지는 별도의 회계를 말한다.

회계의 역사는 다른 한편으로 투기와 사기의 역사와 궤를 같이한다. 외부로부터 대규모 자금을 끌어와 사업을 펼치는 주식회사는 동인도 회사가 성장하던 시기의 유럽사회에서 크게 유행했고, 투기꾼과 사기꾼에게도 금융사기와 분식회계의 신천지를 제공했다. 지금처럼 기업 공시 제도가 있었던 것도 아니었기 때문에 주식 투자를 독려하기 위해 온갖 술수와 거짓말이 횡행했다. 기업의 중요 사항을 일일이 국민에게 밝히는 공시제도가 체계적으로 마련된 지금도 허위 사실 유포와 주가조작, 시세조종과 같은 불공정거래와 분식회계 행위가 빈번하게 발생하는데, 그때라면 오죽했을까 싶다.

산업혁명이 무르익던 19세기 영국에선 철도 투기 열풍이 불기 시작한다. 철도 투기의 중심에는 '철도왕'이라고 불린 조지 허드슨이 있었다. 그는 회계장부를 조작하고 납입자본금으로 배당금을 지급했다. 납입자본금이란 회사를 설립하고자 한 주주들이 사업을 시작하기 위해 모은 밑천이다. 주주들에게 배당을 줄 때는 사업 활동으로 벌어들인 이익잉여금으로 나눠주는 것이 정상이다. 돈을 벌어들인 게 있어야 나눠

줄 돈도 있는 것 아닌가. 사업 밑천까지 배당 재원으로 쓰면 회사의 재무건전성은 나빠질 수밖에 없다. 조지 허드슨은 회사의 건전성이야 어떻게 되든 조금이라도 더 많은 주주들을 끌어들여 더 큰 철도 사업을 하고 싶었기에 이렇게 밑천까지도 배당 재원으로 쓰게 됐다고 볼 수 있다. 철도 버블은 1845년부터 몇 차례의 버블 붕괴를 겪고 1847년 말 공황을 맞게 된다. 철도 투기 열풍은 영국에서 끝나지 않았다. 바다를 건너 미국에서는 더욱 커지게 된다.

1792년 5월 설립된 미국의 뉴욕증권거래소에서 1850년 철도 주식이 거래되기 시작하면서 철도건설 붐이 일었다. 대규모 자금은 주로 영국으로부터 조달됐다. 1861년 남북전쟁이 일어나면서 잠시 주춤했지만 19세기 말까지 미국은 철도회사의 세상이었다고 해도 과언이 아니다. 상장 주식의 60퍼센트 가량을 철도회사가 차지할 정도였다.

1862년 설립된 철도회사 유니온 퍼시픽(Union Pacific)은 최초로 아메리카 대륙 횡단철도를 개통했다. 이 회사 임원들은 '크레디 모빌리에(Credit Mobilier)'라는 별도의 회사를 설립했다. 철도건설을 감독하기 위한 목적으로 설립된 곳이지만, 원재료 납품단가를 부풀려 이익을 빼돌리는 수단으로 이용됐다. 실제로는 100만 달러 규모의 철강원료를 납품받았다고 하면, 회계장부에는 120만 달러 규모의 철강원료를 납품받았다고 기록하고 나머지 20만 달러는 경영진이 빼돌리는 식이다. 오늘날에도 횡령의 '정석'으로 자주 쓰이는 회계 역사상 최초의 분식회계 사건이 여기에서 일어났다. 이때까지만 해도 지금의 금융감독원처럼 분식회계를 감독하고 적발해낼 만한 감독기구는커녕 재무제표의 적정성을 검사해줄 회계사들조차 없었다. 20세기 들어 증권시장과 주식회사가 커지면서 탄생한 직업군이 바로 공인회계사와 이들로 구성된 회계법인이다.

21세기에 들어서면서 미국에서는 회계법인이 연루된 대형 회계부정 사건이 연이어 일어났다. 대표적인 사건이 에너지 기업 엔론과 통신회사 월드콤, 글로벌 크로싱 등에서 일어난 분식회계 사건이다. 이들 모두 회계법인 아서앤더슨에게 회계감사를 의뢰한 고객이었다는 점이 공통점이다. 월드콤은 2001년 58억 달러(우리 돈 약 6조 7000억 원)의 이익이 났다고 기록한 재무제표가 아서앤더슨의 회계감사를 통과했지만, 다른 회계법인의 감사 결과 13억 달러(1조 5000억 원)의 손실이 난 것으로 드러났다. 이들 기업은 모두 부도가 나거나 주요 임원들이 징역형을 받게 됐다. 회계법인 아서앤더슨도 해체됐다. 사건은 2002년 7월 기업의 회계 감독을 강화한 '샤르뱅-옥슬리법(Sarbanes-Oxley Act)'이 통과되는 데까지 이른다. 이 법에 따라 전원이 사외이사로 구성된 감사위원회에서 외부감사를 선임하도록 하고 그렇지 않으면 미국 증권시장에 상장할 수 없도록 한 것이다.

다른 나라 이야기는 여기서 그만하고 우리나라로 돌아와 보자. 우리나라 최초의 서양식 재무제표는 고종황제가 통치하던 1903년 12월 한성은행(현 신한은행)에서 처음 사용된 것으로 알려져 있다. 한성은행은 당시 경영 부실과 자본 잠식으로 폐업했다가 다시 출범했는데 이 과정에서 자본금을 댄 일본 제일은행 경성지점이 서양식 재무제표를 사용하라고 권고했다. 제조업체로서는 1906년 한성공동창고주식회사의 재무제표가 효시로 기록돼 있다. 1906년 3월 11일자 《황성신문》에 이 회사의 제1기 영업보고서가 공시됐는데, 오늘날 제조업체의 사업보고서와 비슷한 형식을 갖추고 있다.

우리나라 최초의 분식회계 사건은 언제쯤 일어났을까? 우리나라는 해방 후 1954년 계리사법에 의해 한국계리사회를 창립하면서 공인회계사라는 직업이 생겨나게 됐다. 1980년 '주식회사의 외부감사에 관한 법률'이 제정되면서 공인회계사가 독립된 직업으로 발전하게 됐다. 이 법에는 당시 자산규모가 30억 원 이상인 주식회사에 공인회계사에 의한 외부 회계감사를 강제한다는 내용이 담겨 있다. 일정한 규모로 성장한 기업은 지역사회와 이해관계자들에게 미치는 영향이 크기 때문에 공인회계사가 회사의 회계장부를 들여다보고 회계기준에 맞지 않게 처리해놓거나 일부러 분식회계를 한 것을 걸러내도록 했다. 오늘날에는 외부감사를 받는 자산 기준을 120억 원 이상으로 설정해놓고 있다.

우리나라 회계법인이 분식회계 혐의로 처음 소송을 당한 사건은 '신정제지 사건'과 '한국강관 사건'이었다. 고급 인쇄용지를 생산하는 제지업체 신정제지는 1992년 4월 증권거래소에 상장된 지 석 달 만에 부도가 났다. 이 회사는 당시 신용평가사인 한국신용정보로부터 우량 등급인 'A3'를 받았고, 기업공개(IPO)[5]로 33억여 원의 주식을 공모해 자금을 조달했다. 주거래은행인 전북은행이 유망 중소기업으로 발굴해 관리해오던 기업이 주식시장에서 거액을 조달하자마자 부도가 난 것은 이해할 수 없는 일이었다. 당시 증권감독원(현재는 금융감독원으로 통합) 조사 결과 신정제지의 회계장부는 엉터리였다. 경영자와 회계사가 짜고 회계조작을 한 것이다. 법원은 기업뿐만 아니라 외부감사를 담당한 회계사

---

5   기업공개(IPO, Initial Public Offering): 기업이 다양한 투자자들로부터 투자를 받기 위해 외부 투자자들에게 재무 정보와 주요 경영 사항을 공개하는 것을 의미한다. 기업 공개를 원활하게 하기 위해 한국거래소에서 운영하는 주식시장에 상장을 하는 방법을 사용하게 된다.

에게도 투자자들에게 손해배상을 하라고 판결했다.

쇠파이프 전문업체 한국강관은 설립된 지 30여 년 만인 1995년 부도를 냈다. 증권감독원 조사 결과 218억 원의 재고자산[6]이 부풀려져 있었음에도 감사인인 청운회계법인으로부터 '적정' 의견(회계기준에 맞게 재무제표가 작성됐다는 감사인의 감사의견)을 받은 것이다. 주식투자자들은 한국강관과 청운회계법인을 상대로 손해배상을 청구했고 회계법인은 주식투자자들에게 2억여 원을 배상하는 것으로 합의했다. 지금도 마찬가지이지만, 당시 회계사들도 기업의 눈치를 볼 수밖에 없는 구조였다. 기업이 마음에 들지 않으면 공인회계사를 마음대로 바꿀 수 있는 건 예나 지금이나 마찬가지다.

대기업들은 1997년 외환위기를 맞아 붕괴한다. 대우그룹처럼 아무리 분식회계를 하더라도 도저히 부실을 감출 수 없는 상황이 오면서 한꺼번에 폭발한 것이다. 당시 30대 대기업 가운데 살아남은 기업은 손가락에 꼽을 정도다. 우성건설, 건영건설 등 건설회사를 시작으로 한보철강, 삼미, 기아, 진로, 쌍방울, 한신공영, 쌍용, 해태, 고려합섬 등 유수의 기업들이 줄줄이 쓰러져 부도가 나거나 다른 기업에 인수됐다. 이들은 거의 대부분 부실기업에다 회계분식을 일삼았던 기업들이었는데, 닭이 먼저인지 달걀이 먼저인진 모르겠지만 기업이 문을 닫는 마지막 날엔 분식회계가 반드시 따른다는 건 지금도 별반 다르진 않다.

1997년 외환위기 이전의 분식회계의 형태는 매우 초보적이고 단순

---

6   재고자산: 시장에 팔기 위해 창고에 쌓아둔 자산이나 판매를 목적으로 만들고 있는 자산. 판매를 목적으로 하지 않고 연구개발을 목적으로 시험 삼아 만들어보는 시제품은 재고자산에 포함할 수 없지만, 이를 재고자산에 넣어 자산 규모를 부풀리는 분식회계를 하기도 한다.

했다. 대출을 받은 사실을 감추거나 허위 매출을 일으켜 영업실적을 뻥튀기하는 수준이었다. 마치 결혼을 앞두고 배우자에게 카드빚을 감추고 엄청난 연봉을 받는 것처럼 거짓말하는 허풍쟁이 수준의 분식회계가 재벌 대기업에서 일어났다.

외환위기는 재벌 대기업 중심의 개발 독재형 산업자본주의가 국제통화기금(IMF)이라는 초대형 채권자가 가하는 외부 충격에 의해 신자유주의형 자본주의로의 전환이 이뤄진 시기라고 볼 수 있다. 물론 기업에 돈을 빌려주거나 직접 투자를 하는 금융자본의 힘이 재계를 압도할 만큼 강성해진 '금융자본주의'라고까지 표현하긴 어렵지만, 거대 채권자들이 우리나라의 부실기업에 돈을 빌려주는 상황이 이어지면서 금융자본과 산업자본 간의 갑을 관계가 과거보다 수평적 관계로 바뀌는 자본 권력의 전환이 있었던 시기라고 볼 수는 있겠다. 과거엔 재벌이 하는 사업은 무조건 국가에서 밀어줬고, 은행은 이런 노다지 사업에 돈을 빌려주지 못해 안달이었다면, 이제는 대기업이 은행에 돈을 꾸기 위해 사정을 해야 하고, 그렇게 하기 위해서는 정확한 재무제표를 들이밀어야 했던 것이다. 투자자와 채권자, 즉 금융자본이 더는 '재계의 시녀' 역할을 벗어나 재계의 대동맥을 쥐고 실력을 행사하기 시작하면서 기업의 회계 투명성이 높아졌다고 볼 수 있다.

회계 투명성이 높아진 만큼 분식회계 수법도 매우 교묘해졌다. 대놓고 부채를 감추고 매출을 뻥튀기했다가는 쇠고랑을 차기 일쑤였기 때문에 각종 특수목적법인(SPC)[7]이나 비상장사, 해외법인 등을 동원해 회계장부를 복잡하게 꾸몄고 은행 서류를 위조했다.

외국인 투자자들도 자유롭게 기업의 주식이나 채권을 사고팔 수 있게 되면서 감시의 눈초리는 더욱 강화됐다.

　많은 부분에서 회계 투명성이 개선됐지만, 여전히 사각지대는 남아 있다. 2014년 이후부터는 일반 제조업체와는 달리 독특한 회계처리 기준이 있는 건설사나 조선사, 해외 매출 실적을 일일이 확인하기 어려운 수출업체들의 분식회계 사건이 유행처럼 나타났다. 1997년 외환위기 당시와는 다른 형태들로 앞으로는 이런 취약 부문에서의 회계 투명성을 높여나가기 위한 노력이 이어져야 할 것이다.

7　특수목적법인(SPC, Special Purpose Company): 건물이나 사무실, 임직원 등 물리적인 실체 없이 서류로만 존재하면서 회사 기능을 수행하는 회사다. 서류상회사(Paper Company)라고도 한다. 엄연히 법적 자격을 갖추고 있기 때문에 '유령회사'와는 다르다. 특수목적법인은 주로 세금을 줄이거나 경비 절감, 지배구조 효율화 등을 위해 쓰인다. 이 때문에 주로 케이먼군도나 버진아일랜드 등 조세회피 지역에 설립된다. 기업지배구조를 복잡하게 만들고 정부의 규제나 감시를 피하기 위해 설립되기 때문에 부작용도 크다고 볼 수 있다. 가령 부산저축은행은 일정 규모 이상의 대출금을 한 곳에 몰아주지 않도록 한 규제를 회피하기 위해 특수목적법인을 이용했다. 수많은 특수목적법인을 세운 뒤 이곳에 대출을 해주고, 특수목적법인이 최종 대출자에게 대출금을 몰아주는 방식으로 불법 대출을 했다.

북한에도 분식회계가 있을까[8]

유병언 회장의 세모그룹, 동양 사태, 모뉴엘…. 한반도의 한쪽은 끊이지 않고 대규모 분식회계 사건들이 떠들썩하게 일어납니다. 회계장부를 속이는 일은 대기업, 중소기업 가릴 것도 없지요. 자본주의 경제시스템에서 분식회계가 만연한 것은 공공성이 필요한 회계감사 업무를 시장의 무한 경쟁에 떠맡긴 탓이 큽니다. 회계기준에 맞게 재무제표를 작성했는지 감독해야 할 회계사들이 감사 대상 기업의 '선택'을 받지 못하면 일감을 구하지 못하는 형편이기 때문에 기업의 의도대로 감사를 할 수밖에 없는 한계가 있고, 이것이 분식회계를 눈감아 주는 일로도 이어지게 되지요.

그럼 우리와는 다른 경제체제를 운영하는 북한에도 분식회계가 있을까요? 시장 시스템이 갖춰져 있지 않은 탓에 회계시스템이랄 것이 있는지부터가 궁금해졌습니다. 학자들의 연구논문을 조사해보니 우리 대학에선 2005년 이후부터는 북한의 회계 제도에 관한 연구가 거의 이

8   참고 문헌
　　-손희두, 〈북한 회계제도의 국제화〉, 《수은북한경제》, 2008 겨울호.
　　-김병호, 〈북한 기업의 회계관리 현황 분석〉, 《수은북한경제》, 2004 겨울호.
　　-손희두, 〈북한의 회계법제에 관한 연구〉, 2005. 11.

뤄지지 않았습니다. 김대중, 노무현 정부 이후부터는 명맥이 끊어진 겁니다.

이런 상황에서 박근혜 대통령이 출범 초기 '통일 대박'을 언급하면서 잠깐 한국회계기준원과 금융감독당국을 중심으로 북한과의 금융시스템 통일을 연구하는 전담팀(TFT)이 꾸려진 적은 있었는데요, 두어 번 회의만 했을 뿐 통일 대박을 이룰 방향성에 대한 논의는 이뤄지지 못했습니다. 말로만 '통일 대박'을 외쳤다는 것은 이런 정부당국의 태도만 봐도 알 수가 있습니다. 그래서 이 글도 지금으로부터 10여 년 전 김대중, 노무현 정부 당시 발표된 논문들로 재구성할 수밖에 없었습니다.

남한에는 '회계법'이라는 게 없지만, 북한에는 '회계법'이 있는 것이 두 나라 회계시스템의 차이를 상징적으로 보여줍니다. 남한에서의 회계는 관점에 따라 다양하게 해석될 여지를 열어둔 '기준'이 있을 뿐이지만, 북한에서의 '회계는 곧 법'이란 의미입니다. 남한의 지도자가 역사 교과서를 하나로 통합해 '역사 국정화'를 하듯이 북한은 회계 기준을 하나로 통합해 '회계 국정화'를 했다고 볼 수 있겠네요.

이렇게 남북한 간 차이가 발생하는 것은 회계시스템이 존재하는 이유가 다르기 때문입니다. 남한에서의 회계는 노동자, 투자자, 채권자, 소비자 등 시장 참여자에게 기업에 대한 정확한 정보를 제공하는 것이 주요 목적이지만, 북한에서의 회계는 국가의 재정적 이익을 극대화하는 데 목적을 두고 있습니다. 즉, 남한은 회계정보를 가장 정확하게 표현하는 방법을 기업이 스스로 선택하게끔 합니다. 실제 현장에서 생산 활동을 하는 기업이 회계정보의 표현 방법을 선택하는 것이 이해당사자들이 보기에 가장 정확할 것이란 전제가 깔려 있지요.

이것은 양날의 칼인 것 같습니다. 시장은 이해관계가 첨예하게 대립하는 곳인데, 기업의 의도대로 회계장부가 작성되면 결국 다른 이해관계자들의 이해를 침해하는 일이 벌어질 수 있겠지요. 가령 국제회계기준이 도입되면서 수출입업무 비중이 큰 해운사들은 회계장부를 원화가 아니라 외국화폐로도 작성할 수 있게 됐습니다. 물론 해외 거래 비중이 크기 때문에 외국화폐로 회계장부를 작성하는 것이 더 정확하다는 견해도 있지만, 일각에선 이 방법이 오히려 합법적인 분식회계를 부추긴다는 의견도 있습니다. 기업에 유리한 대로 '기준 화폐'를 선택하면서 적자가 흑자로 둔갑한다는 겁니다. 원화로 계산했을 때는 영업실적이 적자인 기업이 달러화로 환산해서는 흑자기업이 되는 현상이 실제로 있는데, 이를 정부가 방치하고 있다는 주장입니다.

이렇게 남한은 회계에 대한 다양한 기준을 열어놓다 보니 옥신각신 대립하는 견해가 많습니다. 민주주의란 원래 시끄러운 것이고 비효율적으로 보이지만, 다양한 견해의 대립 속에서 결국 최선을 찾아가는 과정이 중요한 것이겠지요.

북한은 당과 국가, 그 하부조직들이 경제 성장 목표치를 얼마나 달성했는지 살펴보기 위해 회계제도를 이용한다고 볼 수 있습니다. 북한 회계법 제1장 1조에는 "경제활동의 재정적 실리를 보장"하는 것이 회계법의 존재 의의라고 나와 있지요. 이는 북한이 서서히 시장의 효율성을 높여 국가 경제를 개선하겠다는 의지를 담은 것으로 상당히 이례적으로 볼 수 있다는 게 회계학계의 견해입니다.

북한의 회계는 남한의 정부조직 회계와 비슷하다고 볼 수 있습니다. 남한과 같은 복식부기 방식의 재무제표 형태도 비슷합니다. 복식부기는 14세기 이탈리아 상인들도 이용해온 것이니 성장이 더딘 북한이라고 해서 아직도 단식부기를 사용하고 있을 리는 없겠죠. 회계는 '부기'로, 차변과 대변은 '차방과 대방'으로, 자산은 '재산', 비용과 수익은 '지출과 수입', 이익은 '이윤'이란 단어를 쓰는 것도 차이점입니다.

북한에도 회계감사가 있습니다. 남한은 민간 회계법인이 담당하지만, 북한에선 지방재정기관이 담당합니다. 남한의 감사원과 같은 정부기관이 회계감사를 하는 것과 비슷하다고 합니다. 기업이 돈을 주고 회계사의 감사 서비스를 이용하는 남한의 자유수임제 아래에서 감사인이 '을(乙)'이 되면서 일어나는 문제들은 북한에선 일어날 리가 없겠지요? 거꾸로 감사인이 정부에서 나온 '관리'인 만큼 지나치게 '갑(甲)'의 위치에 있게 되면서 일어나는 부정부패 문제는 있을 법도 합니다.

북한의 지방재정기관이 회계부정을 감독한다고 하니 조직 단위의 분식회계도 당연히 있으리라고 미뤄 짐작할 수 있습니다. 북한의 분식회계 기준은 더욱 엄격합니다. 가령 남한에서는 산업별, 기업별 특성에 따라 다양한 회계처리 방식을 이용하고 있는 것 자체를, 북한은 '초과이윤'을 감추기 위한 분식회계로 봅니다. 즉, 감가상각비용을 계산할 때를 보면 북한은 정액법(자산의 가치를 매년 같은 금액으로 상각) 이외의 다른 방법은 허용하지 않습니다.

남한에선 흔히 사용하고 있는 회계기준임에도 북한에선 '분식회계'로 적발돼 벌금을 낼 수도 있다니…. 회계는 기업의 언어라고 볼 수 있는데, 남한에서는 일상적으로 쓰는 언어가 북한에선 '욕설'이 될 정도로 큰 차이가 있다면 경제 시스템을 통일하는 데도 오랜 시간이 걸릴 수밖에 없습니다.

남북한 회계 관련 용어 대비표

남한용어	북한용어
회계	회계(재정부기, 부기계산)
차변	차방(정방)
대변	대방(부방)
재무상태표	재정상태표(부기균형표, 정부대조표)
손익계산서	재정부기결산분석표(손익계산표)
시산표	시산표
합계잔액시산표	종합계산자리유동고일람표
잔액	잔고
분개장	분기일기장
총계정원장	종합계시원장(종합계산자리원장)
현금흐름표	현금유동표
회계감사(會計監事)	재정검열원
회계감사(會計監査)	회계검증(부기검증) 회계검사(국가기관의 경우) 경리검사(일반기업의 경우)
자본	자본(등록자본금)
부채	부채(채무)
자산	재산
비용	지출(비용)
수익	수입
이익	이윤(이익)
결산	결산(또는 총화)
자산 재평가	고정재산 재평가
계정, 과목	계시(계산자리)
이연자산	연상재산
어음	수형(手形)

손희두, 《북한의 회계법제에 관한 연구》, 2005.11.

서로의 회계시스템을 이해하고 남한의 회계시스템을 설득시키려면, 학자들의 중단된 연구부터 다시 시작할 수 있도록 해야겠지요? 정부는 말로만 '통일 대박'을 외칠 게 아니라 지금부터라도 근본적인 통일 준비를 해나가야 할 것입니다. 경제 통일의 기초는 회계의 통일이 될 것임은 두말할 나위가 없으니까요.

재무상태표,
기업의 자산과 자금 출처를 한눈에

기업이 하는 일을 한마디로 줄여 표현하면, 사업자금을 조달해 상품을 생산하는 데 필요한 수단에 투자하고 노동력, 원자재 등을 구입해 상품을 만든 뒤, 이 상품을 시장에 팔아 이익을 남기는 것이다. 재무상태표(옛 대차대조표)란 기업의 활동 사이클에서 사업자금을 조달하는 부분과 생산수단에 투자가 이뤄지는 부분만을 잘라내 기록한 재무제표다. 나머지 노동력과 원자재를 구입하고 상품을 시장에 팔아 얼마나 이익을 남겼는지는 다음 장에서 다룰 손익계산서에 기록된다.

쉽게 이해하기 위해 현대자동차를 예로 들어 설명해보자. 금융감독원의 전자공시시스템에 공시돼 있는 2015년 상반기 현대자동차의 개별 재무상태표를 보면 표의 윗부분에서부터 자산, 부채, 자본의 순서로 나와 있다. 아랫부분의 부채와 자본 항목에는 사업자금을 조달한 내용이, 자산 항목에는 조달한 돈이 어디에 투자돼 있는지가 나와 있다. 부채는 남의 돈을 빌린 것이고 자본은 자기 돈, 즉 주주의 호주머니에서

현대자동차의 2015년 상반기 재무상태표

자산	
유동자산	22조 4330억 원
현금및현금성자산	3948억 원
매출채권	3조 7955억 원
재고자산	2조 4306억 원
비유동자산	41조 5710억 원
유형자산	18조 1409억 원
투자부동산	2633억 원
무형자산	2조 9695억 원
…	
자산총계	64조 40억 원
부채	
유동부채	10조 9175억 원
매입채무	3조 5625억 원
단기차입금	1조 8894억 원
비유동부채	5조 1734억 원
사채	2996억 원
장기차입금	6억 원
…	
부채총계	16조 909억 원
자본	
자본금	1조 4889억 원
자본잉여금	3조 9649억 원
이익잉여금	43조 3447억 원
…	
자본총계	47조 9130억 원

끌어온 돈이다.

'돈 벌이의 수단' 자산

현대자동차의 자산총계는 64조 40억 원이라고 나와 있다. 부채와 자본으로 끌어온 돈이 64조 40억 원인데, 이 돈이 투자활동을 거쳐 어떤 형태로 변해 있는지가 나와 있는 것이다. 기업은 자산을 활용해 돈 벌이를 한다. 즉, 자산을 한마디로 표현하면 '돈 벌이의 수단'이라고 줄일수 있겠다.

자산은 크게 유동자산(流動資産)과 비유동자산(非流動資産)으로 나뉜다. 유동자산은 1년 안에 시장에 내다 팔아 현금으로 바꿀 수 있는 자산을 의미한다. 현금및현금성자산은 더 바꿀 것도 없이 현금인 상태로 있으니 당연히 유동자산에 해당하고 1년 안에 거래처로부터 외상값이 들어올 매출채권(賣出債權)이나 지금은 창고에 쌓여 있지만, 조만간 현금으로 바꿀 수 있는 재고자산이 유동자산으로 잡혀 있는 것을 확인할 수 있다(물론 곧바로 현금으로 바꾸기 힘든 재고품들은 비유동자산으로 분류돼 있는 것도 있다).

비유동자산은 현금화하는 데 1년 이상 걸리는 자산들이다. 자동차를 만드는 데 필요한 공장이나 기계장치 등은 유형자산(有形資産), 즉 눈으로 볼 수 있고 손으로 만질 수 있는 형태가 있는 자산으로 잡혀 있고, 자동차를 개발하는 데 쓴 연구개발비(R&D)는 눈에 보이지 않고 만질 수도 없는 무형자산(無形資産)의 항목으로 나와 있다. 투자 목적으로 산 부동산도 곧바로 현금화할 것은 아니므로 비유동자산으로 분류돼

있다. 기업 입장에선 현금으로 바꾸기 힘든 비유동자산보다 빨리 현금
으로 바꿀 수 있는 유동자산이 많을수록 현금을 잘 융통할 수 있으니
더 좋다고 이야기할 수 있을 것이다.

'남의 돈' 부채

아래 부채 항목부터는 사업자금을 어디로부터 끌어왔는지에 대한 내
용이다. 은행에서 대출을 받거나, 채권을 발행해 투자자로부터 빌린 돈
처럼 남의 돈을 빌린 금액들이 부채 항목에 잡힌다. 부채도 자산처럼
유동부채(流動負債)와 비유동부채(非流動負債)로 나뉜다. 1년 안에 갚아
야 할 단기부채는 유동부채라 하고 1년이 넘어서 갚아도 되는 장기부채
는 비유동부채라고 한다. 당연히 기업 입장에선 일찍 갚아야 하는 유
동부채보다 천천히 갚아도 되는 비유동부채가 많을수록 좋다. 그래서
기업들 중에는 깨알같이(?) 유동부채를 비유동부채인 것처럼 처리해
천천히 갚아도 되는 빚이 많은 것처럼 분식회계를 하는 곳도 있다.
　유동부채 항목 안에 있는 매입채무(買入債務)란 생산에 필요한 원자
재 등을 외상으로 사고 거래처에 줘야 할 돈이다. 그리고 단기차입금은
1년 안에 갚아야 하는 단기대출을 의미하는데 보통 단기대출은 장기
대출보다 이자율이 높다. 우리가 급전이 필요해 신용카드 현금서비스를
받으면 은행 대출금리보다 훨씬 높은 것과 같은 이치다. 그러나 현대차
나 삼성전자와 같은 수출기업들은 해외에 상품을 수출하고 받아야 할
외상값, 즉 매출채권을 은행에 담보로 맡긴 뒤 단기대출을 받는다. 수
출한 뒤 수출대금을 외환으로 받을 때까지의 기간 동안 환율이 급변할

위험을 줄이기 위한 것으로 이런 식의 단기차입금은 일반적인 단기대출 보다 금리가 높지 않다(이런 수출기업의 매출채권담보대출은 전문 용어로 '매입외환'이라고 한다).

천천히 갚아도 되는 비유동부채에는 '사채'라는 항목이 있는데, 이는 명동 사채시장에서 빌린 살인적 금리의 사채가 아니라 회사채(會社債)를 의미한다. 기업은 신용평가사로부터 신용등급을 받고 등급이 부여된 채권을 발행, 투자자들에게 채권을 팔아 사업자금을 조달하기도 하는데, 이 돈이 '사채' 항목에 잡힌다. 신용등급이 좋은 우량한 기업은 은행에서 돈을 빌리지 않더라도 직접 회사채 시장에서 사업 자금을 빌릴 수 있다. 또 장기차입금은 그야말로 만기가 긴 대출을 받아 놓은 것이다. 장기차입금은 천천히 갚아도 되는 대출이기 때문에 이런 대출을 잘 쓰면 사업에 큰 도움이 될 수 있다. 가계에 있어서 빚은 언젠가는 갚아야 하고 갚지 않으면 자식에게 대물림 될 수 있어 부담일 뿐이지만, 기업은 적절한 비율로 부채를 쓴다면, 장기적으로 사업을 해나가는 데 도움이 될 수 있기 때문에 부채를 쓴다고 기업을 무조건 나쁘게만 볼 건 아니다. 중요한 점은 기업의 성장에 걸림돌이 되지 않을 만큼 적절한 부채비율을 유지하고 있는지, 악성 단기부채의 비중이 적은지를 살펴보는 것이다.

'주주의 돈' 자본

자본은 한마디로 주주들이 내놓은 돈으로 자기자본 또는 자본총계라고도 한다. 이 자본 안에는 크게 3가지 종류가 있다. 먼저 자본금은 주주들이 사업 자금으로 내놓은 돈으로 주식의 액면가격을 총 발행 주식수로 곱한 값이다. 액면가 5000원짜리 주식을 100만 주 발행했다면, 자본금은 50억 원이 된다. 이 자본금은 증자(增資)나 감자(減資)로 늘어나거나 줄어들 수도 있다. 두 번째가 이익잉여금(利益剩餘金)이다. 사업 과정에서 돈을 벌어 순이익이 남으면 주주 몫으로 돌아오게 되는데 이 돈이 이익잉여금이다. 한마디로 이익을 남겨 이듬해 사업자금으로 쓸 수 있는 몫이란 의미다. 세 번째로 자본잉여금(資本剩餘金)이 있다. 액면가보다 더 비싼 가격에 주식을 더 발행한다면 자본금을 초과하는 부분이 생긴다. 가령 액면가 5000원짜리 주식을 주식시장에서 거래되는 가격 7000원으로 100만 주를 더 발행했다면, 7000원에서 액면가 5000원을 뺀 2000원은 '주당 주식 발행 초과금'이 되는데, 이렇게 100만 주를 곱하면 20억 원의 자본잉여금이 생기는 것이다. 자본잉여금은 상품을 사고파는 매출거래에서 남긴 것이 아니라 순전히 주식발행 과정에서 남긴 돈이다.

실제 떡볶이 사업 사례에 적용해보기

재무상태표에 나온 용어들은 개념을 읽는 것만으로는 어떤 의미인지 와 닿지 않을 수 있다. 그래서 실제 떡볶이 사업을 예로 들어 설명해볼까 한다. 김덕복 씨가 떡볶이 사업을 시작한다고 가정하고 재무상태표를 설명해보자. 김덕복 씨는 2억 원의 자기 돈과 1억 원의 은행 대출을 받아 상가를 구입하고 떡볶이 만드는 기계를 사들여 가게를 열었다. 액면가 5000원짜리 주식 4만 주를 발행, 2억 원의 자본금(5000원×4만 주

=2억 원)과 1억 원의 부채로 자금을 조달해 상가와 떡볶이 만드는 기계, 즉 유형자산에 투자했다. 이를 재무상태표로 정리하면 이런 형태일 것이다. 부채와 자본으로 조달한 돈 3억 원이 상가와 떡볶이 기계란 유형자산의 형태로 변한 것이기 때문에 자산은 언제나 부채와 자본을 더한 액수와 같다.

떡볶이 가게 사장 김덕복 씨의 재무상태표

자산		
유형자산	3억 원	상가 건물 + 떡볶이 기계
부채		
차입금	1억 원	은행 대출
자본		
자본금	2억 원	김덕복 씨가 낸 돈(액면가 5,000원×4만 주)

이후 본격적으로 사업을 시작한 김덕복 씨는 떡볶이를 팔아 한 해 5000만 원의 당기순이익을 남겼다. 자본의 한 항목인 이익잉여금으로 5000만 원이 생기게 된 것이다.

장사가 잘 된다고 생각한 김덕복 씨는 투자자를 모집하기 시작했고, 유순대 씨가 투자에 나서기로 했다. 이익이 나는 모습을 본 유순대 씨는 주당 발행가격을 액면가 5000원보다 높은 6000원에도 투자에 나설 의사를 밝혔다. 주식에 투자하면 매년 배당도 기대할 수 있고 주식시장에 상장한다면, 상장 차익까지 누릴 수 있다고 판단한 것이다. 유순대 씨는 주당 발행가 6000원짜리 주식 1만 주에 투자해 6000만 원 (6000원×1만 주=6000만 원)을 회사에 납입하고 2대 주주가 됐다. 유순대 씨의 투자금 중 주당 발행가 6000원과 액면가 5000원의 차액인

1000원을 1만 주로 곱한 1000만 원은 자본잉여금이 되고 나머지 액면가에 해당하는 5000만 원은 자본금으로 들어가게 된다.

이렇게 당기순이익으로 번 돈 5000만 원과 유순대 씨로부터 투자를 받은 돈 6000만 원으로 김덕복 씨는 더 맛있는 떡볶이를 개발하는 연구개발(R&D)에 5000만 원을 투자했고 남은 6000만 원은 곧 개발될 것이란 소문이 돌고 있는 시골의 땅을 샀다. 이 과정을 재무상태표로 표현하면 이런 형태가 된다.

김덕복, 유순대 합작 떡볶이 가게의 재무상태표

자산		
유형자산	3억 원	상가 건물+떡볶이 기계
무형자산	5000만 원	떡볶이 연구개발비
투자부동산	6000만 원	시골 땅 투자
자산총계	4억 1000만 원	
부채		
차입금	1억 원	은행 대출
부채총계	1억 원	
자본		
자본금	2억 5000만 원	
이익잉여금	5000만 원	1대 주주 김덕복 보유 지분 4만주. 지분율 80%
자본잉여금	1000만 원	2대 주주 유순대 보유 지분 1만주. 지분율 20%
자본총계	3억 1000만 원	

김덕복 씨와 유순대 씨는 이후에도 서로 합심해 별다른 갈등 없이 떡볶이 회사를 운영했다. 그런데 갑작스런 금융위기로 내수경기가 위축되자 떡볶이가 팔리지 않는 상황이 초래됐다. 상품은 팔리지 않고 재료

비만 나가면서 2억 원의 당기순손실을 냈다. 사업 밑천을 갉아먹을 수 있는 결손금(缺損金)이 2억 원 발생한 것이다. 자본 항목에 있는 잉여금 6000만 원을 결손금 보전에 모두 쓰더라도 1억 4000만 원의 결손금이 남는다. 이렇게 결손금이 자본금까지 갉아먹는 상황을 '자본잠식(資本蠶食)'이라고 한다. 자본잠식이 발생하면 기업은 재무구조 개선 작업에 나서게 된다. 감자를 통해 자본금을 줄이고 자본잉여금을 늘려 결손금 보전에 사용하거나, 외부 투자를 받아 결손금 해소에 나서게 된다. 만약 결손금을 해소하지 않는 상황을 오랫동안 방치한다면, 주식시장 상장사인 경우에는 주식시장 퇴출을 의미하는 상장폐지가 이뤄지고 채권 은행들은 기업 신용도가 나빠졌다며 대출해준 돈을 회수하려 들 것이다. 이렇게 되면 회사는 도산할 수밖에 없다.

재무상태표는 기업의 재산과 자금조달 상황을 나타내는 대표적인 재무제표이므로, 다양한 형태의 분식회계들이 이 회계장부 안에서 일어나게 된다. 단순히 비용으로 처리해야 할 돈을 회사의 재산인 양 '자산'으로 처리하기도 하고, 실제로는 적자가 났음에도 흑자가 난 것처럼 처리해 자본 항목의 결손금이 실제보다 적은 것처럼 기록하기도 한다. 구체적인 사례들은 제2장에서 무수히 살펴보게 될 것이다.

빚쟁이 카이사르는 왜 파산하지 않았나

고대 이집트의 여왕 클레오파트라의 마음을 훔친 남자. 로마인으로선 처음으로 브리타니아(현재 영국)를 침공해 위세를 떨친 율리우스 카이사르(Gaius Julius Caesar)는 로마가 공화정에서 제정으로 바뀌는 데 중요한 역할을 했습니다. 비록 스스로 '황제'라 부르진 않았지만, 실질적인 황제 자리에 있었던 인물이기도 합니다. 그는 돈을 빌리는 데도 뛰어난 재능이 있었습니다. 막대한 빚을 얻어 공공사업을 벌이고 정치 선전의 장으로 활용한 검투사 결투를 열어 민중의 인기를 모았습니다.

카이사르는 명문 귀족 가문 율리우스 가에서 태어났지만, 오늘날 재벌 2세처럼 '돈 벼락'을 맞고 태어난 건 아니었습니다. 소위 금수저는 아니었던 셈이지요. 카이사르가 10대였을 때 끔찍한 독재자 술라는 반대파의 딸 코르넬리아 시닐라(Cornelia Cinnilla)와 결혼한 카이사르에게 이혼을 강요했습니다. 자존심 강한 카이사르가 이를 받아들일 리 없었지요. 화가 난 술라는 카이사르의 재산 전부를 몰수했습니다. 귀족들 사이에서 특별히 부유한 편도 아니었던 카이사르는 가진 재산마저 몽땅 잃으면서 큰 타격을 입었습니다.

기원전 73년 로마로 돌아와 원로원 의원이 된 카이사르는 민중의 환심을 사기 위해 또 돈을 빌렸습니다. 돈을 빌려준 채권자들은 명색이

의원인데 돈을 잘 갚을 줄 알았겠지요. 하지만 카이사르는 빌린 돈을 갚지 않았고 채권자들은 원금도 건지지 못할 것을 우려해 카이사르를 고발하려 했습니다. 이때 카이사르를 돕겠다고 나선 사람이 크라수스 (Marcus Licinius Crassus)입니다. 크라수스는 "군대를 유지할 능력이 없다면 부자로 불릴 자격도 없다"라는 말을 즐겨하던, 로마에서 손꼽히는 부자 군인정치가였습니다.

크라수스는 카이사르의 빚 일부는 떠안았고 일부는 보증을 섰습니다. 빚을 아예 갚아준 게 아니라 카이사르의 채권자가 되기로 한 것입니다. 크라수스 덕분에 고발될 위기에선 벗어났지만, 카이사르는 돈 빌리는 버릇을 버리지 못했습니다.

그럼 이쯤에서 카이사르의 가계부를 짚어볼까요? 먼저 카이사르는 술라에게 모든 재산을 몰수당했으니 자본금이 없다고 볼 수 있습니다. 자산의 대부분은 부채로 이뤄져 있지요. 카이사르가 빚을 갚지 못할 만큼 주머니 사정이 나빠졌을 때는 자본잠식 상태에 있다고 볼 수 있습니다. 빚이 지나치게 늘어나 갚아야 할 이자비용이 자본금마저 깎아먹기 시작한 것이지요. 자본잠식이란 기업의 적자폭이 커져 잉여금이 바닥나고 납입자본금마저 깎아먹기 시작한 상태를 말합니다. 납입자본금이란 주주들이 사업 밑천으로 낸 돈입니다.

게다가 빌린 돈도 대부분 수익이 나오는 사업에 쓴 것도 아니고 민중의 환심을 사기 위한 공공사업이나 검투사 경기를 벌이는 데 썼습니다. 지금으로 따지면, 빌린 돈으로 대형 오페라 하우스를 짓고 격투기 대회를 열었던 겁니다. 격투기는 수익이라도 남지만 카이사르는 빚 갚을 돈이 생길 리가 없는 곳에 대출금을 탕진했으니 자본잠식을 해결할 의지도 없었다고 볼 수 있지요.

만약 주식회사 카이사르가 우리나라 주식시장에 상장한 회사라면, 벌써 주식시장에서 퇴출되고도 남았을 것입니다. 우리나라 유가증권시장(코스피)에선 자본금이 전액 잠식되거나 자본금의 절반 이상이 2년 연속 잠식된 회사는 상장폐지됩니다. 자기 돈도 깎아먹기 시작할 만큼 부실한 회사는 더는 주식시장에서 투자자들의 자금을 끌어다 쓸 자격이 없다는 의미이지요. 크라수스가 빚을 대신 갚아주고 보증을 서주면서 카이사르는 자본잠식 문제를 해결하게 됐습니다. 오늘날에도 이런 거래가 가능할까요? ㈜크라수스가 신용불량 상태인 ㈜카이사르의 부채를 이유 없이 탕감해주고 무이자로 추가 자금을 대출해줬다면, ㈜크라수스의 주주들은 회사에 손실을 끼친 죄, 배임죄를 물어 검찰에 고발했을 겁니다.

카이사르가 별다른 자본금이나 담보 없이 빚을 끌어다 쓰기 위해, 채권자들에게 훌륭한 언변으로 그가 일구어내려는 공공사업과 검투사 결투 경기의 가치를 설득했을 수도 있습니다. 또 브리타니아 침공까지 감행했던 군인답게 정복전쟁을 벌여 고대 노예제 사회의 가장 중요한 재산인 노예를 잡아올 수 있다고 큰소리쳤을 겁니다.

이런 방식의 대출을 프로젝트 파이낸싱(PF, Project Financing)이라고 합니다. 금융회사에 부동산이나 예금과 같은 담보를 제공하거나 신용도를 심사받는 것이 아니라 돈이 될 만한 프로젝트를 제시한 뒤 대출을 받는 것입니다. 2004년부터 2007년까지 우리나라에서도 종합부동산세를 걷어 집값을 안정시켜야 했을 만큼 부동산 경기가 급등하던 때가 있었습니다. 이때 부동산 프로젝트 파이낸싱 대출이 크게 유행했지요.

하지만 그 사업성이라는 게 반드시 성공하리라는 보장이 없는 까닭에, 그것은 글로벌 금융위기 이후 우리나라 건설업계, 저축은행, 은행권의 대규모 부실을 초래한 골칫거리가 됐습니다.

크라수스 입장에선 카이사르의 프로젝트가 꽤나 달콤했을 겁니다. 건설사업가이면서 동시에 은 광산 등을 소유한 크라수스에게는 수많은 노예가 필요했으니까요. 크라수스에게 필요했던 것은 비단 돈을 벌어주기 위한 노예뿐만이 아니었습니다. 그는 유력한 정치인들에게 돈을 빌려주면서 채권채무 관계를 형성해 자신의 '정치적 자산'을 축적하는 데도 열중했습니다. 크라수스가 돈을 빌려주면서 받기를 원했던 것은 이자가 아니라 동지였기 때문에 돈을 빌려주고도 이자를 거의 받지 않았다고 합니다.

크라수스의 프로젝트 파이낸싱은 성공했습니다. 채무자 카이사르는 기원전 62년 법무관을 지낸 뒤 '히스파니아'(스페인 북서부 지방)의 총독으로 부임했고 남서부에 살던 루시타니 족과의 전쟁에서 몇 차례 이긴 뒤 거액을 모아 로마로 돌아왔습니다. 크라수스에게는 그동안에 진 빚을 모두 갚았습니다. 그리고 몇 차례 혁혁한 공을 세워 기원전 60년 마흔 살의 나이에 폼페이우스, 크라수스와 함께 이른바 '제1차 삼두정치'의 주역이 됩니다. 크라수스도 얻을 것은 얻은 셈이지요.

회계적으로는 자본잠식에 빠진 기업은 파산해야 하지만, 현실에서는 카이사르처럼 계속해서 기업활동을 유지하는 곳을 볼 수 있습니다. 주로 석탄공사, 철도공사와 같은 공기업입니다. 카이사르가 민중에게 인기를 얻기 위해 벌였던 공공사업과 비슷하네요. 이런 곳들은 수익성이 좋진 않지만, 파산하게 내버려두면 국민이 더 큰 불편을 감수해야 하기 때문에 정부가 자본잠식 기업인지 알면서도 계속해서 지원을 할 수밖에 없는 것입니다. 물론 카이사르에게는 노예를 한꺼번에 잡아올 수 있는 전쟁이라는 '한방'이 있긴 했지요.

　인류 역사상 가장 뻔뻔했던 금융채무불이행자(신용불량자) 카이사르. 그가 그렇게 떵떵거리며 살 수 있었던 것도 내심 믿고 있는 '프로젝트'가 있었기 때문일 겁니다. 만약 그의 프로젝트를 믿고 돈을 빌려준 크라수스가 없었다면, 어떻게 됐을까요. 아마도 우리는 고대 로마인의 거대한 발자취를 남긴 《갈리아 원정기》나 그의 일생을 소재로 쓴 윌리엄 셰익스피어의 희곡 《줄리어스 시저》를 구경할 수 없었을 것입니다.

손익계산서,
기업의 '이윤 성적표'

손익계산서는 일종의 기업의 이윤 성적표다. 기업은 내 돈(자본), 남의 돈(부채) 할 것 없이 자금을 끌어 모아 기계나 공장 등 생산수단(자산)에 투자를 하고, 이렇게 투자해 만든 상품을 팔아 이윤을 남긴다. 앞 장에서 다룬 재무상태표에선 기업이 사업을 하기 위해 어디로부터 자금을 조달했는지, 그 돈이 사업 과정에서 어떤 생산수단이나 자산의 형태로 바뀌어 있는지를 알 수 있었다면, 손익계산서에서는 투자한 돈으로 얼마나 많은 이윤을 냈는지가 나와 있다.

성적이 잘 나오면 부모님이 주시는 용돈도 더 늘어날 수 있는 것처럼 손익계산서는 경영진이 받는 성과급이나 노동자의 보너스, 임금 등을 책정하는 데 필요한 중요한 정보가 담겨 있기도 하다(경영진은 성과급을 더 많이 받기 위해 이익을 부풀리려고 하거나, 세금을 덜 내기 위해 이익을 실제보다 줄이려고 할 테니 중요한 분식회계가 일어나는 재무제표도 바로 이 손익계산서다. 성적표의 '우'를 'ㅇ' 부분을 슬쩍 칼로 긁어내고 '수'로 고친 경험들이 있는지…).

또 기업이 발행한 주식이나 채권에 투자하려는 투자자에게도 기업이 얼마나 돈을 잘 버는지를 확인할 수 있기 때문에 외부에서 기업의 가치를 평가하는 중요한 수단이 된다.

손익계산서는 주로 번 돈(수익)과 쓴 돈(비용)의 항목으로 구성돼 있다. 수익(revenues 또는 income)을 회계학 교과서에서 쓰는 언어로 정리하면, "자산의 유입이나 증가 또는 부채의 감소에 따라 자본의 증가를 초래하는 특정 회계기간 동안에 발생한 경제적 효익의 증가"를 말한다. 참 어렵게도 설명해놨지만, 쉽게 말하면 기업이 번 돈이 수익이다. 수익은 매출액과 기타 수익으로 나뉜다. 영업활동, 즉 물건이나 서비스를 팔아 번 돈이 매출액이고 그렇지 않은 행위로 번 돈이 기타 수익이다. 가령 영업활동을 하지 않고 주식 투자를 해서 번 돈이나 가만히 앉아서 임대료를 받은 돈, 갖고 있던 공장을 팔아 번 돈 이런 것들이 기타 수익으로 잡힌다.

비용(expenses)은 회계학 교과서에는 "자산의 유출이나 사용 또는 부채의 증가에 따라 자본의 감소를 초래하는 특정 회계기간 동안에 발생한 경제적 효익의 감소"로 나와 있지만, 쉽게 말해 돈을 벌기 위해 쓴 돈이다. 수익 창출에 소비된 자원으로도 표현한다. 손익계산서에서 볼 수 있는 비용 항목은 매출원가, 판매비와 관리비, 금융비용, 법인세비용 등이 있다.

매출원가(cost of sales)는 상품을 생산하는 행위에 들어간 비용으로 생산직 노동자에게 준 임금, 재료비, 원료비 등이 포함돼 있다. 판매비와 관리비(selling expenses and administrative expenses)는 만들어진 상품을 시장에 내다 팔고 기업을 관리하는 데 들어가는 사무직 노동자 임금과 물류비용, 마케팅비용, 광고비, 접대비, 여비 교통비, 사무실 임대료, 수도광열비 등이 포함된다. 금융비용(finance costs)과 기타비용(other expenses)은 은행에 낸 대출 이자비용이나 주식 투자에서 잃은 돈, 공장을 헐값에 처분해 손해를 입은 돈과 같은 영업활동 이외에서 발생하는 비용을 말하고 법인세비용(income tax expenses)은 기업이 국가에 낸 세금이다.

이렇게 수익과 비용의 개념을 알았다면, 손익계산서에 나오는 숫자들을 보자. 매출액에서 매출원가를 뺀 돈이 매출총이익(gross profit)이다. 상품이나 서비스를 팔아 번 돈에서, 이를 만드는 데 들어간 원가를 뺀 금액이다. 흔히 상인들이 "이거 팔아 원가도 못 건져요"라고 하는 말은 물건을 팔아 들어온 매출액이 원가보다도 적어 매출총이익이 마이너스란 의미가 된다. 물건을 팔아도 매출총이익이 마이너스라면 굳이 팔 이유가 없을 테니 "밑지고 판다"는 말은 흔한 거짓말이라고 볼 수 있다. 물론 아무리 팔아도 안 팔려 그냥 버리기엔 아까운 상품이라면 단돈 얼마라도 건지기 위해 헐값에 파는 상황은 있을 수 있겠다.

매출총이익에서 상품을 팔고 회사를 관리하는 데 들어간 판매비와 관리비를 뺀 돈이 영업이익(operating profit)이다. 영업 이외의 이익은 차치하고 순수하게 장사를 해서 얼마나 벌었는지를 확인하는 데 유용한 항목으로 경영진의 영업성과를 평가하거나 노동자와 사용자 간 임금협상의 기준이 되는 것이 이 영업이익이다. 영업이익에서 영업과 상관없는 금융수익이나 기타 수익을 더하고 금융비용이나 기타비용을 뺀 것이 법인세비용차감전순이익(profit before income tax)이다. 본업을 해서 번 돈과 쓴 돈, 본업이 아닌 일로 번 돈과 쓴 돈을 모두 합한 것으로 아직 나라에 세금을 내기 전에 얼마나 벌어들였는지를 살펴볼 수 있다. 그리고 마지막으로 법인세비용차감전순이익에서 법인세비용을 뺀 돈이 당기순이익(profit)이다. 번 돈에서 이해관계자들에게 나눠줄 것을 다 나눠주고 온전히 주주에게 돌아갈 몫이 이 당기순이익인데, 이렇게 구한 당기순이익은 앞 장에서 설명한 재무상태표의 자본 항목에 있는 이익잉여금으로 들어간다.

다시 실제 김밥 장사를 하는 김 사장의 사례를 들어 설명해보자.

김 사장은 카운터를 보는 아르바이트생 1명과 직접 김밥을 만드는 종업원 2명을 두고 김밥장사를 한다. 그는 한 달 동안 김밥을 팔아 1000만 원의 매출액을 올렸다. 그리고 김밥을 만드는 데 필요한 김과 쌀, 햄, 계란 등 재료를 사는 데 100만 원이 들었고 김밥을 만드는 종업원 2명에게 각각 100만 원씩을 월급으로 지급했다. 그리고 김밥가게 전단지를 만들어 광고를 하는데 10만 원이 들었고 카운터 아르바이트생에게 70만 원을 임금으로 줬다. 또 수도요금, 도시가스요금, 전기요금 등 각종 식당 유지비용으로 20만 원이 들었고 상가 주인에게 임대료로 100만 원을 줬다. 김 사장이 가게 보증금을 마련하는 데 돈을 빌려준 저축은행에 30만 원의 이자를 냈고 손님이 뜸해 남는 시간에 주식을 투자해 20만 원을 벌었다. 그리고 국가에 내는 세금으로 20만 원을 냈다. 이를 손익계산서로 정리하면 이런 모습이 될 것이다.

손익계산서에 등장하는 숫자들은 단순한 숫자가 아니다. 기업이 창출하는 이윤을 과연 누가 만들어냈고 어떻게 배분되는지에 대한 원리가 담겨 있다고 볼 수 있다. 기업이 상품을 팔아 벌어들인 매출액은 매출원가를 바탕으로 만들어진다. 생산직 노동자의 임금과 원재료를 생산한 대가가 매출원가에 기록된다. 매출원가를 낮춰 매출총이익을 늘

김밥가게 김 사장의 손익계산서

항목	금액(단위: 만 원)	비고
매출액	1000	김밥을 팔아 번 돈
매출원가	300	김, 쌀, 햄 등 재료비 100만 원 + 생산직 종업원 2명 급여 200만 원
매출총이익	700	매출액 – 매출원가
판매비와 관리비	200	전단지 광고비 10만 원 + 수도요금 등 유지비 20만 원 + 관리직 아르바이트 급여 70만 원 + 상가 임대료 100만 원
영업이익	500	매출총이익 – 판매비와 관리비
영업외수익 (금융수익+기타 수익)	20	주식 투자 수익 20만 원
영업외비용 (금융비용+기타비용)	30	저축은행 대출 이자 비용 30만 원
법인세비용차감전순이익	490	영업이익 + 영업외수익 – 영업외비용
법인세비용	20	세금 20만 원
당기순이익	470	김 사장 주머니로 들어오는 돈

렸다면, 그만큼 생산직 노동자에게 돌아갈 몫이 줄었거나 원재료를 생산한 제3세계 노동자, 하청업체에 준 납품단가가 줄었다는 것을 의미한다. 또 영업이익을 구하기 위해 매출총이익에서 뺀 판매비와 관리비에는 사무직 노동자들의 임금과 운송회사, 광고회사, '갑'에게 식사를 대접하고 선물을 사는 데 이용한 자영업자나 다른 기업에 돌아간 몫이 기록돼 있다. 회사가 유지될 수 있도록 관리를 해온 사람들이나 장사를 도와준 사람들에게 쓴 돈이 판매비와 관리비다. 영업이익에서 법인세차감전순이익을 구하기 위해 뺀 금융비용이나 기타비용에는 돈을 빌려

준 채권자에게 지급한 이자 등이 기록되고 마지막 당기순이익을 구하기 위해 빠져나간 법인세는 기업이 국가와 지역사회에 환원한 몫을 의미한다. 마지막으로 남은 당기순이익만이 주주가 가져가는 몫이 된다.

이렇게 기업의 이윤이 생산직 노동자와 하청업체, 제3세계 노동자, 사무직 노동자, 운송회사, 광고회사, 채권자, 지역사회, 국가, 주주에게 얼마나 배분되는지가 손익계산서에 모두 나와 있는 것이다. 결국 노동과 자본, 하청기업과 대기업, 채권자와 주주, 제3세계와 선진국, 기업과 지역사회, 더 나아가 국가 간에 벌어지는 분배를 둘러싼 갈등은 모두 손익계산서 상의 수익을 누가 더 많이 가져갈 것이냐를 놓고 벌이는 싸움이라고 의미를 부여할 수 있다.

또 자본주의 사회에서 회사의 주인을 왜 주주라고 이야기하는지도 손익계산서를 보면 알 수 있다. 주주는 기업 활동에 관계된 모든 사람에게 나눠줄 것을 나눠주고 마지막에 남은 것만 가져가는 사람들이다. 그만큼 기업의 성과와 위험을 모두 부담하는 것이 주주다. 성공하면 성과의 대부분을 가져가고 실패하면 채권자들을 피해 해외로 도피하는 삶을 살게 된다. 구조가 이렇다 보니, 주주 중심 자본주의 아래에서 경영자는 노동의 유연화를 주장하며 생산직, 사무직 노동자에게 주는 임금을 삭감하려고만 들고 하청업체의 납품단가는 후려쳐야 할 대상이며, 탈법을 해서라도 세금을 줄이고 을의 위치에 있는 거래업체들에게 온갖 '갑질' 행위를 하는 것도 결국 주주의 이익, 즉 당기순이익을 극대화하기 위해서다. 게다가 소수 지분으로 대기업을 지배하는 재벌 집단은 순환출자 고리를 형성해 지분 이상의 경영권을 행사하여 더 많은 성과의 열매를 가져가려 하고 위험 부담은 노동자나 협력업체에 전가해 위기를 모면하려 하다 보니 사회적 비난을 받게 된다. 우리나라 재벌 집단은 주주 자본주의가 요구하는 주주의 의무마저도 다하지 않으면서 주인 행세를 하고 있다는 비판을 받는 이유다. 시집 온 며느리에게 쥐꼬리만큼 보태주고선 온갖 안주인 행세를 하며 권위만 내세우는 막장 드라마 속 시어머니의 모습이 이런 모습일 것이다. 소수 지분으로 기업의 주인 행세를 하는 재벌과 다를 바가 없지 않은가. 반기업 정서란 정확히 말하면 반재벌 정서다. 기업이 돈을 벌어 일자리를 만들고 지역사회와 국가에 기여한다면 기업을 싫어할 이유가 있을까. 소수의 재벌이 소수의 지분으로 기업이란 생산수단을 독식하고 마치 사유재산인 것처럼 이용하고 있는 행태가 나쁜 것이다. 김일성-김정일-김정은으로 내려오는 김씨 일가가 북한이란 국가를 마치 자기 것인 양하는 행태와 다를 바가 없다.

현금흐름표,
부실·성장기업 알아보는 '맨얼굴'

현금흐름표란 그야말로 일정 기간 기업에서 들어가고 나간 현금을 기록한 재무제표다. 재무상태표, 손익계산서만으로는 알 수 없는 진짜 기업의 가치를 살펴볼 때 유용하게 쓸 수 있다.

가령 매출액이 1억 원인 두 기업이 있다고 가정하자. 손익계산서 상의 '매출액 1억 원'에는 두 기업이 어떤 거래처와 거래하는지는 드러나지 않는다. 신용이 좋은 거래처는 꼬박꼬박 외상값을 잘 갚을 테지만, 거래 상대방이 사기꾼이라면 외상값을 떼먹고 도망갈 수도 있다. 매출액은 같아도 신용이 좋은 곳과 거래하는 기업의 현금흐름이 좋은 법이다.

자산과 부채, 자본을 기록한 재무상태표나 손실과 이익을 기록한 손익계산서는 숫자로 표현돼 있어 객관적인 것 같지만, 사실은 재무제표 작성자의 주관이 많이 개입된다. 건설회사가 주관적으로 계산한 공사진행률로 앞으로 회사가 벌어들일 돈을 기록한 '미청구공사(未請求工事)'

와 같은 계정이 대표적이다. 미청구공사는 말 그대로 건설사가 아직 공사 일감을 준 발주처에 청구하지 않은 공사대금이다. 건설사는 이 돈을 앞으로 받을 돈이라고 회계장부에 기록, 매출액으로 잡지만, 돈을 줄 발주처는 줘야 할 돈이라고 생각하지 않는 계정이다. 즉, 손익계산서에선 분명히 매출액으로 잡혀 있지만, 실제로 현금은 들어오지 않는 항목이라고 보면 된다. 왜 이런 항목이 생겨나는지는 앞으로 제2장에서 다룰 대우건설, 대우조선해양, 경남기업 등의 사례에서 자세히 설명하게 될 것이다.

어쨌든 매출액은 꼬박꼬박 늘어나는 것 같지만, 현금이 들어오지 않는 기업, 주머니 사정이 갑자기 나빠지는 회사인지를 확인하려면 현금흐름표를 반드시 확인해야 한다. 현금흐름표만 봐도 앞으로 성장할 기업인지, 청산할 기업인지 감을 잡을 수 있다.

현금흐름표는 영업, 투자, 재무활동 현금흐름 3가지 항목으로 나눠 기록된다.

영업활동 현금흐름은 그야말로 생산된 제품이나 서비스를 사고파는 영업 과정에서 일어난다. 현금이 많이 들어오면 상품이 잘 팔린다는 의미이고, 빠져나가는 현금이 있다면 거래처에 외상값을 준 것이 된다.

투자활동 현금흐름은 상품을 생산하는 데 필요한 기계나 토지 등 생산수단을 사고파는 과정에서 발생한다. 새로운 투자를 위해 기계를 들여왔다면 현금이 빠져나가고, 사업을 접기 위해 공장을 팔아치웠다면 현금이 들어오는 모습일 것이다. 주식, 채권 등 금융상품에 투자할 때 일어나는 현금흐름도 투자활동 현금흐름에 해당한다. 기업에 따라서는 이를 영업활동 과정에서 금융상품에 투자한 것으로 볼 때는 영업활동 현금흐름에 반영하기도 한다.

재무활동 현금흐름은 증자와 배당, 대출 등 자본금과 차입금 등 재무상황에 변화가 생겼을 때 일어난다. 대출을 받았다면 현금이 들어온 것, 대출을 갚았다면 현금이 빠져나간 게 된다. 회사 돈으로 주주들에게 배당을 했을 때도 현금은 빠져나간 게 된다.

현금이 기업으로 들어온다고 해서 반드시 좋은 건 아니고 반대로 나간다고 해서 큰일이 나는 것도 아니다. 어떤 현금이 들어오고 나가느냐를 구체적으로 보는 것이 중요하다.

삼성전자를 예로 들어보자. 삼성전자의 2014년 1월부터 9월 말까지의 현금흐름을 보면 영업활동 현금흐름은 19조 1407억 원 플러스, 투자활동 현금흐름은 16조 4949억 원 마이너스, 재무활동 현금흐름은 2조 2031억 원 마이너스를 기록하고 있다. 상품을 팔아 현금이 들어왔고, 새로운 생산설비나 금융상품에 투자하는 데 현금이 나갔으며, 대출을 갚거나 배당금을 지급하는 데도 현금이 나간 모습이다. 안정적인 회사 현금흐름의 전형적인 형태다.

영업활동으로 돈이 많이 들어오면 좋겠지만, 돈이 빠져나갔더라도 희망이 없는 건 아니다. 전 국민의 소셜 네트워크 서비스(SNS) 카카오톡으로 유명한 카카오가 사업을 시작할 때의 모습을 보자.

2011년 1월부터 12월 말까지 영업활동 현금흐름은 79억 570만 원 마이너스였다. 투자활동 현금흐름도 197억 768만 원 마이너스이긴 마찬가지다. 재무활동 현금흐름만 233억 원 플러스다. 이를 통해 카카오는 영업활동을 하는 데 있어 부족한 자금과 생산설비를 구입할 때 필요한 돈을 대출이나 증자로 조달하고 있다고 해석할 수 있다. 급성장하는 신

삼성전자의 2014년 1월~9월 현금흐름

영업활동 현금흐름	+19조 1407억 원
투자활동 현금흐름	-16조 4949억 원
재무활동 현금흐름	-2조 2031억 원

카카오의 2011년 1월~12월 현금흐름

영업활동 현금흐름	-79억 570만 원
투자활동 현금흐름	-197억 768만 원
재무활동 현금흐름	+233억 원

생 기업이 이런 모습을 보인다. 아직 손익분기점을 지나지 못해 영업활동에서 돈을 벌고 있지는 못하지만 과감히 돈을 끌어와 통 크게 투자를 하고 있는 모습이다.

반면 투자활동 현금흐름이 많이 들어온다고 좋은 회사일까? 생산수단인 기계와 토지, 투자하던 금융상품을 모두 처분하고 있다는 것이니 벌인 사업을 접고 있는 회사일 가능성이 크다.

물론 현금흐름표가 부실기업과 우량기업을 구분하는 '요술방망이'는 아니다. 특히 벤처기업이나 스타트업기업은 기발한 아이디어나 특허권과 같은 눈에 보이지 않는 자산이 현금흐름표에 잘 드러나지 않고, 신생 기업은 현금흐름이 나쁠 수밖에 없기 때문에 이런 기업을 부실기업이라고 치부해버려서는 곤란하다. 하지만 현금흐름이 꾸준히 들어오지 않으면 대기업이든 벤처기업이든 망할 수밖에 없다는 측면에서, 그것이 매우 중요한 회계정보를 담고 있는 건 부인할 수 없을 것이다.

현금흐름으로 기업 상황 살펴보기

	영업활동 현금흐름	투자활동 현금흐름	재무활동 현금흐름	내용
패턴1	+	+	+	영업활동으로 현금이 들어오고 있고 자산매각과 대출·증자 등으로 현금을 조달, 다른 회사를 인수합병하거나 신사업 분야에 진출을 모색하는 유동성이 풍부한 회사. 업종 전환형 회사.
패턴2	+	−	−	영업활동으로 들어온 현금을 생산설비에 투자하고 있고 빚을 갚거나 배당금을 지급하고 있는 안정적인 회사.
패턴3	+	+	−	영업활동으로 들어온 현금과 자산을 매각한 돈으로 빚을 갚고 있는 회사.
패턴4	+	−	+	영업활동으로 들어온 현금과 대출, 증자대금으로 생산설비에 투자하고 있는 회사.
패턴5	−	+	+	영업활동에서 현금을 벌지 못하는 문제점을 자산매각과 대출, 증자 등으로 보전하고 있는 회사.
패턴6	−	−	+	급격히 성장하는 회사로 영업활동에서의 부족자금과 생산설비 구입에 필요한 자금을 대출이나 증자로 조달하고 있는 회사. 신생 기업.
패턴7	−	+	−	영업활동에서 부족한 자금과 채권자에 대한 차입금 상환액을 생산설비를 팔아 조달하고 있는 회사. 쇠퇴기업.
패턴8	−	−	−	영업활동에서 부족한 자금과 설비 투자, 차입금 상환을 모두 기존의 현금비축액에서 쓰고 있는 회사.

분식회계란 무엇이고
어떤 유형이 있는가

분식회계(粉飾會計)란 기업이 재정 상태나 경영 실적을 실제보다 좋게 보이게 할 목적으로 불법적인 방법을 써서라도 자산이나 이익을 부풀려 계산하는 회계를 말한다. 한마디로 자신이 부자 기업인 것처럼 거짓말을 하는 것이다. 거꾸로 재정 상태와 경영 실적을 실제보다 더 나쁘게 보이기 위해 거짓말을 하기도 한다. 이런 식의 회계부정은 '역분식회계(逆粉飾會計)'라고 부른다. 이런 분식회계는 액수에 따라 20년이 넘는 징역형이 내려지기도 한다. 살인죄에 버금가는 중형으로 다뤄지고 있는 걸 보면 심각한 범죄 행위라고 볼 수 있다.

기업이 숫자로 거짓말을 해 부자 기업이나 가난한 기업 행세를 하는 이유를 정치경제학적 의미로 풀어보면, 결국 분식회계든, 역분식회계든 일하는 사람들이 만들어놓은 잉여가치를 잉여가치의 관리자들이 더 많이 가져가기 위한 목적에서 일어나는 현상이라고 해석할 수 있다. 분배 구조를 왜곡하는 일을 부추기는 것이다. 일개 기업 내 노동자의 몫뿐만 아니라 사회 공동체 전체로 환원돼야 할 몫까지 왜곡하기 때문에 그 심각성이 크다. '열심히 일하면 많은 몫을 가져갈 수 있고 그런 기회는 누구에게나 평등하게 주어진다'는 기회 균등의 원칙을 근본에서 훼손하는 일이다.

자본이 이윤을 만들어내는 정치경제학적 원리를 이용해 좀 더 들여다보자.

기업은 100억 원의 자본을 투입해 원재료, 기계, 노동력을 사고 이를 이용해 상품을 만든 뒤, 시장에 120억 원에 팔아 20억 원의 잉여가치[9]를 창출한다. 이를 도식화하면 이렇게 표현할 수 있다.

$$M \rightarrow C + V \rightarrow M'$$

M은 초기에 투입한 100억 원의 자본이다. C는 불변자본(Contant Capital)을 말하는데 기업이 사들인 유형자산, 즉 기계설비, 토지, 공장, 원재료 등을 의미한다. 기계, 공장, 원재료는 과거 이름 모를 노동자가 이미 만들어낸 것들이기 때문에 정치경제학에서는 '죽은 노동'이라고 부른다. 그리고 V는 가변자본(Variable Capital)으로 노동력을 의미한다. 지금 당장의 생산 과정에 투입할 노동력을 의미하는 만큼 '산 노동'이라고 부르기도 한다. 이렇게 불변자본과 가변자본을 이용해 상품을 만들어 시장에 내다팔면 다시 돈이 생기는데, 이때는 초기 투입한 자본 100억

---

9   잉여가치(剩餘價値, surplus value): 자본이 자기 증식을 한 부분이다. 생산활동을 시작할 때에 투입된 자본이 생산활동이 끝날 무렵 상품이 팔려 가치를 늘리면, 그 차액이 잉여가치다. 정치경제학에서는 이 잉여가치는 노동자의 노동에서 나왔다고 본다.

원보다는 더 많은 금액, 즉 120억 원이 생기기 때문에 'M''로 표현할 수 있다. 100억 원을 들여 120억 원을 벌었으니 20억 원만큼은 잉여가치라고 볼 수 있다.

잉여가치는 정확히 일치하는 회계상의 개념은 없지만, 굳이 따지자면, 손익계산서 상의 영업이익과 비슷하다. 상품을 팔아 벌어들인 매출액에서 유형자산(불변자본·죽은 노동)의 감가상각비용, 생산직 노동자 임금과 판매·관리직 노동자 임금 등을 뺀 것이 영업이익이다. 물론 영업이익은 불변자본(공장, 기계, 원재료)과 가변자본(노동력)을 활용하는 데 들어간 비용뿐만 아니라 광고마케팅, 접대비와 같은 각종 비용까지 뺀 값으로 정치경제학적 의미의 잉여가치의 개념과 정확히 일치하지는 않지만, 분석을 단순화하기 위해 일단 잉여가치를 영업이익과 비슷한 개념이라고 가정해볼 수 있다.

기업의 생산 과정을 통해 벌어들인 잉여가치는 사업 자금을 빌려준 채권자들에게 줄 이자와, 공장부지의 원주인에게 주는 임대료, 나라에 내는 세금 등으로 나눠주게 되는데, 이윤을 추구하는 자본은 이런 비용들을 줄여 더 많은 잉여가치를 차지하려는 속성이 있다. 카를 마르크스가 '싸우는 형제들'로 표현한 산업자본, 금융자본, 지주(땅주인)의 갈등, 자본과 국가의 갈등은 이렇게 더 많은 잉여가치를 위한 경쟁과 이미 생산된 잉여가치의 분배를 놓고 벌어지는 일이라고 볼 수 있다.

더불어 기업의 손익계산서를 보면 은행에 지급하는 이자비용이나 공장부지 임대료, 세금 등은 잉여가치와 같은 개념으로 볼 수 있는 영업이익에서 떼어내 주는데, 이런 모습을 보면 금융자본의 이자와 땅주인의 지대, 국가 운영비의 원천이 일하는 사람들이 만든 잉여가치라는 사실도 함께 알 수 있다.

공장부지 임대료는 임대 계약을 맺을 때부터 정해져 있겠지만, 은행 이자 비용은 기업의 신용상태에 따라 낮아질 수도 높아질 수도 있다. 기업의 재무상태가 나쁘면 은행으로부터 돈을 아예 빌릴 수 없거나 매우 비싼 금리로 대출을 받을 수밖에 없지만, 분식회계로 재무상태가 좋은 것처럼 거짓으로 숫자를 꾸며놓으면 저금리로 대출을 받을 수 있게 된다. 또 나라에 내는 세금도 기업의 이익 규모에 비례하여 부과하는 것이기 때문에 분식회계를 통해 실적이 적자를 낸 것처럼 역분식회계를 해놓으면 나라에 내는 세금도 줄일 수 있다. 역분식회계는 노동자에 대한 임금 인상도 억제해 잉여가치의 자본 독점을 더욱 강화한다. 회사가 적자를 냈다는데, 노동조합이 임금을 올려달라고 하면 사회적 비난을 감수해야 하기 때문에 노동조합은 임금 삭감이나 동결에 동의할 수밖에 없게 된다. 이런 기업은 임금 삭감은 물론 노동자를 실업자로 전락시키는 구조조정의 위험에 빠뜨리기도 한다.

무엇보다 대대적인 자본 투자를 받기 위해 실적을 부풀리는 분식회계로 생산 공식에서의 초기 자본금 'M' 자체를 확대할 수가 있다. 상장 조건도 갖추지 못한 적자 기업이 흑자 기업으로 회계 장부를 고쳐놓고 주식시장에 상장을 하면 100억 원이 아니라 200억, 300억 원 규모의 개인 투자자들의 돈을 끌어모을 수 있다. 이렇게 기업 상태를 속여 더 많은 초기 자본금을 끌어 모으면 자본 입장에선 더 많은 잉여가치를 뽑아낼 수 있게 된다.

정치경제학적 관점에서 다시 정리하면, 분식회계는 사회 전체의 잉여가치 배분의 왜곡을 불러오는 행위다. 이 잉여가치의 원천은 생산직 노동자와 판매, 관리직 노동자, 월급쟁이 전문경영인의 노동이 만든 피와 땀이다. 분식회계는 자본이 나눠 갖는 몫은 물론 일하는 사람들이 마땅히 가져야 할 몫까지 왜곡한다. 자본주의 사회의 모순이 응축돼 있는 분식회계는 돈 중심의 사회를 넘어 새로운 사회를 꿈꾸는 사람들이 반드시 주목해야 할 사안이라고 볼 수 있다.

분식회계의 6가지 유형

1. 매출액을 부실하게 계산하거나 거짓으로 꾸미는 방식

기업은 영업실적을 뻥튀기하기 위해 매출액을 거짓으로 꾸민다. 가령 상품이 고객에게 팔려야 매출을 인식할 수 있지만, 고객이 사겠다는 의사를 표현하기도 전에 매출액으로 계산해놓는가 하면, 고객이 대금을 지급할 수 없는 형편임에도 상품이 정상적으로 팔린 것처럼 처리해놓기도 한다. 또 2만 원짜리 상품을 2억 원에 판 것처럼 해놓고 매출실적을 터무니없이 부풀리기도 하고 대출을 받아 빌린 돈을 마치 상품을 팔아 들어온 매출액인 것처럼 꾸며놓기도 한다. 납품업자가 자사의 제품을 사달라고 리베이트를 준 돈도 매출액으로 잡기도 한다.

2. 한때 운 좋게 번 돈을 평소 상품을 팔아 번 돈인 양 왜곡하는 방식

기업은 갖고 있던 부동산을 팔아 일회성 수익을 얻기도 하는데 이를 마치 꾸준히 상품을 팔아 벌어들인 매출액인 것처럼 왜곡하기도 한다. 일회성 수익은 투자 수익을 얻은 것이지 영업을 해서 벌어들인 돈이 아니기 때문에 영업이익이 아니라 기타 수익으로 분류해야 하지만, 마치

영업이익을 올린 것처럼 기록한다. 거꾸로 한때 운 나쁘게 손해를 본 돈을 평소 영업을 못해 손해를 본 것인 양 꾸미기도 한다. 가령 경영진의 경영판단 잘못으로 부동산을 애초에 산 가격보다 헐값에 팔거나, 소송에서 패소해 손실이 난 것을 마치 영업손실이 난 것처럼 기록하는 역분식회계를 하기도 한다. 이렇게 역분식회계로 영업손실이 불어나면, 임금 협상 과정에서 영업손실을 핑계로 노동자의 임금 인상률을 후려치는 데 이용하게 된다.

3. 지금 나갈 비용을 과거, 미래의 시점으로 옮겨놓는 방식

순간의 영업실적을 부풀리기 위해 당장 비용으로 처리해야 할 항목을 과거나 미래에 비용이 나가야 할 것처럼 옮겨놓는 일은 현 경영진이 경영실적을 부풀리기 위해 사용한다. 당장의 성과급을 많이 받기 위해 부실 자산에 대한 손실을 대비해 쌓아두는 충당금[10]을 설정하지 않고 묵혀두다 보면, 다음 경영자가 그에 대한 손실 책임을 뒤집어쓰게 된다. 이렇게 되면 다음 경영자는 또 분식회계로 손실을 감추거나 임기 초반에 모든 손실을 털어내는 일종의 합법적인 분식회계, '빅배스(Big Bath)'[11]를 하게 된다.

---

10 충당금(充當金): 기업이 앞으로 나갈 것이 확실한 비용을 미리 손실로 털어내는 계정. 대출을 해준 돈이 떼일 것에 대비해 쌓아두는 것이 대손충당금. 손해배상 소송에서 패소해 피해자에게 줘야 할 비용은 손해배상충당금. 건설회사가 예상 손실을 합리적으로 추정해 미리 손실로 털어내는 것이 공사손실충당금이란 계정이다. 미리 충당금을 쌓아 손실로 털어내지 않으면 이 돈들이 당기순이익에 반영될 것이고, 이렇게 되면 주주 배당금이나 시설 재투자 등의 비용으로 써버릴 우려가 있어, 없는 돈인 셈 치는 것이다.

4. 미래에 나갈 비용을 지금 나간 비용인 것처럼 꾸미는 방식

거꾸로 앞으로 생길 비용을 현재에 인식해 당장 손실이 난 것처럼 역분식회계를 하기도 한다. 가령 앞으로 인수하려는 회사의 연구개발비는 인수한 뒤에 비용으로 처리해도 되지만, 이를 미리 비용으로 처리해 실제보다 영업실적이 나쁜 것처럼 꾸민다. 역분식회계를 하는 이유는 앞서 여러 번 설명한 그대로다.

5. 빚을 감추거나 줄여서 기록하는 방식

매우 단순무식한 분식회계로 기업이 받은 대출을 아예 기록하지 않는 형태다. 카사노바들이 미래의 배우자에게 카드빚을 이야기하지 않는 것과 같은 이치다. 대우그룹이 외환위기 이후 파산할 때 해외 금융회사로부터 빌린 부채를 아예 기록하지 않는 방식으로 수십조 원을 감추기도 했다. 이런 단순한 형태의 분식회계는 최근엔 거의 사라졌지만, 건설사들이 미래의 예상 손실을 미리 반영해야 하는 '공사손실충당부채'를 부채 항목에 기록하지 않는 등 여전히 쓰이고 있다.

6. 창고에 쌓인 재고자산을 부풀리는 방식

회계사들이 재고자산을 조사하기 위해 창고를 들어가면 몇 가지 샘플링을 통해 확인할 수밖에 없다. 마치 사람이 건강검진을 할 때 혈액 전체를 검사하는 게 아니라 혈액의 일부만 채취해 검사를 하는 것처럼 회

---

11 빅배스: 손실 인식 시점이 유동적일 때 특정 기간에 손실을 모두 인식하는 회계처리 방식. 신임 경영진은 경영성과가 점차 나아지는 모습을 보여주기 위해 임기 초반에 손실을 모두 털고 경영에 나서기도 한다.

계사도 수백, 수천 평에 달하는 창고 전체를 다 살펴볼 수는 없고 일부만 살펴보고 재고자산이 있는지, 있다면 얼마나 있는지를 파악한다. 이런 까닭에 창고에 빈 상자를 쌓아두고 재고자산을 부풀리는 방식으로 자산 뻥튀기를 하기도 한다.

모든 분식회계는 나쁜 것이지만, 그중에서도 죄질이 더욱 나쁜 것들이 있을 수 있다. 회계 감독당국에서도 분식회계의 유형 중에서도 고의적인 분식회계는 더욱 무겁게 처벌하고 고의성이 낮다면, 처벌 수위를 가볍게 해주기도 한다. 가령 회계기준상의 해석이 달라 이렇게도, 저렇게도 볼 수 있는 사안이라면, 중징계까진 하지 않는 것이 일반적이다. 하지만 렌터카 회사가 리스를 받아 빌린 자동차를 마치 회사의 고유재산인 것처럼 처리해놓거나 회계사를 속이기 위해 재고자산 박스 안에 벽돌을 집어넣는 행위처럼 고의적인 분식회계는 무겁게 처벌한다.

사내유보금 논란, 진실은…

기업이 곳간에 현금을 쌓아두고 투자는커녕 임금으로 나눠주지도 않아 내수경제가 엉망진창이란 얘기를 합니다. 경제인 단체에선 우리나라 기업이 늘 주머니 사정이 어렵다고 이야기하고, 시민사회에선 사내유보금을 쌓아두고 있으면서 돈을 풀지 않는다고 비판하니 누가 진실을 이야기하는지 알 수가 없습니다. 사내유보금에는 좌우가 있을 수는 없을 텐데, 어떻게 이렇게 인식의 간극이 큰 것일까요. 만약 기업이 현금을 쌓아놓고 있는 게 진실인데, 현금이 없다고만 이야기한다면, 이건 기업의 현금 보유량을 재무제표에서 속이고 있는 일종의 분식회계를 하고 있다는 얘기가 됩니다.

과연 '우리나라 기업이 현금을 쌓아두고 있다'는 명제는 맞는 얘기일까요? 이를 짚어보기 위해서는 먼저 사내유보금이란 개념이 무엇인지부터 좀 짚어볼 필요가 있습니다.

기업의 재무제표 어딜 보더라도 사내유보금이란 항목은 없습니다. 재무제표에는 기업이 사업에 필요한 돈을 주주의 주머니에서 조달한 자본과 남에게 빌린 부채가 있고 이렇게 조달한 돈이 어떤 형태로 변해 있는지가 자산이란 항목에 나와 있습니다. 하지만 돈에는 꼬리표가 붙어 있지 않으니 기업이 보유하고 있는 자산이 자기 돈에서 나온 건지,

남의 돈에서 나온 건지가 확실치 않지요. 즉, 자산 항목에 '현금 및 현금성 자산'이란 항목이 있더라도 이 현금이 자기 주머니에서 나온 현금인지, 은행에서 대출받은 현금인지를 알 수 없는 겁니다.

회계적으로 볼 때 사내유보금은 기업이 사업을 해서 벌어들인 이익인 이익잉여금과 자본거래에서 생긴 자본잉여금을 더한 금액을 이야기하는데, 이건 우리가 흔히 이야기하는 사내유보금의 개념과는 조금은 차이가 있습니다. 흔히 사내유보금은 기업이 투자를 하지도 않고 쌓아둔 현금이라고 이야기하지 않습니까. 엄밀히 말해 보유 현금 중에서 대출로 받은 현금이 아니라 순수하게 현금으로 쌓아둔 자기 돈을 의미할 것입니다. 반면 회계상 잉여금의 합계는 기업의 현금 보유량이 아니라 순전히 숫자에 불과합니다. 기업이 이 잉여금을 이용해 기계를 샀다면 기계로, 토지를 샀다면 토지로 변해 있을 수도 있습니다.

사내유보금의 회계상 개념

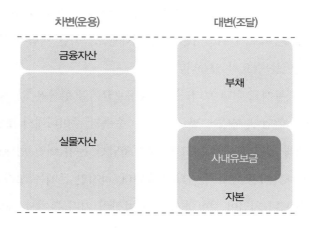

우리나라 회계에서 매출액은 현금이 들어온 것을 기준으로 하는 현금주의가 아니라 매출거래가 발생한 것을 기준으로 하는 발생주의를 토대로 인식하고 있습니다. 그러니까 외상으로 물건을 팔아 실제로 현금이 들어오지 않았더라도 상품을 사고판 거래가 있었다면 매출액으로 인정하고 그중에서 매출원가와 판매관리비, 세금 등을 뺀 수치가 당기순이익이란 항목에 적힐 뿐, 순이익이 생겼다고 당장 현금이 들어온 것은 아닙니다. 어쨌든 매출이 늘어나서 이익이 늘어나는 기업이 매출이 늘지도 않고 이익도 내지 못하는 기업보다 사내유보금이 많다고 볼 수는 있겠습니다만, 회계상의 사내유보금이 많다고 곧바로 현금이 많다고 볼 수는 없다는 얘기입니다. 특히 건설사들이 그렇지요. 공사 계약을 따내 매출액은 늘어나는데 공사대금을 받지 못해 현금은 빈털터리인 곳도 많습니다.

최대한 시중에서 널리 쓰이는 사내유보금의 개념과 가까운 것을 찾는다면, 배당가능이익이나 현금 및 현금성 자산 항목을 봐야 하지 않을까 합니다. 배당가능이익은 기업이 벌어들인 이익 중에서 주주들에게 배당할 수 있는 범위가 얼마나 되는지를 나타내는 것이니, 이는 기업이 뭔가 여유 있게 쓸 수 있는 유보금의 개념으로 볼 수가 있겠지요. 배당가능이익은 이익잉여금에서 법적으로 정해진 일정 비율을 이익준비금으로 쌓은 뒤 남은 금액을 말합니다. 물론 이 금액도 실제 현금 보유량이 아니라 회계상의 개념이긴 합니다.

기업의 실제 보유 현금을 나타내는 '현금 및 현금성 자산'은 그야말로 기업의 생산 활동에 투입되지 않고 쌓아둔 자산이니 사내유보금의 개념으로 볼 수도 있을 것입니다. 물론 은행에서 현금을 빌려 쌓아둔 돈도 일부 있을 수는 있겠지만, 비싼 금리로 돈을 빌려 이자를 받을 수 없는 현금으로 쌓아두는 바보는 많지 않을 테니 사내유보금의 개념으로 볼 수가 있겠지요.

그렇다면, 다시 이야기해보겠습니다. 우리나라 기업이 곳간에 현금을 쌓아두고 있다는 건 맞는 명제일까요?

2015년 국제 신용평가사인 스탠더드앤드푸어스(S&P)가 조사한 결과, 우리나라 상위 150대 기업 중 삼성전자와 현대차를 뺀 대부분 기업의 최근 5년간 순차입금(총차입금-현금 및 단기예금)은 40퍼센트가 늘었습니다. 대부분 빚만 늘었고 삼성전자와 현대차만 현금성 자산 보유분이 늘어나는 양극화 추세를 보이고 있다는 겁니다. 또 삼성전자와 현대차를 빼면 급하게 필요한 유동성 부족분을 보유 현금이 아니라 새롭게 빚을 내 해결하고 있는 것으로 나타났습니다.

모든 기업의 곳간이 현금으로 가득하게 채워지고 있는 게 아니라 삼성전자와 현대차 등 재벌 대기업을 제외하면 빚으로 채워지고 있는 형국입니다. 이른바 '좀비기업'만 늘어나는 모습이지요. 이런 맥락에서 이해해보면 박근혜 정부가 강력하게 드라이브 걸고 있는 임금피크제 도입 등 노동개혁은 사실, '좀비기업'으로 전락할 위기에 처한 기업의 인건비를 줄여주고 수익성을 높여주기 위한 시도라고 볼 수 있겠지요. 하지만 노령 노동자의 임금을 줄이는 것은 강제하고 청년 일자리를 늘리는 것은 강제하지 않으면서 노동개혁이 청년 일자리를 위한 것인 양 이야기하는 것은 위선이라고 볼 수 있습니다.

게다가 회계상의 사내유보금을 보면, 모든 기업의 사내유보금이 넘쳐나는 것이 아니라 기업 간에도 재벌 대기업과 중견·중소기업 간의 양극화가 벌어지고 있는 모습을 살펴볼 수 있습니다. 추미애 더불어민주당 의원과 국회 예산정책처가 분석한 〈30대 재벌 총수들의 배당금과 사내유보금 및 실물투자 실태〉 자료를 보면, 삼성과 현대차, SK, LG, 롯데 등 30대 재벌의 2014년 사내유보금은 500조 2000억 원으로 2010년 330조 1000억 원에 비해 170조 1000억 원(51.5%) 증가했습니다. 반면 재벌 기업들의 실물투자액은 2010년 62조 4000억 원에서 2014년 64조 6000억 원으로 2조 2000억 원(3.5%) 늘어나는 데 그치는 모습을 보였습니다.

내수경제가 엉망인 이유는 그럼 무엇 때문일까요? 정부 말대로 나이든 정규직 노동자들이 양보하지 않아 청년 일자리가 늘어나지 않아서일까요?

다시 S&P의 얘기를 들어봅시다. S&P는 내수시장 부진의 원인으로 국민의 가처분소득 성장이 정체되고 가계부채가 늘어난 것을 먼저 꼽습니다. 국민 호주머니에 자기 돈은 없고 빚만 가득한 것이 결국 돌고돌아 기업의 영업이익률 하락에 일조하고 있다는 얘깁니다. 기업이 상품을 생산해도 이걸 사줄 국민이 없단 얘깁니다. 값싼 중국산 휴대폰에 삼성전자가 위기감을 느끼는 것도 가처분소득 성장 정체와 맞물리지요.

결국 국민을 배불리지 못하고 빚을 떠안긴 정부의 잘못된 정책이 내수 부진의 원인인 것입니다. 아버지 세대가 기득권을 포기하지 않아서가 아니라 기업의 양극화를 방치하고 소수 재벌에게 부가 집중되게 만든 정부가 잘못한 것이지요. 원인은 다른 곳에 있다는 걸 모르지 않을 텐데, 아버지와 자식세대 간 갈등만 부추기고 있는 것은 혹세무민(惑世誣民)의 극치라 할 수 있겠습니다.

제 2 장

경제학자도
모르는

기업의 거짓말

01

두고두고 회자될 거짓말

글로벌 기업 삼성, 심판대에 서다
투자회사 가치 부풀려 이익 뻥튀기?

::

삼성바이오로직스의 분식회계 의혹

글로벌 기업 삼성도 분식회계를 저지를 수 있을까? 지난 2017년 광화문 광장을 촛불로 물들이게 한 '최순실 국정 농단 사태'. 삼성은 이 사태의 '조연'으로 등장할 만큼 법적 도덕적 흠결을 보였다. 하지만 시장에선 삼성의 회계처리만큼은 깨끗할 것이라고 예상했다. 외국인 투자자도 많은 삼성그룹 계열사들은, 글로벌 투자은행(IB)과 신용평가사 등 자본시장 내 감시의 눈초리가 많은 데다, 굳이 회계 정보를 속이면서까지 투자를 받아야 할 만큼 자금이 부족하지도 않기 때문이다.

2017년 2월, 정의당 심상정 의원과 참여연대가 삼성그룹의 제약·바이오 계열사 삼성바이오로직스의 분식회계 의혹을 제기할 때만 해도 이들의 주장을 곧이곧대로 믿는 회계 전문가는 거의 없었다. 금융감독원도 두 달을 미적거리다 그해 4월에서야 본격적으로 분식회계 혐의 조사(감리)를 시작했다. 그러나 조사가 시작된 뒤에도 좀처럼 진도를 빼지 못했다. 회계 전문가들 사이에선 "좀 이상해 보이긴 해도 국제회계

기준에 맞는 합법적인 회계처리"라는 공감대가 있었기 때문이다. 조사해봐야 별다른 혐의점을 찾기는 어려울 것이라는 정서가 감독 당국 내부에도 팽배했다.

갑자기 늘어난 순이익, 시민단체 의심 불러

삼성바이오로직스가 정의당과 참여연대 등으로부터 분식회계를 저질렀다는 의심을 받은 것은 당기순이익이 갑작스럽게 증가했기 때문이다. 설립 이래 4년 연속 당기순이익 적자였던 삼성바이오로직스는 2015년 단숨에 1조 9000억 원의 순이익을 올리게 된다. 삼성바이오로직스는 당시 이렇다 할 약품 판매 실적도 없는 상황이었다. 온전히 새로운 제품을 내놓기 위해 지출되는 연구개발비 탓에 적자가 뻔한 마당에 2조 원에 가까운 순이익을 올린 것은 의아한 일이었다. 이는 평소 돈이 없던 사람이 갑작스럽게 지갑이 두툼해지면 어디서 돈을 훔친 건 아닌지 의심하게 되는 것과 비슷하다.

삼성바이오로직스가 이처럼 갑작스럽게 당기순이익이 늘어난 것은 이 회사가 보유한 계열회사의 주식 가치가 갑작스럽게 올랐기 때문이다. 2012년 삼성바이오로직스는 미국 바이오 기업 바이오젠과 3300억 원을 합작 투자해 삼성바이오에피스(에피스)란 회사를 세우게 된다. 삼성 측이 돈을 대고 미국 바이오젠이 기술을 제공하는 형태였다. 당초 에피스에 투자된 금액은 3300억 원에 불과했기 때문에 삼성바이오로직스가 85퍼센트가량의 지분을 보유한 에피스 주식의 가치도 2900여억 원에 불과했다. 그러나 2015년에 와서 에피스 지분의 시장가격(공정가치)은 4조 8000억 원으로 평가됐고, 이 가치가 삼성바이오로직스의 회계장부에 반영됐다.

삼성바이오로직스가 에피스의 가치를 4조 8000억 원대 시장가격으로 다시 회계장부에 반영할 수 있게 된 것은 삼성 측이 애당초 '종속회사'로 분류해왔던 에피스를 2015년부터 '관계회사'로 바꾸면서다. 처음에는 삼성 측이 보유한 에피스 지분이 85퍼센트에 달했고, 에피스의 이사회 멤버도 삼성 측 인사로 구성됐기 때문에 에피스를 삼성바이오로직스의 종속회사로 봤다. 하지만 삼성 측이 에피스의 시장가치가 4조 8000억 원에 달한다는 사실을 확인한 뒤부터는 합작 투자자인 미국 바이오젠이 에피스의 공동경영권(콜옵션)을 행사할 실익이 커진다고 봤다. 바이오젠은 2012년 에피스를 설립할 당시, 2018년 6월 안에 공동경영권을 행사할 수 있도록 계약을 맺었다. 공동경영권 행사 가격은 투자 원금에서 연 복리로 14퍼센트 이자를 곱한 액수다. 쉽게 말해 미국 바이오젠은 수천억 원 정도의 금액만 지불하면 5조 원에 육박하는 에피스의 지분을 '50퍼센트-1주'까지 보유할 수 있고 이사회를 동수로 구성해 공동경영을 선언할 수 있다. 삼성 측이 2015년부터는 바이오젠이 이 권리를 요구하는 것이 경제적 이익에 부합한다고 본 이유다. 바이오젠이 에피스의 지분을 절반 가까이 늘리게 되면 삼성과 미국 바이오젠은 에피스의 이사회 멤버도 같은 숫자로 구성해야 한다. 이때부터는 삼성이 에피스의 경영을 완전히 지배할 수 없게 되기 때문에 에피스는 삼성의 '종속회사'가 아니라 '관계회사'가 된다고 본 것이다.

물론 바이오젠은 삼성바이오에피스 설립 이후 2018년 상반기까지 공동경영권을 행사한 적이 없다. 삼성이 줄곧 에피스의 이사회를 장악하고 있었기 때문이다. 그런데도 삼성바이오로직스가 에피스를 종속회사가 아니라 관계회사로 회계처리하게 된 것은 국제회계기준에 관련 근거가 있어서였다. 국제회계기준에 따르면 공동경영권 권리를 행사하지 않았더라도 이를 행사했을 때의 실익이 더 크다면 행사한 것으로 보게 돼 있다. 또 '종속회사'를 '관계회사'로 바꿀 때는 기업의 가치를 장부가격이 아니라 시장가격으로 전환할 수 있게끔 한 것 역시 국제회계기준에는 부합하는 일이었다. 이런 이유로 금융감독원의 감리 전까지는 "회계기준상 아무런 문제가 없다"는 삼성 측의 주장이 별다른 의심 없이 받아들여졌다. 이런 논리로 삼성바이오로직스는 2016년 한국공인회계사회의 예비 상장기업에 대한 회계감리를 통과할 수 있었다.

이 글을 쓰고 있는 현재까지 삼성바이오로직스의 분식회계 혐의에 대한 증권선물위원회의 제재 결과는 확정되지 않았다. 이 때문에 삼성의 분식회계 여부를 쉽게 단정하긴 어렵다. 그러나 금융감독원이 1년 1개월 동안 조사해 올해 5월에서야 내놓은 조치 통보 결과를 보면, 삼성 측의 회계처리에도 의심이 가는 점이 한두 가지가 아니었다.

금감원이 분식회계 혐의점을 정리해 삼성바이오로직스 측에 통보한 '조치 사전 통지서'에 나타난 분식회계 혐의는 크게 세 가지였다. 간략히 정리했지만, 하나씩 따져보면 절대 가볍지 않은 내용이다.

첫 번째 쟁점 "4조 8000억 원 대 에피스 가치평가, 근거 없다"

금감원은 삼성바이오로직스가 종속회사였던 에피스의 시장가치를 4조 8000억 원으로 평가한 것 자체가 근거가 없기 때문에 인정할 수 없다고 봤다. 삼성바이오로직스가 에피스의 시장가치를 반영한 근거는 삼성물산이 제일모직과의 합병 이후 기업가치를 살펴보기 위해 작성된 보고서였다. 삼성바이오로직스가 아니라 삼성물산이 회계법인에 의뢰해 작성한 것이다. 보고서는 안진회계법인이 작성했다. 보고서에는 안진이 "에피스로부터 구체적인 자료를 제공받지 못해 세부적인 (기업가치) 분석을 수행하지 않았다"고 나와 있다. 또 "계열사 등 제3자에게 제공할 수 없다"는 전제도 달려 있다. 즉, 삼성바이오로직스는 세밀한 분석도 거치지 않은 데다 계열사에도 이용을 금지한 자료를 근거로 에피스의 시장가격을 판단한 것이다.

안진회계법인의 보고서가 작성된 시점도 문제였다. 당초 삼성바이오로직스 측은 2015년 이후 에피스의 시장가치가 4조 8000억 원에 달한 근거로 에피스가 개발한 제품의 시장 판매 승인 시점을 들었다. 엔브렐 시밀러는 2015년 10월 한국에서, 2016년 1월에는 유럽에서 승인을 받았고 레미케이드 시밀러도 2015년 12월 한국에서 승인을 받았다. 이렇게 에피스가 개발한 제품이 속속 시장에서 판매될 수 있게 돼 기업가치가 높게 평가될 수 있었다는 주장이다.

물론 제약·바이오기업은 10여 년 동안 개발한 약품이 시판 승인을 받고, 실제로 판매가 잘 이뤄지는지 여부에 따라 기업가치가 완전히 달라질 수는 있다. 그런데 에피스가 개발한 약품들이 한국과 유럽 등지에서 시판을 받은 시점은 2015년 10월이었지만, 에피스의 시장가치를 평가한 안진회계법인의 보고서는 그 이전인 8월 31일을 기준으로 작성된 것이다. 안진회계법인 회계사가 타임머신을 타고 미래로 가지 않는 이상, 시기적으로 개발 약품의 시판 승인 소식을 기업가치에 반영할 수는 없다.

삼성바이오로직스 측은, 시판 승인 소식을 반영하기 전에도 에피스의 가치를 4조 8000억 원대로 평가할 수 있었던 것은 에피스의 수익성을 평가한 글로벌 컨설팅회사 맥킨지의 보고서를 활용했기 때문이라고 설명했다. 2012년에 작성된 이 맥킨지 보고서는 에피스의 수익성을 객관적으로 예측한 자료이기 때문에 이를 근거로 하면 4조 8000억 원이란 숫자가 나온다는 것이다. 또 개발 약품들이 승인되기 전에도 이미 에피스의 가치는 높게 평가받고 있었기 때문에 약품 승인 여부를 기업 가치에 반영하면 가치가 더 높아졌으면 높아졌지 낮아지진 않았을 것이란 설명도 덧붙였다.

그래도 의문이 남는다. 삼성물산 의뢰로 작성된 안진회계법인의 보고서는 에피스에 대해 세부적인 분석을 거치지 않고 작성된 것이기 때문이다. 엄밀히 말해 이 보고서는 삼성바이오로직스가 에피스의 기업 가치를 회계장부에 반영하는 데 활용해선 안 되는 자료다. 삼성바이오로직스도 이런 점을 어렴풋이 알고 있었던 것으로 보인다. 이 때문에 삼성바이오로직스는 삼일, 삼정, 한영 등 빅4 회계법인에 의뢰해 에피스의 시장가치를 평가하고자 했다. 하지만 모든 회계법인이 삼성그룹 관련 회계감사 및 실사용역을 수행 중이었기 때문에 '이해상충' 소지가 있어 일을 맡을 수 없는 상황이었다. 안진회계법인도 같은 회사를 두 번 평가할 수 없다는 이유로 거절했다. 회계 결산이 임박한 상황에서 기업가치 평가 용역을 맡길 곳을 찾지 못하다 보니 삼성물산 의뢰로 작성된 기존의 보고서를 활용할 수밖에 없었다는 게 삼성바이오로직스 측의 해명이었다.

삼성 측 해명은 두 가지 문제를 남겼다. 하나는 빅4 회계법인으로부터 에피스의 기업가치를 평가하지 못했다면 대주회계법인이나 삼덕회계법인 등 다른 대형 회계법인에 의뢰해 정확한 가치를 평가했어야 했다. 또 정확히 평가한 기업가치가 없다면, 무리하게 높이 평가된 기업가치를 회계장부에 반영하지 않는 것이 회계의 보수주의 원칙이다. 이런 원칙을 무시하고 에피스의 가치를 반영한 것에 대해서는 대다수 회계 전문가도 문제가 있다고 봤다. 증선위 이전에 회계 전문가들이 분식회계 여부를 판단하는 감리위원회에서도 이 문제가 핵심 쟁점으로 거론됐고, 다수 전문가가 분식회계에 해당한다는 의사를 표시했다.

금감원은 또 2015년부터 이 에피스 가치평가를 근거로 삼성 측이 미국 바이오젠의 공동경영권 행사 가능성이 커졌다고 판단한 것도 문제라고 지적했다. 금감원은 그 이유로 바이오젠이 2015년 말 에피스에 대한 공동경영권 조기 행사 요청을 거부한 사실을 들었다. 삼성 측은 당시 바이오젠에 공동경영권을 행사해 에피스에 제품 개발 자금을 보태달라고 요구한 적이 있다. 하지만 바이오젠은 삼성의 요구에 응하는 조건으로 에피스가 개발한 약품에 대한 판매 권한(판권)을 바이오젠이 갖도록 해달라고 요구하게 된다. 삼성 입장에선 바이오젠의 이 요구를 받아들일 수 없었다. 삼성이 요구에 응하지 않자 바이오젠은 에피스의 공동경영권을 좀 더 일찍 행사해달라는 삼성의 요청을 거절한다. 금감원은 이런 사실을 알고 있던 삼성바이오로직스가 바이오젠의 공동경영권 행사 가능성을 높게 판단하고, 에피스를 '종속회사'에서 '관계회사'로 전환한 것은 잘못된 회계처리라고 지적한 것이다.

물론 이에 대해서도 삼성바이오로직스는 조목조목 반박했다. 삼성 측은 에피스의 판권 문제를 놓고 바이오젠과 갈등이 있었던 것은 사실이지만, 그렇다고 해서 바이오젠이 공동경영권 행사를 거부했다고 보긴 어렵다는 주장을 펼쳤다. 삼성바이오로직스 관계자는 "당시 공동경영권 조기 행사 관련 논의는 에피스가 2016년을 목표로 추진한 미국 나스닥 상장이 유야무야되면서 더는 얘기가 오가지 않은 것일 뿐, 이를 '공동경영권 행사 무산'이라 단정하는 것은 무리가 있다"고 설명했다.

두 번째 쟁점 "에피스 가치 평가 자체도 '뻥튀기'됐다"

금감원이 두 번째로 지적한 삼성바이오로직스의 분식회계 혐의는 일종의 '가정법'이다. 만약 삼성 측 주장대로 에피스의 가치를 시장가격으로 평가해 회계장부에 반영하는 것이 옳다고 하더라도, 에피스 가치를 평가한 계산법이 틀렸다는 지적이다. 새로운 약품을 개발하는 데 길게는 10년 이상이 걸리는 제약·바이오 기업들은 연구개발에 쓰이는 비용이 일종의 원가에 해당한다. 앞으로도 제품 개발에 필수적으로 들어가는 이 비용을 제외한 채 에피스의 기업가치를 계산하는 것은 중대한 계산 오류라고 본 것이다. 만약 이 연구개발비까지 포함해 다시 에피스의 기업가치를 계산하게 되면, 약 9149억 원가량이 줄어들어야 한다는 게 금감원의 지적이었다.

다만, 이 같은 금감원의 지적은 회계 전문가들 사이에서도 논란을 낳았다. 4조 8000억 원으로 평가된 에피스의 시장가치 중 9149억 원만 소위 '뻥튀기' 됐다면 나머지 시장가치(4조 8000억 원-9149억 원=약 3조

8800억 원)는 금감원도 인정하는 꼴이 된다. 같은 '조치 통지서' 안에서도 논리적 스텝이 꼬이는 부분이 있는 셈이다. 이에 대해 한 회계 전문가는 "금감원 조치 내용처럼 에피스의 시장가격이 3조 8800억 원만 돼도 삼성바이오로직스의 회계처리는 문제가 없다고 볼 수도 있다"며 "2015년 당시 바이오젠 입장에선 공동경영권을 행사하면 약 2조 원에 가까운 지분 절반을 가질 수 있는 실익이 있기 때문"이라고 설명하기도 했다. 반면 다른 회계 전문가는 "금감원의 두 번째 지적은 삼성바이오로직스가 회계장부에 반영한 에피스의 시장가격 자체가 잘못 계산됐다는 의미로, 이렇든 저렇든 분식회계에 해당한다는 점을 문제 삼은 것으로 봐야 한다"고 해석했다.

세 번째 쟁점 "투자자에 알릴 중요한 사항 누락됐다"

금감원은 삼성바이오로직스가 투자자들에게 알려야 할 중요한 사항을 재무제표 주석에서 누락했다고 지적했다. 삼성바이오로직스가 에피스에 제품 개발 자금을 제공할 의무(자금조달 보장 약정)를 부담하고 있었고, 공동경영권 계약과 관련한 파생상품 부채가 있었음에도 이 사항을 기록하지 않았다는 것이다. 금감원이 누락했다고 지적한 금액은 8727억 원(2012년 기준)이다.

재무제표 주석은 재무제표의 일부로 중요한 사실을 누락하면 이 역시 분식회계에 해당한다. 숫자를 '조작'한 게 아니라 '누락'했더라도 이로 인해 주가가 영향을 받을 수 있기 때문이다. 금감원은 삼성바이오로직스가 주가에 나쁜 영향을 끼칠 수 있는 일종의 '우발 부채(미래 특정 조건에서 부채가 될 수 있는 계약)'를 재무제표 주석에서 누락한 것은 삼성물산과 제일모직 합병 비율 산정에 영향을 미치기 위한 의도적 행동이라고 보고 있다. 삼성바이오로직스는 제일모직의 자회사이기 때문에 삼성바이오로직스 재무제표에 부정적인 내용이 없어야 제일모직의 주가가 유리하게 형성될 수 있기 때문이다. 삼성바이오로직스는 우발 부채 관련 내용을 2014년 이전에는 반영하지 않다가 갑자기 2014년 이후부터 반영하기 시작했다. 제일모직의 합병 비율을 계산하기 위한 가치 평가에 주가에 부정적인 부채 계약이 반영되지 않도록 일부러 공시하지 않았다는 것이다. 금감원이 삼성바이오로직스의 분식회계를 '고의적 분식회계'로 본 근거가 된 내용이다. 당시 제일모직 합병 비율이 유리하게 산정돼야 제일모직 지분을 더 많이 가진 이재용 삼성전자 부회장에게 유리했다. 이 때문에 금감원은 재벌 총수의 지배력 강화라는 목적을 위해 삼성바이오로직스가 중요한 숫자를 일부러 감췄다고 본다.

삼성 분식 의혹과 정치적 배경은 별개 사안

한편 금감원은 이번 삼성바이오로직스에 대한 감리 결과를 회사 측에 통지했다는 사실을 언론에 공개했다. 특정 회사에 분식회계 관련 조치 내용이 통지됐다는 사실은 주가에 미치는 영향이 큰 만큼 이제까지는 비밀로 해왔지만, 이 사안에 대해서는 이례적으로 언론에 밝힌 것이다. 금감원은 분식회계 조치가 통보됐다는 미공개 정보가 시장에 유출될 경우, 이를 모르고 있던 개미투자자들이 피해를 볼 수 있어 관련 사실을 공개할 수밖에 없었다고 해명했다. 그러나 금감원이 조치 통지 사실을 공개한 바로 다음 날 삼성바이오로직스의 주가는 하루 만에 약 17퍼센트가량 급락했다. 뉴스에 곧바로 반응하는 기관투자자와 달리 개인투자자들은 같은 뉴스도 늦게 알게 되는 경향이 있다. 갑작스러운 주가 하락으로 피해를 본 사람들 대부분이 개미투자자일 가능성이 크다는 면에서 이번 금감원의 조치 통지 사실 공개는 경솔한 측면이 있었다는 점은 부인하기 어려울 것이다.

다만, 이해할 수 없었던 것은 금감원의 조치 통지 사실 이후 보여준 언론의 태도다. 삼성바이오로직스의 분식회계 의혹이 제기됐다면, 이 의혹이 사실인지 아닌지를 가리는 일이 중요하다. 만약 의혹이 사실이라면 글로벌 기업의 중대한 회계사기 사건으로 기록될 것이고, 사실이 아니라면 국가기관이 죄 없는 기업을 놓고 호들갑을 떤 유례없는 사건으로 기록될 것이다. 그러나 주요 언론 대부분은 조치 결과가 나오기도 전에 문재인 정부가 무리하게 회계 기준을 해석하고 있다고 주장했다. 금융 당국이 과거에는 문제가 없다고 해놓고 "삼성이란 이유로" 기업을 옥죄고 있다는 것이다. 한마디로 '그때는 맞고, 지금은 틀리다'는 논리다. 넓게는 반기업 정서, '삼성 죽이기' 프레임을 회계 문제에 덮어씌운 것으로 보인다.

주요 언론이 이런 주장을 하며 내세운 근거는 주로 두 가지다. 하나는 삼성바이오로직스가 예비 상장기업이던 2016년, 비상장기업의 분식회계 여부를 살펴보는 한국공인회계사회가 관련 내용을 살펴본 결과 그때는 아무런 문제가 없었다는 것이다. 문제점이 없어 멀쩡히 상장한 기업을 지금 와서 문제 삼는 것은 잘못이라는 논리다. 그러나 모든 상장기업의 분식회계 사건은 '그땐 맞고 지금은 틀리다'는 논리가 적용된다. 상장 당시에는 문제가 없었기 때문에 상장에 성공했고, 나중에 와서 틀린 점이 추가로 발견됐기 때문에 분식회계로 징계를 받게 된다. 과거 분식회계를 저지른 재무제표로 상장에 성공했다가 결국 분식회계가 들통 나 상장이 폐지된 네모세미테크에도 '그땐 맞고, 지금은 틀리냐'며 덮어놓고 감싸 안을 수 있을까?

언론이 든 두 번째 근거는 금감원과 한국회계기준원 등 회계감독 당국이 지난해 1월 삼성바이오로직스의 회계처리 기준 위반 문제를 논의하는 질의회신 연석회의를 소집한 결과 "문제가 없다"는 결론을 내려놓고 이제 와서 분식회계라고 주장한다는 것이다. 이 논리도 질의회신 연석회의 관련 자료를 제대로 확인해보지 않아서 하는 소리다. 금감원과 회계기준원은 관련 자료에서 "앞으로 중요한 사실의 누락이나 변경 사항이 발견될 경우 질의에 대한 판단은 달라질 수 있다"고 나와 있다. 이럴 수밖에 없는 것은 질의회신 연석회의라는 절차 자체가 세부적인 회계감리를 하는 과정이 아니기 때문이다.

질의회신 연석회의는 2011년 국제회계기준을 도입한 뒤 기업이 이전과는 다른 회계기준 적용에 혼란을 겪자, 금융당국이 기업이 묻는 말에 조언을 해주는 절차로 마련한 것이다. 회계 전문가 사이에선 이 질의회신 연석회의를 폐지해야 한다는 주장도 많다. 금융 당국이 일일이 기업에 조언을 해주게 되면 기업이 국제회계기준의 원칙에 따라 스스로 올바른 회계처리를 할 수 있는 능력을 상실할 수 있기 때문이다. 또 일부 기업들은 이 질의회신 연석회의 절차를 악용해 자신의 분식회계 행위를 사후에 정당화하는 수단으로 이용할 가능성도 있다. "질의회신 연석회의를 통해 금융당국의 검증을 받은 사안인데 왜 분식회계라고 지적하느냐"라고 대꾸할 수 있는 여지를 줄 수 있다는 말이다.

다수가 '분식' 지적한 감리위 결과, 무겁게 받아들여야

중요한 점은 삼성바이오로직스의 분식회계 혐의를 증선위 이전 3차에 걸친 감리위원회의 다수 회계 전문가들이 '고의적 분식회계'라고 결정한 것이다. 8명의 감리위원 중 4명은 '고의 분식'이란 주장에 손을 들었고, 3명은 '무혐의', 1명은 기권표를 던졌다. 전문가 사이에서 '분식이냐, 아니냐'로 의견이 엇갈릴 때는 고의성 여부나 과실의 정도와는 상관없이 회계처리를 잘못한 것으로 봐야 한다는 게 정설이다. 재무제표는 이용자라면 누구나 수긍할 수 있을 때 의미가 있다. 한 기업의 재무제표는 이 회사를 믿고 따르는 충성 이용자만을 상대로 공시되는 게 아니기 때문이다. 이것이 회계처리를 가장 보수적으로 해야 하는 이유이기도 하다. 증선위 결과가 어떻게 나올지 알 수는 없지만, 삼성바이오로직스는 이번 감리위원회 결과를 무겁게 받아들여야 한다.

유병언이 찍은 사진이 수백억?
가짜 예술품으로 회사 돈 횡령
::

세모그룹의 거짓말

누구든 희생자가 될 수 있었던 세월호 사태

아직 눈을 뜨고 있어요. 고사리 같은 손 펴지도 못하고 꽉 쥐고 있네요. 내가 저
눈 감겨줘야 해요. 내가 저 손가락 펴줘야 해요.

세월호 참사로 아이를 잃은 가족들의 목소리가 아직도 귓가에 들리는
것만 같다. 2014년 4월 16일. 진도 팽목항에서 불어온 바람은 무거웠다.
온 국민을 슬픔에 빠뜨린 역사상 최악의 참사. 302명의 희생자들이 물
속에 잠겨 목숨을 잃을 때까지 그저 무기력하게 지켜볼 수밖에 없었던
그날들. 언론의 오보, 관료의 책임 회피, 대통령의 불통, 일베의 만행,
서로를 잡아먹기 시작한 필부필부(匹夫匹婦)들. 잠재돼 있던 우리 사회
의 치부들은 그날 이후 모두 드러나는 듯했다. 혹자는 이 사태가 대한
민국의 모든 시스템을 송두리째 바꿀 것이라고 점쳤다.

해양경찰은 실패한 구조의 책임을 지고 해체됐다. 퇴직 관료들이 공기업 임원으로 내려오는 낙하산 인사는 '관피아' 논란에 멈췄다. 그러나 이 모든 것은 권력을 가진 자들이 마치 전기충격기에 감전된 듯, 순간의 사고에 놀라 움츠러든 것일 뿐 본질은 바뀐 게 없었다. 사태가 점점 잊혀지면서 현직 고위 관료는 물론, 이 나라 권력의 조그마한 지푸라기라도 잡은 사람들의 공기업 낙하산 행은 여전히 이어지고 있다. 중앙과 지방 공기업 사내·사외이사들의 면면을 살펴보면 여전히 해당 분야에서 쌓은 경험이라곤 없는 사람들이 그 기업을 운영하는 위치에 앉아 있다. 경비정 한 번 탄 적이 없는 낙하산 관료가 해양경찰의 수뇌부에 있었던 세월호 참사에서 한 발짝도 나아가지 못했다.

이 거대한 부조리의 중심에 세모그룹이 있었다. 과도한 증축에 과적 운항. 벌써 퇴역했어야 할 세월호는 470명의 생명을 싣고 불안한 항해를 했다. 단원고 학생들과 희생자들은 그저 앞서 이 배를 탄 사람들을 대신해 목숨을 잃은 것이다. 시점의 문제일 뿐, 언젠가는 침몰할 배였다.

돌고돌아 다시 유병언으로…탈법의 역사 세모그룹

세모그룹은 1979년 자본금 9000만 원짜리 영세업체로 출발해 이듬해 한강유람선 운항권을 따내면서 사세가 커졌다. 전두환, 노태우 정권 시기에 고속 성장하면서 이른바 '세모왕국'으로 불렸고 1991년에는 오대양 사건으로 입방아에 오르기도 했다. 오대양 사건이란 1987년 8월 경기도 용인 소재 기업 오대양의 공예품 공장 식당에서 사장과 종업원 등

32명이 집단 변사체로 발견된 일을 말한다. 수사당국은 이 사건 배후로 유병언 전 세모그룹 회장을 지목했지만, 끝내 연관성을 밝혀내지 못했다.

세모그룹은 외환위기 전후 부도를 맞아 기업회생절차(법정관리)에 들어갔지만, 이 제도를 이용해 다시 살아난다. 법정관리란 파산 위기에 처한 기업이 다시 살아날 가능성이 보이면 법원은 기존 경영진이 아닌 제3자에게 경영 전반을 관리할 수 있게끔 맡기고 기업을 되살리는 제도다. 이 제도는 기업이 아예 문을 닫아 수많은 사람들이 일자리를 잃지 않게끔 하는 장점도 있지만, 비도덕적인 경영자들에게 악용될 소지도 있다. 기업 오너가 법정관리를 신청하면 부채가 탕감된다. 그동안 금융회사에서 빌린 빚을 갚지 않아도 되기 때문에 충분히 빚 갚을 돈이 있는 오너도 일단 법정관리를 신청해 빚을 털어내고 이후 다시 회사를 헐값에 인수해 본인 소유로 만들기도 하는 것이다.

세모그룹도 이런 '합법적인 부채 세탁'을 단행했다. 세모그룹은 세모스쿠알렌 판매 부진과 세모해운의 적자로 경영난이 심해졌지만, 법정관리에 들어간 뒤 세모그룹 하청업체에 팔린 한강유람선, 조선사업부를 빚을 탕감 받은 상태에서 다시 인수하게 된 것이다.

조선사업부는 세월호 운항을 맡았던 청해진해운의 최대주주 천해지가 인수했다. 천해지의 주주는 새천년, 빛난별 등으로 구성돼 있다. 빛난별은 옛 세모의 하청업체 도남, 영광, 대명산업이 보유한 천해지 지분을 인수한 곳이다. 빛난별 지분은 이후 2008년 유병언 전 회장의 부인과 두 아들이 최대주주로 있는 다판다, 문진미디어로 이동하게 된다. 새천년의 천해지 지분도 같은 해 세모그룹 계열사의 지주회사 격인 아이원아이홀딩스로 넘어갔다. 경영난에 빠진 세모그룹 개별 사업 부문을 하청업체를 동원해 인수하도록 하고 결국 유 전 회장 일가로 다시 넘어오게 한 것이다. 세모그룹의 과거는 이런 '꼼수'로 '유병언 왕국'을 만들었지만, 허술한 대한민국의 제도는 그의 '꼼수 경영'을 방조했다.

세모그룹 계열사들, 유병언 횡령 감추려 분식회계

이런 회사에 회계장부를 조작하는 분식회계 행위가 없었을 리 없다. 세모그룹 계열사들은 한 곳도 빠짐없이 분식회계를 저질렀고 유 전 회장의 횡령을 돕는 데 동원됐다.

세모그룹은 주식시장에 상장되지 않은 회사였기 때문에 분식회계에 따른 일반 국민의 투자 피해는 없었다. 이런 기업은 현행 자본시장법상의 주요 정보 공시의무가 없다. 재무 상황을 일일이 외부에 밝히지 않아도 된다는 의미다. 상장회사보다 감시의 눈초리가 적은 비상장 기업일수록 분식회계의 유혹을 느끼기 쉽고, 악덕 경영진은 의도적으로 회사 돈을 횡령하기 위해 비상장 자회사를 두기도 한다.

세모그룹은 비상장사였지만, 감시 시스템이 아예 없었던 건 아니다. 주식회사의 외부감사에 관한 법률상, 자산규모 100억 원이 넘는 곳은 공인회계사를 선임해 매년 회계감사를 받아야 한다(이 기준은 2014년 자산규모 120억 원으로 늘어나게 된다). 이렇게 감사를 받은 감사보고서는 외부에 공시되고 분식회계 정황이 있다면, 한국공인회계사회로부터 감리를 받게 된다. 현재 우리나라는 상장회사는 금융감독원이, 비상장회사는 한국공인회계사회가 분식회계 여부를 조사하는 이른바 '회계감리'

를 담당하고 있다.

회계 규정상 계열사와 같은 특수관계인[12] 간 거래는 재무제표 주석[13]에 넣어 명확히 설명하도록 돼 있다. 이렇게 하는 이유는 모기업이 계열사에 일감을 몰아주거나 모기업이 생산한 제품을 시장가격보다 비싸게 계열사에 팔아 실적을 부풀릴 가능성이 있기 때문이다. 이런 행위들은 기업의 배임 행위와도 연관될 수 있다. 계열사 입장에선 시장에서 제품을 사면 훨씬 싸게 살 수 있음에도 모기업에 시장 가격보다 비싼 돈을 주고 산다면 회사엔 그만큼 손해다. 특히 모기업이 부실 자회사에 낮은 이자율로 돈을 빌려줬을 때엔 그룹 전체가 위험에 봉착할 수 있다. 자회사가 경영난을 이기지 못해 빚을 못 갚아 파산하면 모기업도 빌려준 돈을 떼여 동반 파산할 수도 있는 것이다. 이 때문에 특수관계자 간 매출, 자금대여 등의 거래 내역을 투명하게 공시하게끔 하는 것이다. 기업들은 대체로 특수관계자 간 거래 공시를 기피한다. 결혼을 앞둔 사람이라면 배우자에게 부모한테 물려받은 재산이 얼마나 되는지 밝히기는 싫을 것이다. 물려받은 재산이 지나치게 많아 자칫 본인은 능력 없는 사람으로 보일 수 있거나, 반대로 부모의 빚만 떠안았을 때는 밝히기 싫을 수 있다.

12 특수관계인: 기업 오너(대주주)와 오너의 친인척, 그리고 계열사 등 관계기업을 지칭한다. 즉 오너의 영향력 아래에 있는 사람과 법인이 모두 특수관계인이다. 기업은 이들 특수관계인 간 거래를 별도로 재무제표 주석에 공시해야 한다. 아버지가 아들에게 빌려준 돈은 떼이기 쉬운 것처럼 특수관계인 간 거래가 많을수록 부실 우려가 있을 수 있기 때문이다. 또 기업의 매출액이 실제로 외부에 상품을 판매해서 얻은 것인지, 특수관계인으로부터의 '일감 몰아주기'로 땅 짚고 헤엄친 매출인지도 구별할 필요가 있다.
13 재무제표 주석: 기업이 제공한 보증이나 담보, 연결 대상 회사 등 숫자로 표시할 수 없는 회계 정보를 담은 것으로 재무제표의 일부분이다. 특수관계인 간의 거래, 진행 중인 소송 등 중요한 정보들도 주석에 담겨 있다.

어쨌든 이런 공시 규정이 있어 함부로 계열사의 내부 자금을 횡령하기 어려워 보이지만, 유 전 회장은 이를 감쪽같이 감출 수 있는 방법을 고안했다. 객관적으로 가치를 측정하기 어려운 자산, 즉 예술품을 횡령에 동원하기로 한 것이다.

유 전 회장이 찍은 사진에 대한 평가는 얼마든지 호불호가 갈릴 수 있다. 어떤 사람은 전원적이고 목가적인(?) 유 전 회장의 사진 작품을 높이 평가할 수도 있고, 다른 사람은 형편없는 작품이라고 혹평을 할 수도 있다. 이렇게 평가가 엇갈릴 수 있는 예술품의 가치를 평가할 때는 그 작품이 얼마나 희소한 것인지를 봐야 한다. 필름이 소실돼 세상에 단 몇 장밖에 없는 작품이고 예술품 경매 시장에서도 고가에 거래가 된다면 그 가치를 높게 평가할 수 있지만, 필름이 있어 100장이든 1000장이든 원하는 대로 인화할 수 있고 경매 시장에선 거들떠보지도 않는 작품이라면 회계적으로도 가치를 인정받기 어렵다. 유 전 회장이 찍은 사진은 이 가운데에서도 후자에 해당했다.

세모그룹의 계열사들은 유 전 회장이 찍은 사진을 얼마에 사줬을까. 계열사 고성중공업(옛 천해지)은 무려 200여억 원을 그의 사진을 사는데 썼다. 다판다, ㈜세모 등 다른 계열사들도 마찬가지였다.

사진에 대한 분식회계는 크게 세 가지 방법으로 이뤄졌다. 먼저 사진을 시장에 판매하기 위해 창고에 보관 중인 상품으로 처리한 재고자산(在庫資産)[14], 인테리어나 전시용으로 회사가 보유하는 유형자산(有形資産)[15], 사진은 나중에 받기로 하고 계약금 명목으로 먼저 돈부터 건네

---

14 재고자산: '창고에 있는 자산'이란 뜻. 재고품을 팔아야 현금으로 바꿀 수 있는 것이기 때문에 금융상품이나 매출채권보다는 현금화 속도가 느리다.

준 선급금(先給金)[16]이다. 회계장부엔 그럴듯하게 적혀 있는 숫자들이지만, 모두 회사 돈을 유 전 회장에게 건네주고 난 뒤 빈 공간을 채우기 위한 속임수들이다.

분식회계 조사에 나선 금융감독원 조사역들이 살펴보니 그의 사진은 창고에 먼지가 쌓인 채로 보관돼 있었다고 한다. 만약 200억 원의 가치가 있는 예술 작품이었다면, 이렇게 방치해 놨을까. 계열사들도 그의 작품 가치를 그저 폐품 정도로 취급했다는 사실이 엿보인다.

선박 수리비, 자산으로 '뻥튀기'한 청해진해운

분식회계를 한 수단은 유 전 회장의 사진만이 아니었다. 세월호 운영을 맡았던 청해진해운은 이 회사가 보유한 선박을 분식의 수단으로 삼았다.

해운회사의 선박은 미래 수익을 창출할 수 있는 주요 생산수단, 즉 유형자산으로 분류된다. 기계, 건물, 선박처럼 형체가 있는 고정자산은 수명을 계산해 자산의 가치를 감가상각한다. 한번 구입하는 데 워낙 많은 비용이 들기 때문이다. 가령 매년 순이익이 10억 원 정도 나는 회사가 100억 원짜리 기계를 구입하는 경우, 이를 한꺼번에 비용으로 처리하게 되면 이 회사는 마치 엄청나게 영업을 못한 회사인 것처럼 보이게 된다. 대규모 영업적자가 회계장부에 기록되는 것이다. 이런 회계 정

---

15   유형자산: 토지, 건물, 기계, 선박처럼 기업이 생산 활동을 하기 위해 필요한 고정자산. 반복해서 사용되고 구체적인 형태를 갖추고 있다.
16   선급금: 상품이나 원재료를 사들이기 위해 미리 지급한 금액. 계약금 등이 이에 해당한다.

보의 왜곡을 막기 위해 기계의 수명을 30~40여년 정도로 가정하고 매년 100억 원에서 수명을 나눈 가치, 대략 2억 5000만 원~3억 원만을 감가상각비용으로 처리하는 것이다.

　선박, 기계, 건물과 같은 고정자산이 고장이 나거나 하자가 생겼을 때 이를 수리한 비용은 어떻게 처리할까. 돈이 지출됐으니 무조건 '비용'으로 처리해야 할 것 같지만, '자산'으로 처리할 때도 있다. 수리 결과 자산의 수명을 늘려 생산 능력이 커진 효과가 있다면 '자산'으로 처리하고 생산 능력에 영향을 줄 정도가 아니라면 '비용'으로 처리한다. 우리가 어린이들을 '미래의 자산'이라 이야기하는 것도 어린이가 노인보다 앞으로 살아갈 날이 많고 노동을 통해 인류에 필요한 재화를 생산할 수 있는 능력이 더 많기 때문에 붙인 단어가 아닐까 싶다.

　청해진해운이 갖고 있는 배도 마찬가지다. 낡은 엔진을 통째로 새것으로 바꾼다거나 갑판을 몽땅 갈아치운다면 배의 수명이 늘어났기 때문에 자본적 지출(유형자산)[17]로 처리한다. 하지만 단순히 페인트칠을 한다거나 조그마한 부품을 갈아 끼우는 것으론 수명이 늘어나지 않기 때문에 이는 수익적 지출[18]로 처리하게 된다.

　청해진해운은 백령도 노선을 운항하는 데모크라시호의 엔진이 고장나자 이를 견인해 수리를 했다. 엔진 전체를 통째로 새것으로 바꿨다면

17　자본적 지출: 기계나 건물 등 고정자산의 수명이나 생산능력을 늘리는 데 쓰인 비용. 자동차의 엔진을 교체하는 데 비용을 썼다면, 자동차 수명을 늘리는 데 쓰인 것이므로 자본적 지출이라고 볼 수 있다.

18　수익적 지출: 기계나 건물 등 고정자산의 수명이나 생산능력을 늘리지는 않고 원상태를 회복하거나 현상 유지를 위해 쓰는 비용. 가령 자동차 외부에다 페인트칠을 하는 데 비용을 썼다면 수명은 늘어나지 않고 원상태를 유지하는 데 쓴 비용이니 수익적 지출이라고 볼 수 있다.

이를 자본적 지출로 처리해야 하지만, 단순히 부품을 교체한 것이기 때문에 이때 수리비는 수익적 지출로 처리해야 했다. 즉, 자산이 아니라 비용으로 털어냈어야 했던 것이다. 하지만 청해진해운은 이를 자산으로 처리함으로써 기업의 총자산 규모를 부풀렸다. 자산 규모를 부풀리면 그만큼 당기순이익이 늘어나는 효과가 있다. 100억 원을 한꺼번에 비용으로 처리한다면 당기순이익도 100억 원만큼 줄어들겠지만, 이를 자산으로 처리한다면, 30~40년으로 나눈 감가상각비만큼만 비용으로 인식하면 되기 때문에 당기순이익이 늘어나게 된다.

유병언 회장과 회계사의 유착을 의심할 수밖에 없는 이유

세모그룹의 분식회계 혐의는 분식회계를 저지른 다른 회사보다는 단순한 편이다. 회계사가 장부상 재고자산, 유형자산으로 적혀 있는 유 전 회장의 사진이 어떻게 보관돼 있는지를 확인만 했어도 알 수 있었을 것이다. 이 회사들을 감사한 회계사 눈에는 액자 위에 쌓여 있는 먼지가 보이지 않았던 것일까. 아니면 사진들이 어떻게 보관돼 있는지 살펴보려는 노력도 하지 않았던 것일까.

청해진해운을 감사한 세광감사반은 왜 십여 년 동안 줄곧 이 회사를 감사하면서 세모그룹의 분식회계를 적발하지 못했을까. 세모그룹과 감사인 사이의 유착관계를 의심하는 것도 이 때문일 것이다. 한 감사반이 같은 회사를 지나치게 오랫동안 감사를 할 수 있도록 허용한 제도에도 문제가 있었다고 볼 수밖에 없다.

크게 보면 세월호 사태는 이윤 추구에 눈 먼 기업이 사람의 생명과 안전을 얼마나 쉽게 내팽개치는지를 보여준 적나라한 사례였다. 사람 중심이 아닌 돈 중심 사회가 만들어낸 비극이다. 그 속에서 분식회계 과정을 살펴보는 '회계지능'은 어떻게 유병언 회장이 계열사 노동자들이 만들어낸 이윤을 불법적으로 착취하는지를 현미경 보듯 들여다보는 도구다.

유 전 회장이 예술적 가치도 없는 사진을 계열사 청해진해운에 더 많이 팔려고 하면 할수록 청해진해운의 노동자들은 더 많은 이윤을 내야 한다. 그렇게 하려면 세월호는 적재 범위를 넘어서는 더 많은 화물을 실어야 하고 불법 증축으로 배의 수명을 늘려 사람을 태워 돈을 벌수 있는 시간을 늘려야 한다. 세월호 사태는 이런 연결 고리 속에서 일어났다. 이런 기업 구조가 가능하게끔 방치한 부실한 회계감독 시스템도 무능한 해경 못지않은 세월호 사태의 근본적인 원인 중 하나로 볼수 있다.

'빚을 감춰라'

침몰하는 재벌의 발악

::

동양그룹의 거짓말

사상 최대 금융상품 불완전판매 사건, '동양 사태'의 서막

우리나라에 증권시장이 생긴 이래 이렇게 규모가 큰 불완전판매 사기 사건이 있었을까. 불완전판매란 금융회사가 고객에게 상품 내용과 투자 위험을 안내하지 않거나 속여 파는 행위를 말한다. 동양그룹 계열사의 회사채나 기업어음(CP)에 투자한 사람만 4만 1398명. 이들은 "재계 서열 38위인 동양그룹이 설마 망하겠느냐"는 동양증권 창구 직원의 말만 믿고 채권을 샀다가 동양그룹이 기업회생절차(법정관리)에 들어가면서 투자금을 날린 사람들이다. 피해금액만 1조 7000억 원에 달했다.

강화도와 제주도의 동양증권 지점에 근무하던 직원이 스스로 목숨을 끊기도 했다. 투자자들의 고소에 힘들어했고 죄책감을 이기지 못해서다. 사달을 낸 현재현 동양그룹 회장은 2014년 10월 서울중앙지방법원의 1심 재판에서 징역 12년형을 선고받은 뒤에도 범행을 부인했는데,

그저 시키는 대로 일했을 뿐인 말단 직원들만 아까운 생명을 잃었다. 동양증권 직원들은 동양그룹 계열사의 회사채와 기업어음을 더 많이 팔수록 더 많은 성과급을 받았기 때문에 창구를 찾아온 개인투자자들을 다른 상품보다 동양그룹 계열사 채권에 투자하게끔 유도했다.

동양 사태는 당시 최수현 금융감독원장을 사퇴 위기로 몰고갔다. 따져보면 금융감독원은 동양그룹에서 사태가 터질 것을 미리 알고 있었음에도 손을 쓰지 못한 책임도 있었다. 만약 금감원 검사역들이 동양 사태가 일어나기 전 일반 고객임을 가장하고 동양증권 창구에 암행감찰(Mystery Shopping)을 나갔더라면, 대규모 불완전판매 사태를 좀 더 일찍 발견할 수 있었을 것이다. 금감원의 감독 부실도 있었지만, 더 근본적인 원인은 기업어음 발행 규제를 대거 풀어준 자본시장통합법(2009년 2월 시행)에 있었다. 법안을 입안하고 집행하는 정부 조직인 금융위원회가 더 큰 책임이 있었지만, 관료들의 책임 공방은 당시 금융감독원 부원장급 임원이 사퇴하는 선에서 일단락됐다. 물론 동양 사태 피해자들은 이런 조치 정도로는 어림도 없다고 생각했다. 이들은 개인투자자가 처음으로 정부기관을 상대로 집단소송을 하는 선례를 남겼다.

수면 위로 떠오른 금산분리 문제

동양 사태는 금산분리 규제의 허점이 만든 결과다. 2008년 금융위기 이후 부동산 경기 침체로 ㈜동양과 동양시멘트 등 주력 계열사들의 영업적자가 급격히 늘어나, 자금난을 해결하기 위해 동원한 곳은 동양증권, 동양파이낸셜대부와 같은 동양그룹 내 제2금융사들이었다.

우리나라는 산업자본의 은행 지배를 원천적으로 금지하고 있지만 증권, 보험, 신용카드, 캐피털, 대부업체 등 제2금융사에 대해서는 소유 규제가 없다. 재벌 그룹들은 모두 제2금융사 하나씩은 두고 있고, 돈을 좀 만지게 된 중소기업 오너들도 사금고로 쓰기 위해 소규모 저축은행에 눈독을 들이기도 한다. 물론 캐피털사나 대부업체와 같은 제2금융사는 은행처럼 국민 돈을 예금으로 받지 않기 때문에 회사가 파산하더라도 일반 국민이 예금을 돌려받지 못하는 피해가 발생하진 않는다. 하지만 동양 사태에서 나타난 것처럼 제2금융사가 재벌 그룹의 사금고로 이용되면서 대규모 투자자 피해를 초래하는 일이 현실화하고 있다면, 규제를 좀 더 촘촘히 해야 할 필요가 있다.

규제 공백은 사실 정부가 스스로 만들었다. 동양그룹이 제도의 허점을 파고들기도 했지만, 사태의 발단은 자본시장의 온갖 규제를 풀어준 자본시장통합법(이하 자통법)이라고 볼 수 있다. LIG건설, 웅진그룹 등 부실 대기업들이 회사채 대신 기업어음을 장기적인 자금조달 수단으로 활용할 수 있도록 해준 것도 이 법 때문이다. 기업어음은 1년 안에 갚아야 하는 단기 자금을 빌리기 위한 증권이었는데, 자통법은 기업어음에 대한 만기, 발행자 요건, 최저액면금액 등 규제를 대거 폐지했다. 이렇게 만기와 발행금액 제한이 없어지면서 만기가 1년이 넘고 금액 단위가 큰 장기 기업어음 발행 비중이 크게 늘었다. 회사채를 발행하려면 기업 내부에서도 이사회 의결을 받아야 하고 금융당국에 증권신고서를 제출해야 하는 등 복잡한 절차를 거쳐야 하지만, 기업어음은 그럴 필요가 없었다. 회사채와 다름없을 만큼 장기 자금을 빌려올 수 있는 데다 의사결정 과정도 간편했기 때문에 동양그룹 부실 계열사들은 기업어음에 크게 의존했던 것이다.

자통법 시행으로 기업어음 발행 규제가 완화됐을 뿐만 아니라 신탁 상품 관련 규제도 풀렸다. 과거에는 신탁 상품을 통해서는 계열사의 회사채나 기업어음에 투자해 부실 계열사를 지원하는 것이 불가능했지만, 자통법 시행 이후에는 가능해진 것이다. 즉 동양증권이 특정금전신탁의 투자 자산에 ㈜동양이나 동양시멘트 등 부실 관계회사 기업어음을 넣고 증권사 창구에 찾아오는 개인투자자들에게 파는 행위가 과거엔 불법이었지만, 자통법 시행 이후에는 합법화됐다. 특정금전신탁이란 금융회사가 고객에게 받은 돈을 고객이 지정한 운용 방법과 조건에 따라 운용한 뒤 수익을 배당하는 상품이다. 원래는 고객이 주식, 채권, 파생상품 등 원하는 상품을 골라 담고 금융회사가 고객이 담은 상품을 운용하는 '일대일 맞춤형 금융투자상품'이지만, 동양증권은 고객에게 적절한 설명도 없이 동양그룹 부실 계열사의 회사채와 기업어음을 고객의 특정금전신탁 상품 안에 담아 투자자 피해를 키웠던 것이다.

동양 사태는 우연히 일어난 사고가 아니었다. 2013년 9월 말쯤 터질 것이란 건 증권사 애널리스트들이나 금융당국자들, 금융권을 출입하는 기자들 등 알 만한 사람들은 대부분 알고 있었다. 사실상 예고된 일이었던 것이다. 금융위원회는 당시 신용등급이 투자부적격 등급(신용등급 BB+ 이하)인 계열사 회사채나 기업어음을 같은 기업집단에 소속된 금융회사가 일반 고객에게 팔지 못하게 하는 규정을 2013년 10월 24일부터 적용하도록 했다. 즉 자금난에 처한 재벌그룹 계열사가 재벌그룹 안에 있는 증권회사를 이용해 투자자를 모집, 자금난을 해결하는 일을 막기 시작한 것이다. 좀 더 일찍 규정을 적용할 수도 있었지만, 왜 그해

9월 동양 사태가 터지고 난 뒤에서야 이를 적용했는지 의문이 남는다. 정부의 대기업 봐주기를 의심할 수 있는 대목이다.

이때부터는 동양증권이 투자부적격 등급인 ㈜동양이나 동양시멘트 등 계열사의 회사채, 기업어음 등을 팔 수 없게 됐다. 동양그룹은 사실상 동양증권이 투기등급의 회사채와 기업어음을 개인투자자들에게 팔아 끌어모은 돈으로 가까스로 생명 연장을 하고 있었는데, 이 제도가 더는 시행되지 않는다는 것은 동양그룹에는 산소호흡기를 떼버리는 것과 같은 일이었다. 이런 사실을 알고 있던 언론도 노골적으로 이 이슈를 다루기엔 어려움이 있었다. 아직은 망하지 않은 기업을 '망할 가능성이 있다'는 식으로 시장에 알렸다가 실제로 자금이 돌지 않아 기업이 망하게 됐을 때의 뒷감당은 끔찍한 것이다. 수많은 직원들이 일자리를 잃게 될 것 아닌가. 그래서 당시 주요 경제신문들은 'D의 공포', '대기업 ○곳 위기'란 식의 제목으로 에둘러 보도하곤 했지만, 'D'가 상징하는 곳이 '동양그룹'이란 사실을 아는 사람은 생각보다 많지 않았다는 것을 새삼 느꼈다. 눈치를 챈 사람이 많았다면 동양사태 피해자들이 4만여 명에 달하지도 않았을 것이다.

침몰하는 배에 난 구멍, 스펀지로 막기

동양그룹의 분식회계는 이렇게 서서히 침몰해가는 거함의 바닥에 뚫린 작은 구멍들을 스펀지로 막는 행위나 다름없었다. 임시방편으로 재무제표의 부실한 부분들을 양호한 것처럼 분칠하려 했지만, 배 안으로 쏟아져 들어오는 바닷물을 막기에는 역부족이었던 것이다.

㈜동양은 글로벌 금융위기가 한창이던 2008년 빚더미에 앉게 되면서 계열사인 동양시멘트의 주식을 리더스 사모투자전문회사(PEF. Private Equity Fund)[19]에 매각했다. 주식을 팔아 들어온 돈으로 빚을 갚으려 했던 것이다. 하지만 완전히 주식을 판 게 아니었다. 발등에 불이 떨어진 건 동양이지 사모펀드가 아니었기 때문에 동양 입장에선 불리한 조건들이 붙었다. 사모펀드는 동양시멘트 주가가 하락해 손해를 보게 되면 샀던 주식을 미리 정한 가격에 다시 팔 수 있는 권리(풋옵션·Put option)를 달라고 했던 것이다. 동양 입장에선 나중에 사모펀드가 동양시멘트 주식을 다시 동양에 팔겠다고 하면 고스란히 돈을 내줘야 하기 때문에 이렇게 내줘야 하는 금액은 회계장부에는 부채로 기록해야 한다. 하지만 동양은 부채를 감추기 위해 이를 간단히 무시했다. 겉보기엔 동양이 동양시멘트 지분을 매각하면서 구조조정을 단행한 것처럼 보였지만, 실제로는 연복리 10퍼센트의 대출을 받았던 셈이다. 이렇게 감춘 부채가 2008년에만 2000억 원에 달했다.

리더스 사모펀드는 동양에 풋옵션을 설정한 것은 물론 동양이 돈이 없다고 드러눕는 사태를 대비해 현금 대신 가져갈 수 있는 담보까지 요구했다. 동양은 계열사인 동양파이낸셜대부의 주식을 담보로 받은 뒤 이렇게 받은 담보를 사모펀드에 제공했다. 어머니가 은행에서 대출을 받아야 하는데 담보로 잡을 게 없어 아들이 가진 자동차라도 담보로 내준 셈이다. 어머니와 아들처럼 모회사와 자회사는 특수관계인이기

19   사모투자전문회사(PEF): 30명 미만인 소수의 투자자에게서 자금을 모아 회사를 인수하고, 이후 기업가치를 높인 뒤 되팔아 수익금을 투자자에게 나눠주는 것을 목적으로 설립된 펀드다.

때문에 특수관계인 간 거래는 재무제표 주석에 기록해야 한다. 하지만 동양은 이를 기록하지도 않았다. 이 부분은 중요하다. 만약 동양과 동양파이낸셜대부가 의도적으로 특수관계인 간 거래를 빠뜨렸다면 그룹의 배임 행위를 감추기 위해 서로 공모한 혐의가 성립될 수도 있다. 동양파이낸셜대부는 부실한 모기업을 돕기 위해 자신의 주식을 담보로 내줬지만, 본인의 회사에는 손해를 끼친 행위가 되기 때문에 담보 제공을 결정한 경영진에게는 배임죄를 물을 수 있다.

골프회원권도 기업들이 종종 이익을 뻥튀기하는 수단으로 동원한다. 동양은 2012년 계열사 동양레저로부터 사들인 골프회원권의 가치를 부풀렸다. 글로벌 금융위기 이후 국내 골프장은 불황에 시달렸다. 골프장을 찾아오는 고객이 줄어들면 골프회원권의 가치도 하락할 수밖에 없는데, 이렇게 되면 골프회원권의 가치를 재평가해 손상차손(損傷差損)[20]으로 기록해야 한다. 동양이 이렇게 손실을 본 액수는 145억 원에 달했지만, 이를 당기순이익에 반영하지 않아 이익을 부풀렸다.

동양그룹의 중간 지주회사 역할을 하는 동양레저도 보유하고 있는 골프장을 이용해 빚을 숨겼다. 동양레저는 자금 사정이 나빠지면서 골프장을 담보로 동양생명으로부터 돈을 빌린다. 기존 대출을 갚으려고 다른 데서 대출을 받는 일종의 '돌려막기'를 한 것이다. 당연히 빚의 총량은 줄었을 리가 없지만, 동양레저는 마치 골프장을 동양생명에 팔고, 이렇게 들어온 매각대금으로 빚을 완전히 청산한 것처럼 회계장부를

---

20   손상차손(損傷差損): 시장에서의 자산 가치가 급격히 떨어져 장부가격보다 현저히 낮아질 가능성이 있으면 재무제표 상 손실로 반영해야 하는데, 이때 반영하는 손실을 손상차손이라고 한다.

꾸몄다. 동양레저는 매달 동양생명에 나눠 갚아야 하는 대출금과 이자를 회계장부에는 '임대료'로 기록해 빚을 낸 사실을 숨겼다. 이렇게 감춘 빚이 2010년에만 2290억 원에 달했다.

기업이 빚을 갚을 능력이 있는지를 알아볼 때 주의 깊게 봐야 할 항목은 재무제표 상의 '유동자산'과 '비유동자산', '유동부채'와 '비유동부채'다. 유동자산이란 1년 안에 현금으로 바꿀 수 있는 자산이고 비유동자산은 현금화하는 데 1년이 넘게 걸리는 자산이다. 같은 논리로 유동부채는 1년 안에 갚아야 할 빚을 말하고 비유동부채는 1년 뒤에 천천히 갚아도 되는 빚이다. 당연히 현금으로 바꿀 수 있는 유동자산이 많은 기업의 재무구조가 좋고, 빨리 갚아야 할 빚인 유동부채가 많은 기업은 재무구조가 나쁘다.

어떻게든 부채를 줄여야 하는 동양레저는 당장 갚아야 할 빚인 '유동부채'가 작아 보이도록 골프회원권 보증금에 대한 회계처리에도 '마술'을 부렸다. 골프회원권은 전셋집을 이용하듯 보증금을 내면 일정 기간 뒤 계약을 갱신하거나 보증금을 돌려받을 수 있다. 즉 계약 기간이 지난 보증금은 회원이 내달라고 요구하면 내줘야 하는 '유동부채'이지만, 동양레저는 이를 천천히 갚아도 되는 빚, 즉 '비유동부채'로 분류했다. 이렇게 잘못 분류한 빚이 2012년에만 2050억 원에 달했다.

동양그룹은 이런 방식으로 재무제표에서 빚을 감추고 부채비율(부채총액/자기자본), 유동비율(유동자산/유동부채) 등 각종 재무지표가 우량한 것처럼 속여 회사채와 기업어음을 발행했을 것이다. 아무것도 모르는 개인투자자들은 그저 망하지 않을 대기업의 채권인 줄 알고 퇴직금을 몽땅 투자해 노후에 대비하려 했을 것이다. 침몰하지 않으려고 저질렀던 동양그룹의 분식회계는 결국 한 대기업을 수많은 피해자의 인생을 망쳐버린 괴물로 만들었다. 자본은 시장 경쟁의 구렁텅이에서 살아남기 위해 온갖 거짓말로 선량한 시민을 현혹해 호주머니를 턴다. 마치 열심히 땀 흘려 일하는 일개미들을 잡아먹는 개미지옥처럼 말이다.

'국민 회계지능'이 아쉬웠던 동양 사태

동양그룹의 재무제표를 보더라도 분식회계를 저질렀는지는 알기 힘들다. 그러나 이 기업이 투자해도 될 만큼 재무구조가 안정적인 곳인지, 그렇지 않은지 정도는 알 수 있다. 하지만 대부분의 사람들이 주식이나 채권에 투자할 때 재무제표를 보지 않고 섣불리 투자한다. 시장에서 계란을 살 때는 유통기한에 계란 크기까지 자세히 비교해가며 사면서도 수백만 원을 주식이나 채권에 투자할 때는 투자하는 기업의 재무제표를 보지 않는다. 아마도 뭘 봐야 할지 모르기 때문일 것이다.

㈜동양의 재무제표를 보면, 이 기업이 곧 문을 닫을 가능성이 있다는 징후가 곳곳에서 보인다. 금융감독원 전자공시시스템에서 ㈜동양의 장기사채 발행금액을 보면 2011년 말 3조 6000억 원 규모의 자산 대비

㈜동양 장기사채 발행금액

(단위: 백만 원)

구분	2011년 말	2012년 말	2013년 말	2014년 말
총자산	3,633,466	3,401,374	1,124,605	830,447
장기사채	806	0	0	0

자료: 금융감독원 전자공시시스템

장기사채는 8억 원에 불과했다. 2012년 말과 2013년 말에는 장기사채가 전혀 없다. 일찍 돈을 갚아야 하는 단기사채보다는 만기가 긴 장기사채의 비중이 많은 것이 좋지만, 장기사채는 전혀 없었던 것이다.

또 이미 발행한 장기사채와 장기차입금 중 만기가 다가와 그해에 상환해야 할 자금규모는 2012년에는 4900억 원, 2013년 6660억 원, 2014년 781억 원, 2015년말 3157억 원… 차례로 다가오는 모습이다. 동양은 막대한 규모의 빚을 갚아야 하는 상황에서 왜 장기사채를 더 발행하지 않았을까. 재무위험이 심각해진 탓에 장기사채를 발행하고 싶어도 발행하지 못하는 상황인 것으로 추정할 수 있다.

동양의 재무위험은 감사보고서의 대문에서도 확인할 수 있다. 2012년말 감사보고서의 첫 페이지에는 "계속기업으로서의 존속이 어렵다"는 회계법인의 의견이 제시돼 있다. 동양은 어려운 재무 항목의 수치를 비교할 필요도 없이 감사보고서만 봤어도 곧 무너질 회사란 것을 알 수 있었던 것이다.

동양 사태 이후 분식회계와 재무제표에 대한 국민의 관심이 커진 것은 불행 중 다행이다. 직접 자기 돈을 잃은 경험을 한 사람들과 이를 뉴스로 간접 경험한 사람들이 이제부터라도 기업 회계에 눈을 뜨기 시작했다는 것은 값비싼 수업료를 냈지만 긍정적인 현상이다.

정부와 시장의 태도도 조금은 변했다. 동양 사태 이후 금융시장에는 투자자 보호 개념이 강화됐다. 과거엔 모든 투자에 대한 책임은 개인이 지는 것, 즉 자기책임원칙만을 강조해왔지만, 글로벌 금융위기 이후 부실 저축은행 사태와 동양 사태를 거치면서 금융회사와 기업의 책임으로 무게 중심이 옮겨가고 있다. 개인은 정보의 비대칭성이 있을 수밖에

38.5 장기차입금 및 유동화차입금과 사채의 상환일정
장기차입금 및 유동화차입금과 사채의 상환일정은 다음과 같습니다.

(단위: 백만 원)

구분	2012년	2013년	2014년	2015년	2016년 이후	합계
장기차입금	135,931	227,489	78,164	315,741	51,582	808,907
사채	356,479	438,554	–	–	807	795,840
합계	492,410	666,043	78,164	315,741	52,389	1,604,747

없는 자본시장 특성상 얼마든지 잘못된 판단을 할 수 있으므로, 의도
적으로 잘못된 정보를 제공한 기업의 책임은 확실히 물어야 한다는 것
이다. 박근혜 정부 들어서는 다시 기업보다는 투자자 개인의 책임을 강
조하는 방향으로 시계를 거꾸로 돌리려 하지만, 동양 사태를 거친 경험
이 쉽게 잊혀지진 않을 것이다.

창조경제는 재무제표를 볼 줄 모르는 국민의 눈먼 돈을 끌어다 언제
망할지 모르는 벤처기업에 투자하는 것이 아니다. 투자 위험이 클수록
기업 내부 정보를 속속들이 공개하도록 하고 그 이후에 국민이 투자를
결정하게 하는 것도 늦지 않다. 재무정보의 공개는 기본 중의 기본임에
도 이를 기업의 '부담'이라며 정보 공개를 면제해주는 것은 중소, 벤처
기업 곳곳에서 일어날 작은 '동양 사태'를 정부가 부추기는 것과 다름
없는 일이다. 지난 역사를 통해 배우지 못하면 혼은 비정상이 된다.

'현금 부자' 삼성전자는 왜 돈을 빌릴까

삼성전자는 대표적인 현금 부자 기업으로 꼽힙니다. 글로벌 신용평가사 스탠더드앤드푸어스(S&P)가 국내 150대 대기업을 분석한 결과 삼성전자와 현대차만 최근 5년간 순현금 보유량이 늘어나고 나머지 기업들은 순차입금이 40퍼센트 늘어난 것으로 집계됐습니다.[21] 올해 상반기 삼성전자의 현금 및 현금성 자산은 3조 6000억 원(개별 재무제표 기준)인데, 1조 6400억 원을 기록한 작년 말보다 6개월 새 2조 원이 늘었지요.

삼성전자의 부채비율은 올해 상반기 개별 재무제표 기준 22.4퍼센트로 매우 양호한 모습을 보입니다. 보통 부채비율이 100퍼센트 근처만 돼도 양호하다고 보는데, 삼성전자는 빚을 거의 쓰지 않는 것이지요.

그나마 쓴다는 부채도 대부분이 원자재를 외상으로 산 매입채무이거나 기계장치 등 유형자산을 살 때 중도금·잔금으로 주지 않은 미지급금, 아직 납부하지 않은 직원 월급이나 전기요금, 수도요금 같은 미지급비용, 납부하지 않은 세금인 미지급 법인세, 직원 퇴직금 줄 돈으로 쌓아둔 충당부채들이니 '대출인 듯 대출 아닌 대출 같은 부채'만 갖고 있지요.

---

21   국제금융센터, 〈S&P초청 세미나-저성장·고변동성 환경 하에서 국내 신용시장 트렌드〉, 2015. 9. 10.

그런 삼성전자에도 6조 원 규모의 단기 차입금이 있는 것이 의아합니다. 단기차입금은 1년 안에 갚아야 하는 고금리 대출로 유동성이 나빠진 기업들이 주로 단기 차입금으로 자금을 구해오지요. 물론 삼성전자는 전체 부채에서 19.9퍼센트만이 단기차입금이긴 하지만, 현금도 많은데 굳이 단기차입금을 빌려온 이유가 뭘까요?

삼성전자의 단기차입금은 우리은행 등 시중은행으로부터 매출채권을 담보로 대출을 받았습니다. 삼성전자 측에선 이렇게 단기대출을 받은 이유에 대해서는 "확인해주기 어렵다"고 이야기합니다만, 은행권에 수소문해보니 이는 대부분 수출기업이 환율 변동 위험을 헤지(hedge)하기 위한 매입외환(bills bought)이라고 합니다.

은행은 수출환어음을 사들이면서 외국 수입업체 대신 수출업체에 돈을 미리 지급합니다. 이 돈은 나중에 수입업체로부터 받지요. 수출업체인 삼성전자에는 일정 기간 빌려주는 형식이라 대출로 잡힙니다. 금리는 리보금리[22](LIBOR, 런던 은행 간 적용금리)에 가산금리를 더해 정해지는 수준이라 매우 낮다고 합니다. 낮은 이자율로 환율 변동 위험을 은행에 떠넘길 수 있으니 기업 입장에선 득이 되는 대출이지요.

또 하나 부채다운 부채로 장기차입금 중 사채라는 항목이 눈에 띕니다. 사채는 명동 사채업자에게서 빌린 살인적인 금리의 사채가 아니라 회사채를 말합니다. 회사채란 쉽게 말해 회사가 장기대출을 은행이 아니라 투자자들로부터 직접 받는 것을 말하지요.

삼성전자의 회사채도 독특한 것이 1억 달러(우리 돈 약 1180억 원) 규모

---

22   리보금리: 영국 런던의 은행끼리 단기자금을 거래할 때 적용하는 금리다. 이 금리는 세계 각 나라가 금리를 결정하는 중요한 기준이 되고 있다.

삼성전자 부채 내역

삼성전자 부채 내역	
유동부채	26조 8208억 원
매입채무	4조 5724억 원
단기차입금	5조 9785억 원
미지급금	4조 9351억 원
선수금	1055억 원
예수금	5357억 원
미지급비용	4조 1564억 원
미지급법인세	1조 1156억 원
유동성장기부채	54억 원
충당부채	5조 3953억 원
기타유동부채	206억 원
비유동부채	3조 1869억 원
사채	652억 원
장기미지급금	1조 9132억 원
순확정급여부채	2706억 원
이연법인세부채	3813억 원
장기충당부채	5515억 원
기타비유동부채	48억 원
부채총계	30조 78억 원

자료: 2015년 상반기 말 개별 재무제표

의 회사채를 1997년에 빌렸는데 10년 거치 20년 분할상환 조건으로 매년 50억~60억 원 가량씩 갚아나가고 있습니다. 올 상반기 말 기준으로는 650억 원의 잔액이 남아 있지요. 이는 삼성전자도 과거 외환위기 당시 자금 사정이 어려워진 탓에 받아놓은 거라고 합니다.

보유 현금도 많으니 몽땅 갚아버려도 될 텐데 이를 갚지 않는 것은 무엇 때문일까요. 여기에 대해서도 삼성전자는 확인해주기 어렵다는 입장이지만, 신용평가사들에 수소문해보니 회사채 발행량이 있어야 채권 신용등급을 유지하는 데 도움이 되기 때문이라고 설명합니다. 우리가 전혀 대출을 쓰지 않는 것보다 적당히 신용카드도 쓰고 마이너스 통장도 쓰면서 대출을 잘 갚는 모습을 보여주는 것이 높은 신용등급을 받는 데 도움이 되는 것과 비슷합니다.

삼성전자는 여느 기업처럼 돈이 급해 부채를 쓰지 않습니다. 환율 변동 위험을 줄이거나 신용 좋은 회사라고 증명하기 위해 씁니다. 다가오는 채권 만기일에 가슴을 졸여야 하는 '좀비기업'이 점점 늘어나고 있는 지금, 마치 '헬조선(Hell-Chosun)' 위에 있는 에덴동산처럼 고고한 자태를 뽐내고 있다고 할 수 있겠습니다.

그러나 이런 모습이 언제까지 갈 수 있을지는 알 수 없습니다. 우리나라의 대표적인 기업 신용평가회사인 NICE신용평가는 삼성전자, LG전자 등 국내 업체들이 생산하는 스마트폰이 2017년부터 경쟁 우위를 상실할 것으로 전망했지요.[23] 저가형 모델에선 중국산 스마트폰에 밀리고 프리미엄급에선 애플의 아이폰 시리즈에 밀릴 것이란 얘기입니다. 국민의 호주머니가 갈수록 텅텅 비어가는 마당에, 저가형 중국산 스마트폰이 우리나라 시장을 잠식할 날이 불과 몇 년 남지 않았다는 경고입니다. 물건을 만들었는데 이를 사줄 국민이 없다는 것은 심각한 상황이 아닐까요? 대기업들부터 국민의 호주머니를 채워줄 수 있도록 노

---

23 NICE신용평가, 〈China Risk의 산업별 영향 점검-3. 전자〉, 2015. 9.16

력해야 하지만, 다들 자기 몫만 챙기다 보면 모두가 불행해지지 않을까 우려스럽습니다.

세계는 넓고 할 일은 많다더니

23조 원대 국내 최대 분식회계

::

대우그룹의 거짓말

개발독재 시대서 자란 공룡, 신자유주의를 만나다

외환위기 직후 대우그룹 기업개선작업(워크아웃)[24]을 할 때였습니다. 대우그룹 경영진을 만나기 위해 서울 남산 자락에 있는 힐튼호텔로 갔지요. 힐튼호텔의 맨 꼭대기층 팬트하우스는 김우중 회장의 집무실이었고 그 아래층 스위트룸들은 대우 임원들의 사무공간이었습니다. 대우는 힐튼호텔을 매각할 때 경영진이 사무공간으로 쓴 맨 꼭대기층은 팔지 않았다고 합니다. 가장 비싼 값을 받을 수 있는 층이었는데도 말이지요. 회사가 무너지는 판국에도 자신들의 호화로운 생활만큼은 포기하기 싫었나 봅니다.

---

24   기업개선작업(워크아웃): 기업이 스스로는 하기 힘든 구조조정을 채권 금융기관 주도로 진행하는 작업이다. 채권금융기관은 기업에 강도 높은 구조조정 계획을 제출하게끔 하고, 이를 전제로 돈을 빌려준다.

금융위원회, 금융감독원의 전신인 금융감독위원회에서 대기업 구조조정 작업을 하던 한 실무자는 대우그룹의 마지막 모습을 이렇게 회고했다. 흑백사진처럼 머릿속에 남은 기억이다. '세계 경영', '세계는 넓고 할 일은 많다'는 유행어가 따라다녔던 재벌 총수. 그는 이제 자본의 세계에선 대마불사(大馬不死)도 통하지 않는다는 대표적인 사례로 남았다.

대우그룹은 1970~80년대 우리나라 개발독재 시대 재벌 대기업의 성장 과정을 보여주는 표본이다. 섬유류와 봉제품 등 경공업을 영위하던 대우는 1976년 부실기업이던 한국기계를 인수하면서 정부 주도 중화학 공업화의 선봉에 서게 된다. 초기의 중화학 공업은 산업 특성상 국가의 정책적 지원이 따를 수밖에 없다. 광활한 토지 위에 조선소, 제철소, 자동차공장 등을 건설하려면 자본시장에서는 감당할 수 없는 대규모 자금을 조달해야 하기 때문에 국책 금융기관의 정책자금 지원은 필수적이었다. 당시만 하더라도 성공 여부가 불확실한, 그럼에도 천문학적인 자금이 투입돼야 하는 기간산업에 선뜻 투자하겠다는 사람을 찾기는 쉽지 않았기 때문이다.

중화학 공업화에 나선 재벌 대기업들은 정부로부터의 자금 지원뿐만 아니라 굴뚝 산업 초기 단계에서의 환경 규제 완화 등 눈에 보이지 않는 제도적 특혜도 받았다. 물론 세상엔 공짜란 없듯이 정부의 특혜만 받은 건 아니다. 재벌 대기업은 군사정부의 전폭적인 지원 속에서 성장을 했지만, 원하지 않는 부실기업 인수에도 나서야 했다. 정부와 시장이 해결하지 못하는 비효율은 재벌 대기업이 '청소'해야 할 몫이었고, 삼성, 현대 등 경쟁 대기업그룹들보다 더 열심히 부실기업을 청소했던 대우는 미래의 비극적 결말에 조금씩 다가가고 있었다고 볼 수 있다.

대우그룹의 파산은 한국 자본주의 역사에 존재했던 두 가지 거대한 이데올로기의 충돌이 만든 결과물이다. 개발독재시대의 국가주도형 자본주의와 외환위기 이후 국제통화기금(IMF)이 이식한 신자유주의의 충돌 속에서 공중분해된 것이다. 고래 싸움에 새우등이 터진다지만, 그 고래도 결국 거대한 시대적 조류의 흐름을 거스르진 못한 셈이다.

　대우의 파산은 여전히 수수께끼로 남아 있다. 문어발식 경영으로 대책 없이 몸집을 키운 기업 경영의 실패인지, 기업의 기초체력에는 문제가 없었으나 갑자기 자금줄을 옥죈 매몰찬 금융자본과 정부의 문제였는지 평가가 엇갈린다. 왜 수많은 재벌 그룹 중에 대우그룹만 유독 구조조정 대상이 됐던 것일까.

　최근 김우중 회장은 신장섭 싱가포르국립대학 교수와의 대담집《김우중과의 대화》에서 파산 당시의 기억을 더듬어 그동안 마음 속으로 되뇌어온 얘기들을 털어났다. 그는 여전히 대우의 파산을 현실로 받아들이지 못하고 있는 듯했다. 대우는 멀쩡했으나 금융기관과 정부가 과도하게 벼랑 끝으로 내몬 탓에 대우가 공중분해 됐다는 인식이다.

　대우는 정말 멀쩡했을까. 김우중 회장이 원하는 대로 금융기관이 대출금을 회수하지 않고 정부가 구조조정에 나서지 않았다면, 그의 말대로 대우는 멀쩡했을 수도 있다. 그러나 23조 원 규모의 분식회계를 저지르고 대우그룹 채권에 투자한 수많은 국민에게 피해를 준 기업을 구조조정하지 않았다면, 우리나라 경제 전체가 멀쩡하지 않았을 것이다. 김 회장은 당시의 분식회계 조사 결과를 스스로 인정했다. 이를 인정한다면 대우는 정상적인 상태라고 보기 어려운데도 이런 간단한 사실을 받아들이지 못하고 있다.

김우중 회장은 대우의 내부 부실에 대해 무지했거나 대수롭지 않게 넘겼던 것으로 보인다. 세계는 넓고 할 일은 많았지만, 꼼꼼한 회계처리로 기업을 관리할 생각은 못한 것 같다. 개발독재 시대의 이데올로기는 오로지 '고도성장'이었다. 그것이 분식회계에 의한 허상이었든, 불법적인 노동자 탄압의 결과물이었든, 일단 파이를 키우는 것만이 중요했을 것이다. 이런 시대에 박정희 전 대통령의 부름을 받고 중화학 공업화를 이룬 자부심으로 살아온 경영자가 글로벌 시장이 믿을 수 있는 엄격한 회계 투명성을 요구한 IMF의 권고는 받아들이기 힘들었을 것이다.

신자유주의는 거칠게 밀고 들어왔다. IMF의 권고를 받아든 우리 정부는 밀어붙이기식 관료들을 앞세우고 신자유주의를 이식했다. 그때 상황에선 상상도 못했을 '부채비율 200퍼센트'란 가이드라인을 기업의 퇴출 기준으로 삼아 그동안 국가의 비호 아래 땅 짚고 헤엄치기 장사를 해온 국내 기업들을 압박했다. 개발독재시대 금융자본은 산업자본의 뒤를 밀어주기만 하는 '시녀'였지만, 신자유주의 시대 금융자본은 마음에 드는 산업자본에 대해서만 지원하고, 그렇지 않은 곳은 가차없이 돈줄을 옥죄는 탐욕스러움을 드러냈다. 자본주의의 주도권이 산업자본에서 금융자본으로 일부 이동한 것이다.

김우중 회장이 직접 얘기하는 대우그룹 부실의 시작

(중화학 산업을 키워야겠다는) 생각은 없었어요. 한국기계가 잘되니까 정부에서 골치 아픈 것들을 또 우리에게 떠맡긴 거지요 … 자동차와 조선은 정말 하고 싶지 않았어요. 자동차에 대해서는 내가 잘 모르고, 옥포조선은 조선공사에서 짓

다 말고 방치해놓고 있던 것이었는데…. 정부에서 하라니까 한 것이지요.

–신장섭, 《김우중과의 대화》 중에서

개발 독재시대 대우는 한국기계(대우중공업), 새한자동차(대우자동차), 옥포조선(대우조선) 등 박정희 전 대통령의 부탁으로 부실기업을 차례로 인수했다. 별로 경영할 생각이 없었어도 국가가 부실기업을 인수하라고 하면 그대로 했다. 김 회장이 '부실기업 해결 청부사'란 별명을 얻은 것도 이 때문이다. 지금 만약 정부가 부실기업을 대기업에 인수하게끔 압박하고 대기업이 압력에 굴복해 넙죽 부실기업을 인수한다면 어떻게 될까? 아마도 주주들은 거품을 물고 주가 하락에 대한 손해배상을 기업과 정부에 요구할 것이다. 인수를 종용한 정부 관료는 직권남용 혐의로 검찰 수사를 받고 인수를 결정한 대기업 경영자는 회사에 손실을 끼친 배임죄를 물어 법정에 서게 될 것이다.

경영자가 잘 알지도 못하고 원하지도 않는 사업을 해야 했다니. 게다가 멀쩡한 기업도 아니고 정부가 부실을 감당하지 못해 포기한 회사들이다. 이런 곳들을 정상 기업으로 만들어 사업을 확장한 것은 불행 중 다행이지만, 먼 훗날 대우그룹의 부실은 부실기업의 인수에서부터 싹텄다고 짐작해볼 수 있다. 최근 정부의 특혜를 바라고 부실 저축은행을 인수한 대형 저축은행들이 줄줄이 부실을 감당하지 못해 무너진 것과 비슷한 일이다.

김 회장의 대화록을 보면 정부와 금융기관이 당연히 기업을 지원해야 한다고 생각하는 사고방식을 여러 곳에서 살펴볼 수 있다.

기업들이 투자하다가 잘못되는 것은 항상 있는 일이지요. 기업 망한다고 은행들이 다 망하면 제대로 된 은행이라고 할 수 있나요? 자기들이 리스크 관리를 해야 하는 거지, 그거 안 하고 왜 기업을 탓합니까?

금융이 막히면 빌려야 할 돈이 계속 불어나게 돼요. 돈이 회전되지 않아서 돈을 또 빌려야 하니까 빚이 쌓이는 거지요. 거기에 불필요한 이자부담까지 더해지는 것이고요. 이게 왜 기업 잘못입니까? 정상적인 자금 조달이 막혔기 때문에 빚이 늘어난 건데, 그걸 갖고 기업이 부실해진 증거라고 내세우는 건 말이 되지 않지요.

-신장섭, 《김우중과의 대화》 중에서

금융기관은 기업의 자금을 공급해주는 것이 본업이지만, 기업도 지원받을 자격, 즉 신용이 있는 곳에만 돈을 빌려준다. 김우중 회장이 이야기하는 은행의 '리스크 관리'라는 것이 그런 것이다. 밑 빠진 독에 물을 붓지 않는 것이 금융시장의 순리이지만, 김 회장은 대우가 '밑 빠진 독'이 됐다는 사실을 인정하지 못하는 듯하다. 달라진 금융기관의 태도 변화를 느꼈다면, 영업방식을 바꾸고 자산을 매각하거나 비용을 줄이는 등 사업 구조조정에 나서야 함에도, 정부나 금융기관이 기업에 무조건 퍼주는 것이 당연한 것인 양 생각하고 있다. 은행은 예금자 돈을 무작정 퍼주는 일을 막기 위한 리스크 관리를 하는 것이다. 그래서 대우그룹에는 더는 돈을 빌려주지 않고 빌려준 돈을 회수하려 했던 것이다. 이것이 부실하게 사업을 키운 대우의 잘못이지 왜 금융기관을 탓하는지 거꾸로 묻고 싶다.

차곡차곡 쌓인 부실들, 23조 규모 분식회계로 터졌다

김우중 회장의 경영이 실패한 원인을 꼽자면, 경영자가 돈을 관리하는 회계의 필요성을 지나치게 우습게보고 있는 것도 한몫했다고 볼 수 있다. 김 회장은 "돈은 원하면 언제든지 벌 수 있는 것"이라고 호기롭게 이야기한다. 평소 생각이 이랬으니 위기가 닥쳐도 대수롭지 않게 생각했을 것이다. 낙관론도 지나치면 기업 전체를 곤경에 빠뜨린다. 당시 대우 구조조정을 주도한 이헌재 전 금융감독위원장은 외환위기 직후 김우중 회장을 만난 느낌을 이렇게 기록했다. "그는 비교적 여유 있어 보였다. 상황이 심각하지 않다고 진심으로 생각했던 것 같다."[25]

금융감독원은 대우그룹의 분식회계를 조사하기 위해 26명으로 구성된 특별감리반을 설치, 1999년 12월부터 9개월간 감리에 착수한다. 금감원이 대우그룹 감리에 착수한 이유는 1999년 11월 대우계열에 대한 워크아웃을 진행하면서 기업실사를 해본 결과, 대우가 제시한 회계장부와 채권단이 실사한 회계장부 사이에 무려 42조 9000억 원의 차이가 나타났기 때문이다. 100억 원은 족히 넘는다고 이야기하는 부자의 재산을 부자에게 돈을 빌려준 사람들이 다시 조사해보니 50억 원밖에 안 되는 상황이다. 대우그룹과 채권단이 각자 이야기하는 재산 규모가 너무 많은 차이를 보이면서 금감원이 직접 ㈜대우와 대우자동차, 대우중공업 등 12개 회사의 본사와 공장 등을 실사하기로 했다. 그 결과 대우그룹이 분식회계로 부풀린 금액은 22조 9000억 원에 달했다.

25   이헌재, 《위기를 쏘다》, 중앙북스, 2012.

먼저 돈을 빌렸음에도 고의로 돈 빌린 사실을 감춘 금액, 즉 부외부채(簿外負債)[26] 규모가 15조 원에 달했다. 대우는 영국 런던 현지법인에서 관리하던 계좌 BFC가 있었는데 이 해외 비밀계좌로 받은 대출금 5조~6조 원을 모두 재무제표에서 감췄다. 당시 대우그룹 재무담당자는 이에 대해 "국제금융상 편의를 위해 장부에 올리지 않았지만, 해외 장부는 명확하게 별도로 관리했다"고 설명한다. 하지만 기업이 얼마나 빚이 많은지에 대한 정보는 주주, 채권자, 노동자 등 외부 이해관계자들에게도 필요한 정보로 내부에서만 별도로 관리하는 것 자체가 회계기준 위반 행위다. 기업 재무제표에서 부채 규모는 가장 기본적인 재무 정보로 이해관계자들에게 의무적으로 공시해야 할 항목들이다. 기업의 안살림을 책임지는 재무담당자부터 회계 투명성에 대한 기본적인 인식이 결여돼 있는 것이다.

또 거래처 사정이 어려워 돈을 받을 수 없게 된 부실채권도 마치 정상 채권인 양 거짓으로 처리한 금액이 4조 원에 달했고, 연구개발비를 허위로 부풀리고 실제로는 없는 설비와 재고자산을 회계장부에는 있는 것처럼 허위로 기록한 금액이 4조 원 규모였다.

기업별로 보면 당시 대우그룹 계열사 전체를 지배했던 ㈜대우는 BFC 계좌로 현지에서 빌린 돈으로 계열사들의 손실을 메웠다. 자식들이 장사를 잘못해 자본금을 까먹으면 해외에서 빌린 돈을 자식 통장에 쏴주고 마치 손실을 보지 않은 것처럼 국민을 속인 것이다. 또 해외에서 빌린 돈을 해외사업 투자금에 썼음에도 이를 부채로 기록하지 않고 감추

---

26   부외부채(簿外負債): 기업이 미래에 갚아야 할 부채가 있는데도 재무상태표에는 표시하지 않고 있는 '장부 외 부채'를 말한다.

기도 했다.

대우중공업도 1980년대 후반 이후 조선 경기가 나빠져 손실이 났는데 이를 대출금으로 메워놓고도 부채로 기록하지 않았다. 대우자동차는 해외법인에 자동차 제조설비를 수출하면서 받은 선수금(先受金)을 부채가 아니라 매출액으로 기록했다. 선수금은 일종의 계약금으로 계약이 제대로 이행되지 못하면 다시 돌려줘야 할 돈이기 때문에 회계상 부채로 보지만, 이를 마치 회사가 수익을 낸 것처럼 위장한 것이다. 자동차를 만들 때 쓰이는 철강 등 원재료도 이미 상품으로 팔렸다면 매출원가로 반영해야 하지만, 이를 재고자산으로 처리해 자산 규모를 부풀렸다.

대우전자는 해외 자회사로부터 외상으로 상품을 건네주고 받을 돈, 즉 매출채권이 없었음에도 마치 앞으로 돈이 들어올 매출채권이 있는 것처럼 꾸몄다. 매출채권은 기업의 자산으로 기록된다. 또 창고에 쌓인 재고품도 실제 있는 것보다 더 많은 것처럼 허위로 기록하고, 생산에 사용하지 않고 폐기처분한 설비를 손실처리하지 않고 유형자산으로 처리했다. 대형 폐기물 스티커를 붙이고 버린 장롱이 여전히 장부에는 있는 것처럼 해놓았으니 얼마나 허술한가. 대우통신은 비용으로 처리해야 할 연구개발비를 자산으로 잘못 기재하기도 했다.

이런 백화점식 분식회계는 김우중 회장도 인정했다. 그는 "분식회계에 대해서는 우리가 회계규정대로 하지 않았으니까 죄송스럽다는 말씀을 드릴 수밖에 없다"고 말했다. 그러면서도 "당시 관행에 비추어볼 때 분식 규모가 기업을 부실하게 운영했다고 할 수준이 절대 아니었다는 사실을 이해해줬으면 좋겠다. 사업상 필요에 따라 한 것이 많이 있었다"고 이야기한다.

금융당국의 분식회계 조사 결과가 부풀려졌다는 지적도 했다. 그는 당시 금감원의 회계감리가 외환위기의 대표적인 원흉으로 대우그룹을 지목하고 있는 가운데에서 이뤄졌고, 당시 대우 사장단은 10조 원에 대해서는 분식 혐의를 인정하지 않았음에도 이것까지 다 포함시켜서 분식 액수가 부풀려졌다고 주장한다.

대우 사장단이 인정하지 않는 10조 원 규모를 빼더라도 대우가 분식회계를 한 금액은 13조 원이다. 세계 분식회계 역사상 최악이라고 일컫는 미국 엔론사의 분식회계 규모는 우리 돈으로 1조 5000억 원(13억 달러)이다. 13조 원 규모의 분식회계도 결코 작은 액수가 아닌데도 이를 어떻게 기업을 부실하게 운영했다고 볼 수준이 아니라는 것인지 알 수가 없다. 김 회장의 주장은 당시 회계처리를 얼마나 안이하게 생각했는지를 거꾸로 엿볼 수 있다.

추징금 17조 원에 불만 제기하는 대우 경영진들

법원은 분식회계의 책임을 물어 김우중 전 회장에게 징역 8년 6월에 벌금 1000만 원, 추징금 17조 9253억 원을 선고했다. 나머지 경영진에게도 3~5년의 징역형과 총 23조 원 규모의 추징금을 부과했다. 일부 회계전문가들은 징역형은 마땅히 '사기 경영'에 대한 죗값으로 받아야 할 사안이지만, 분식회계를 저지른 규모만큼 추징금을 부과한 것은 다소 과도한 감은 있다는 의견을 내놓기도 한다. 외환위기의 책임을 물어야 하는 상황에서 대우그룹에 국민적 비난의 화살을 돌리는 마녀사냥식 형량이 내려졌을 수도 있다는 것이다.

대우그룹 분식회계가 밝혀진 것과 비슷한 시기, 미국의 엔론 사태에서도 제프 스킬링 엔론 최고경영자(CEO)는 징역 24년 4개월에 4500만 달러(우리 돈 약 480억 원)의 벌금이 선고됐다. 스킬링의 변호인단은 판결 내용과 형량이 부당하다며 항소했고 법원은 형량이 지나치게 높게 책정된 점을 인정해 징역 형량을 10년가량 줄여줬다.

대우그룹 분식회계 사건이 여전히 끝나지 않은 이유가 여기에 있다. 김우중 회장도 분식회계를 저지른 잘못과 징역형에 대해선 대체로 수긍하지만, 23조 원대의 추징금은 지나치다고 주장한다. 대우그룹 전 경영진은 2015년 초 서울고등법원과 대법원에 재심을 청구하고 나섰다.

당시 분식회계는 대우그룹만 하고 있었던 것은 아니다. 외환위기 이전까지는 회계시스템 자체가 주먹구구식이었다. 대우그룹처럼 부채를 감추거나 이익을 부풀리는 원초적이고 초보적인 수준의 분식회계를 하고서도 회계법인의 회계감사를 통과했다. 회사든 정부든 그저 입맛에 맞게 숫자를 주무를 수 있는 게 회계였다. 기업들은 상상할 수 없는 규모의 어음을 발행해 부채를 끌어다 쓰고서도 재무제표에 반영하지 않았다. 정부는 급기야 2004년부터 2006년 말까지 분식회계 사실을 스스로 신고하면 금감원의 분식회계 조사를 면제하는 정책을 쓰기도 했다. 마치 도둑질 한 사람이 워낙 많다 보니 자수를 하면 수사를 면제해주겠다는 얘기나 다름없다.

대우그룹만 분식회계를 한 것이 아니라고 할지라도, 그것이 당시 관행이었다고 할지라도, 죄가 면책이 되지는 않을 것이다. 대우그룹으로서는 시범케이스로서 낙인찍힌 것이 억울한 일일 수도 있겠지만, 대우그룹의 분식회계를 무겁게 처벌하면서 우리나라 전체의 회계 투명성이 한층 강화됐다고 볼 수 있다. 투명한 사회를 위해서는 누군가 처벌받는 선례가 있어야 했던 것이다.

고무줄 회계로 어디서부터 분식회계를 지적해야 할지 엄두가 나지 않던 시대. 기업 입맛에 따라 국민, 노동자, 주주, 채권자를 속이며 마음껏 끌어다 쓴 부채가 개발독재시대 재벌 대기업 성장의 원동력이었다. 부채를 쓰는 것 자체가 나쁘다는 건 아니다. 아내 몰래 거액의 돈을 빌리고 다니는 남편을 받아들일 수 없듯, 국민 몰래 거액의 돈을 빌리고도 이를 감춘 것은 기업에 소속된 사람들은 물론 기업과 연관된 산업에 종사하는 국민 모두에게도 피해를 주기 때문에 용서할 수 없는 것이다.

금융자본주의 사상 최악의 회계부정[27]
기념비적 분식회계 사건

::

엔론의 거짓말

분식회계하면 그냥 지나칠 수 없는 사건을 꼽자면 단연 미국의 '엔론 사태'다. 9·11 테러가 미국의 대외 정책 기조를 뒤바꾸었다면, 엔론 사태는 경제 질서의 구조 전환을 일으켰다. 당시 저명한 경제학자 폴 크루그먼은 "엔론 사태는 테러공격보다 경제에 미치는 영향이 크고 미국 경제시스템의 전환점이 될 것"이라고 언급하기도 했다. 폴 크루그먼의 예측은 빗나가지 않았다. 미국 의회는 2001년 '사베인-옥슬리 법안(Sarbanes-Oxley Act)'을 통과시켜 회계사의 회계감사 절차와 기업공시 수준을 높였고 최고경영자(CEO)나 최고재무책임자(CFO)가 재무제표에 부정이 포함돼 있지 않다는 서명을 연차보고서[28]에 넣도록 했다. 회계부정

27　참고문헌
　　최종학, 《숫자로 경영하라》, 원앤원북스, 2012.
　　양두용, 〈미 엔론(Enron)사의 몰락과 교훈〉.
28　연차보고서: 기업의 영업과 재무활동 성과에 대한 보고서로서 보통의 회계기간인 1년을 기준으로 한 것이다. 내용으로는 손익계산서, 재무상태표, 의무상태 변동표, 감사인의 감사보고서, 영업활동의 요약이 있다.

의 책임을 경영진에게 확실히 묻겠다는 의미다. 또 대기업은 감사위원회에도 회계에 정통한 사외이사를 반드시 포함시키도록 했다. 이사회에는 거수기로 참여해 경영진 의견에는 찬성표만 던지고, 분식회계 사건이 발생하면 "이사회에 참석하지 않았다"는 식으로 변명하기 바쁜 우리나라의 사외이사 문화를 생각하면, 매우 강도 높은 규제가 도입된 것이다.

천연가스 운송회사에서 금융회사로 탈바꿈한 엔론(Enron Corporation)의 분식회계 규모는 13억 달러(우리 돈 약 1조 5000억 원)로 당시 분식을 주도한 경영자 제프 스킬링(Jeff Skilling)은 징역 25년형을 선고받았다. 제프 스킬링은 어떤 사람인가. 그는 처음부터 '엔론맨'은 아니었다. 글로벌 컨설팅회사 맥킨지 컨설팅의 경영전략 담당 컨설턴트로 엔론이 나아갈 방향에 대해 컨설팅 용역을 수행하다 엔론에 스카우트됐다. 1987년 경영진으로 영입된 스킬링은 엔론의 업종을 가스운송업에서 에너지거래업으로 바꾸고, 새로운 회사를 인수합병(M&A)하고, 사업 분야 확장에 나서는 등 외적 성장에 방점을 둔 경영전략을 제시했다.

엔론은 우리나라의 대표적인 에너지기업 SK E&S의 전신 'SK엔론'을 기억하는 사람들에게는 꽤 친숙한 이름이다. SK엔론은 미국 엔론과 SK그룹이 1999년 합작해서 만든 에너지회사다. SK그룹도 2003년 SK글로벌의 1조 5000억 원대 분식회계 사건으로 최태원 회장이 구속된 적이 있다(최태원 회장은 2008년 대법원으로부터 징역 3년에 집행유예 5년을 선고받았다. 물론 몇 달 뒤 특별 사면을 받았지만…). 우연인지 필연인지, 역사는 거대한 분식회계 기업 두 곳의 인연을 이렇게도 맺어준다. 엔론 파산 이후에는 맥쿼리펀드가 지분을 사들여 회사 이름에 '엔론'을 없애고 'SK

E&S(Energy & Service)'로 다시 태어났다.

엔론은 1985년 휴스턴 천연가스와 인터노스의 합병으로 탄생했는데 창업 15년 만에 미국의 격주간 종합경제지 《포춘》이 선정한 500대 기업 순위 7위에 오를 정도로 고속 성장을 했다. 시장과 언론의 극찬도 한몸에 받았다. 1990년대 후반 월가의 증권사 애널리스트들은 엔론을 미국에서 가장 유망한 기업으로 평가했다. 심지어 미국에서 가장 양심적인 기업 10위 안에도 포함됐다. 회계 부정으로 세상을 시끄럽게 한 기업들은 왜 하나같이 애널리스트들과 저널리스트들의 마음을 사로잡는 건지 모르겠다. 그만큼 기업의 회계부정은 정보의 비대칭성이 만연한 환경에선 전혀 감시할 수 없다는 것을 보여주는 듯하다.

실물 경제에 금융이 결합하면?

엔론이 고속 성장을 할 수 있었던 것은 천연가스 유통시장에 금융의 요소를 결합한 것이 한몫했다. 1986년 이후 천연가스 생산에 대한 가격 규제가 해제된 것은 가스 생산자와 소비자에게 들쑥날쑥한 가스값에 대한 골칫거리를 떠안겼다. 이런 배경에서 엔론은 일종의 '가스 은행'을 탄생시켰다. 가스 생산자가 예금하듯 가스 은행에 가스를 적립하고 소비자들은 대출받듯 고정된 가격을 지불하고 가스를 쓰는 방식으로 가스 가격이 갑자기 바뀌는 데 따른 위험을 줄여준 것이다. 국토가 넓은 미국에선 지역마다 별도의 에너지회사가 있는데, 어떤 지역에선 일시적으로 에너지가 남아돌고 어떤 지역에선 에너지가 부족한 상황이 발생하게 된다. 에너지가 남는 곳에선 남는 에너지를 엔론에 적립해, 이를 에너지가 부족한 곳의 소비자들이 사용할 수 있도록 중개를 한 뒤 중간에서 수수료를 취하는 것이다.

얼핏 보면, 매우 기발한 아이디어인 것 같다. 그러나 구조를 뜯어보면, 앞으로 일어날 위험이 도사리고 있다는 점을 발견할 수 있다. 가스 생산자가 안정적인 가격에 엔론에 가스를 팔고, 가스 소비자가 안정적인 가격에 엔론으로부터 가스를 산다면, 가스 가격 변동 위험이 연기처럼 사라지는 것일까? 그렇지 않다. 만약 가스 가격이 오른다면 엔론은 소비자에게 시세보다 싸게 가스를 팔게 돼 손실을 볼 것이고, 가스 가격이 내린다면 엔론은 생산자에게 시세보다 비싸게 가스를 사게 돼 손실을 볼 수 있는 구조다. 가격 변동 위험은 사라진 것이 아니라 엔론이 고스란히 지고가는 구조인 것이다.

엔론은 천연가스와 전기 분야에서 이런 방식의 중개 거래를 성공시킨 뒤 수도, 석탄, 광섬유, 날씨 파생상품[29], 신문용지 등에서 계속해서 새로운 사업을 벌였다. 우리말로 '문어발식 경영'에 나선 것이다. 따지고 보면 사업 형태가 모두 비슷했기에 문어발식 사업 확장이 가능했을 것이다. 생산자와 소비자 사이에서 특정 상품을 공급하는 하드웨어를 구축하고 그 안에 소프트웨어만 가스, 물, 석탄, 신문용지 등으로 바꾸기만 하면 되는 것이었다.

회계처리 기준도 매우 공격적으로 바꿨다. 보유 자산의 가치를 원가가 아니라 시가평가 회계로 인식, 자산가치를 부풀리기 쉽게 했다. 즉

---

29 파생상품: 채권, 통화, 주식, 원자재 등의 가격을 응용해 다양하게 만든 금융상품이다. 파생상품의 가격은 기초로 하고 있는 자산의 가격으로부터 파생돼 결정되기 때문에 파생상품이라고 부른다.

기업이 자산을 사들였을 때 자산을 사들인 가격인 취득원가를 기준으로 자산 가치를 회계장부에 기록하는 것이 아니라 시장 상황에 따라 변하는 시장가격을 기준으로 기록했다는 의미다.[30] 시장의 가격은 수요와 공급에 따라 얼마든지 바뀔 수 있는데, 엔론은 기업에 유리한 시장 가격만을 선택해 회계장부에 반영한 것이다. 가령 미래의 어느 날 미리 정한 가격으로 천연가스를 구입하기로 한 선물계약(先物契約)이 있다면, 계약에서 정한 가격을 무시하고 회사 입장에서 가장 유리한 시점의 시장가격으로 평가해 파생상품 거래 손실을 감췄다. 선물거래란 미래의 일정 시점에 사전에 약속한 가격으로 물건을 사고팔 것을 약속하는 것인데, 기업은 이런 계약을 맺어 시장 가격이 급변하는 데 따른 위험을 줄인다.

엔론의 성과보상 기준 역시 도발적이었다. 아직 발생하지도 않은 예상 이익을 미리 계산해 임직원들의 보너스를 챙겨주는 방식으로 바꿨다. 예를 들어 새로운 천연가스 공급 계약을 맺으면 그 계약으로 얻을 수 있는 미래의 예상 이익을 계산해 이중 일부를 보너스로 지급하도록 한 것이다. 보너스에 동기 부여된 임직원들이 굶주린 사자처럼 새로운 계약을 사냥하러 다닌 덕분에 회사는 고속 성장을 했지만, 이는 분식

30 취득원가주의와 시가평가주의: 회계에선 취득원가주의와 시가평가주의가 언제나 충돌한다. 자산을 취득한 가치대로 회계장부에 기록한다면, 자산의 가치가 변하지 않기 때문에 회계부정이 일어날 소지를 줄일 수 있다. 시장가격은 변화무쌍한데, 정확히 계산하기도 어려운 시가를 기준으로 한다면 회계장부의 신뢰성이 떨어질 수 있다. 그래서 부동산이나 기계장치와 같은 유형자산은 취득원가로 기록하고 주식처럼 매일 정확한 가격을 알 수 있는 금융상품은 시가평가를 할 수 있도록 해왔다. 최근 국제회계기준 아래에서는 유형자산이나 부동산도 시가평가를 할 수 있도록 했다. 부동산의 가치도 시절에 따라 변할 수 있기 때문에 시장가격을 반영하는 것이 더욱 현실을 잘 반영할 수 있다는 논리에서다. 어쨌든 변화무쌍한 시가평가 기준을 확대 도입하게 되면 회계장부가 지나치게 주관적이 될 수 있다는 비판도 많다.

회계의 불씨가 됐다. 앞으로 들어올 이익을 예상한다는 것이 과연 가능할까? 이는 객관적으로 측정하기 어렵기 때문에 엔론의 임직원들은 일단 이익 규모부터 부풀려놓고 거액의 보너스를 챙겨가기 시작한 것이다.

조선사나 건설사 등 우리나라의 수주기업들이 공사진행률을 부풀려 매출액을 미리 인식하고, 임원들은 거액 연봉 잔치를 벌이는 관행과 비슷하다. 조선사나 건설사는 공사가 얼마나 많이 진행됐는지를 계산해 매출액을 인식하는데, 공사진행률을 높여 매출액을 미리 인식할 수 있는 회계 판단의 유연성(?)이 있다. 이렇게 수주기업의 최고경영자가 매출 실적을 앞당겨 인식하면 실적이 늘어난 만큼 성과급에 스톡옵션[31]까지 챙길 수 있는 것이다. 실제로 대우조선해양의 고재호 전 사장은, 임기 중 수주한 해양플랜트 공사 손실로 2015년 2분기에만 3조 원대 영업손실을 입었지만, 본인 임기 중 손실을 반영하지 않은 결과 2015년 1분기에만 3개월치 급여와 퇴직금 등으로 총 21억 5400만 원을 받았다. 고 전 사장이 퇴임한 뒤 대규모 손실을 반영했고, 그 이후 선임된 경영진은 30퍼센트가 감원되고 연봉의 절반이 깎였다. 회계에서의 손실과 이익을 반영하는 것을 왜 최대한 보수적으로 하라고 하는지 알 수 있는 대목이다.

엔론은 또 은행으로부터 더 이상 돈을 빌릴 수 없는 상황이 되자 자산을 증권화해 시장에 파는 식으로 자금을 조달했다. 이른바 자산유

---

31 스톡옵션: 시세보다 싼 값에 자기 회사 주식을 사들이고 원하는 시점에 팔아서 차익을 실현할 수 있는 권한을 주는 제도다. 임직원의 근로 의욕을 북돋워주기 위한 인센티브 제도의 일종으로 자기 회사의 주식을 가진 주주가 된 만큼 주인의식을 갖고 일을 하게 만드는 의도도 있다.

동화증권(ABS)을 도입한 것이다. 자산유동화증권이란 부동산, 주식, 채권, 기타 재산권 등 자산을 담보로 발행한 증권이다. 곧바로 현금으로 바꾸기 어려운 자산을 담보로 증권을 발행, 투자자들에게 높은 금리를 제공하는 조건으로 팔면 긴요하게 쓸 수 있는 현금을 조달할 수 있게 된다. 유동화란 현금이 아닌 자산을 현금으로 바꾼다는 개념이다. 이렇게 하면, 현금을 바로 바로 조달할 수 있는 장점이 있지만, 돈이 될 만한 건 뭐든지 담보로 제공하고 돈을 빌리는 것이기 때문에 기업으로선 빚 부담이 커지게 된다. 만약 빚을 갚지 못한다면? 자산유동화증권에 투자한 사람들까지 투자한 돈을 돌려받지 못하는 일이 생길 수도 있다. 엔론은 이렇게 파산 직전에 이르렀을 때 ABS 방식으로 조달한 부채가 20억 달러(2조 4000억 원)에 달했다. 이런 모습도 우리나라 금융당국의 감시를 벗어난 상법상의 자산담보부기업어음(ABCP) 발행 규모가 114조 원까지 급증한 우리 현실과 많이 닮았으니 눈여겨봐야 할 지점이다. 우리나라 금융당국은 자산유동화증권에 관한 법률에 따라 발행하는 ABS나 ABCP는 통계를 내고 감독을 하고 있지만, 상법에 근거해 발행되는 ABCP에 대한 감독은 제대로 이뤄지지 않고 있다. 상법은 금융당국의 소관 법률이 아니기 때문이다.

은행에서 빌리고, ABS를 발행해 빌리고…. 엔론은 이렇게 조달한 돈을 사업에 투자했지만, 대부분 수익을 거두지 못했다. 통신에서 20억 달러, 수도에서 20억 달러, 브라질 전기·수도 사업에서 20억 달러, 인도 발전소 건설사업에서 10억 달러의 손실을 기록했다.

손실은 눈덩이처럼 불어났지만, 주가는 띄워야 했다. 경영진이 스톡옵션을 가지고 있었으니 주가는 내려선 안 되는 것이었다. 스톡옵션이란 회사가 임직원에게 성과에 대한 보상으로 일정 기간이 지나면 일정 수량의 자사 주식을 사들일 수 있는 권한을 주는 것을 말한다. 임직원이 자기 회사의 주식을 갖고 있었으니 자기 회사 주가를 높이기 위해서는 분식회계로 이익 규모를 부풀렸고, 주주가치가 희석되는 유상증자 대신 부채로 자금을 조달했던 것이다. 외부 주주로부터 자본금을 끌어오는 유상증자로 자금을 조달하면, 외부 투자자들이 주주로 들어와 주인 행세를 할 수 있기 때문에, 회사가 빚더미에 앉아 '좀비기업'으로 가는 길목에 있는데도 일단 자신의 주주권부터 지키기에 급급했던 것이다.

끝날 때까지 끝난 건 아니었다. 엔론은 파산보호 신청을 하루 앞두고 500여 명의 직원과 11명의 임원에게 적게는 50만 달러(6억 원)에서 많게는 500만 달러(60억 원)에 이르는 특별 상여금을 지급했다. 정부에 경영권을 내놓고 기업회생절차(법정관리)[32]에 들어가기 전, 마지막 경영권을 행사해 보너스 잔치를 벌인 것이다. 또 최고경영자, 감사, 사외이사들은 회계문제에 대한 보고를 받은 직후 스톡옵션을 행사하거나 보유 주식을 시장에 파는 등 심각한 도덕적 해이도 보여줬다. 문제가 터질 것을 미리 알고 주식을 판 것은 이 주식을 사서 뒤늦게 회계부정 소식을 알게 된 개인투자자들만 손실을 떠안게 되는 일인 줄 알면서도 당장의 사익에 눈먼 행동을 한 것이다.

엔론 사태는 여러모로 우리나라 자본시장의 현재를 비춰볼 때 시사

---

32 기업회생절차(법정관리): 스스로 살아날 수 없을 정도로 빚이 많은 기업에 대해 법원이 관리인을 선임해 기업 활동 전반을 대신 관리하도록 하는 제도다. 기업이 법정관리에 들어가면 부채를 탕감받게 된다. 돈을 빌려준 채권자는 불이익이 생기지만, 기업이 회생하게 되면 국민 경제에 이익이 된다는 이유로 이런 절차를 진행한다.

엔론 사태 일지

연도	내용
1996년 12월	엔론, 제프 스킬링을 이사회의장 겸 최고운영책임자(COO)로 임명
1999년 6월	엔론 이사회, CFO 앤드류 파스토우가 개인 사업체를 운영할 수 있도록 규정 변경. 파스토우는 1999년 10월 엔론 분식회계를 위해 'LJM2'란 회사 설립
2001년 2월	제프 스킬링, 엔론 CEO 취임
2001년 4월	엔론, 1분기 2500만 달러 흑자 발표
2001년 8월	제프 스킬링, 개인적 사유로 돌연 사임
2001년 10월	엔론, 3분기 6억 1800만 달러 적자 발표
2001년 10월	미국 증권거래위원회, 엔론 조사 착수
2001년 11월	엔론, 5년간 총 13억 달러 규모 분식회계 발표
2001년 12월	엔론, 파산보호 요청
2002년 1월	미국 사법부, 엔론 조사 위한 특별팀 구성
2004년 2월	제프 스킬링, 35개 범죄 혐의로 기소
2006년 5월	법원, 제프 스킬링에 24년형 선고
2007년	16명 엔론 경영진 포함 21명이 유죄 판결 받음

점이 크다. 합리적이고 이기적인 경제주체들이 이익 극대화를 위해 최선을 다한 결과가 1조 5000억 원 규모의 분식회계와 파산이었으니, 기업에 대한 적절한 규제와 회계 감독이 얼마나 중요한지를 새삼 돌아보게 한다.

많은 경제학자들은 언제나 시장의 합리성을 맹신한다. 엔론 사태를 비롯해 우리나라의 대우그룹 사태, 저축은행 사태 등 시장을 혼란케 한 분식회계 사건을 겪으면서도 여전히 시장에 대한 맹신은 버리지 못한다. 시장이 합리적이지 않다는 사례는 무수히 많다. 이 때문에 정부가 시장의 불완전성을 보완하기 위해 개입해야 하고 시장의 탈선을 통제할 수 있는 규제가 필요하다는 논리가 서는 것이다. 오로지 경제만 활성화되면 된다고 '규제 길로틴'을 외치며, 정부 당국자에게 규제의 '규' 자도 입밖에 내지 못하게 만든 박근혜 정부는 시장을 바라보는 시각부터 바로잡아야 한다.

현생 인류를 '호모 사피엔스 사피엔스(Homo sapiens sapiens)'라고 '생각하다'는 의미의 사피엔스를 2번이나 써서 칭하는 것은 과거의 실수를 반복하지 않도록 반추할 수 있는 능력이 있다는 의미다. 우리는 경험을 통해 시장이 언제나 합리적인 것은 아니라는 것을 경험해왔음에도, 여전히 시장의 합리성을 맹신하고 규제 완화 드라이브만 거는 사람들은 똑같은 실수를 반복하자는 것과 다름없다.

한국판 '엔론 사태', 결말은 달랐다
책임자 처벌이라는 난제
::

SK글로벌의 거짓말

미국에선 사상 최악의 회계부정이라 일컫는 '엔론 사태'가 벌어진 직후였다. 우리나라에서도 한국판 '엔론 사태'로 불리는 대형 분식회계 사건이 있었다. 우연인지 필연인지 엔론과 함께 'SK엔론'이란 합작회사를 설립한 바 있는 SK그룹의 한 계열사 SK글로벌에서 일어난 것이다.

SK글로벌은 우리가 알고 있는 SK네트웍스의 전신이다. 주유소, 주유소 편의점, 자동차 정비사업 등을 하던 SK상사가 SK에너지판매를 합병하면서 SK글로벌이 탄생했지만, 2003년 1조 5000억 원 규모의 분식회계 사건 이후 구조조정을 거쳐 SK네트웍스로 회사 이름을 바꿨다.

SK글로벌의 분식회계는 그룹 전체의 지배구조를 바꿔놨다. 이후 SK그룹은 오랜 시간 동안 리더십의 부재 속에 놓이게 됐다. 수감과 사면을 반복하던 최태원 SK그룹 회장은 2015년 박근혜 정부에서 광복절 특별사면을 받고서야 경영 일선에 복귀할 수 있었던 것이다. 그리고 나서 정부의 관심과 배려에 화답이라도 하듯 SK그룹은 46조 원 규모의 반도체 투자와 청년 일자리 창출 계획을 대대적으로 발표했다.

　2003년 당시 검찰 수사 결과 SK글로벌이 부풀린 자산과 이익은 총 1조 5800억 원에 달했다. 부채를 누락한 것이 1조 1800억 원으로 가장 많았다. 또 해외법인의 손실을 아예 반영하지 않은 것이 2500억 원에 이르렀고 가짜 매출채권을 회계장부에 기록한 것이 1500억 원 규모였다. 2000년대 초반의 분식회계는 대우 사태에서도 그렇듯 매우 단순 무식한 형태를 보인다. IMF는 구제금융을 해주면서 우리 기업에 투명한 회계시스템을 요구했지만, 아직 이런 시스템이 정착되기 전이라 회계시스템은 모든 면에서 주먹구구식이었다. 심지어 분식회계를 자진 신고하면 처벌을 감경해주겠다는 정책까지 펴기도 했다. 이때의 분식회계는 대출을 받은 것을 아예 감추거나 해외 법인에서의 손실을 대놓고 감추는 식이었다. 결혼을 앞둔 사람이 카드빚을 배우자에게 숨기거나 해외에서 도박을 하다 돈을 잃어버린 것을 아예 얘기하지 않는 수준이라고 보면 된다.

SK증권 손실 물어준 SK글로벌, 대국민 사기극의 전말

SK글로벌 분식회계는 SK증권과 외국계 투자은행(IB) JP모건의 이면계약이 발단이 됐다. SK증권은 JP모건이 판매한 태국 바트화 관련 파생상품[33]에 투자했다가 1997년 외환위기 당시 바트화 폭락으로 2000억

33　파생상품: 채권, 통화, 주식, 원자재 등의 가격을 응용해 다양하게 만든 금융상품이다. 파생상품의 가격은 기초로 하고 있는 자산의 가격으로부터 파생돼 결정되기 때문에 파생상품이라고 부른다.

원대 손실을 입었고 시장에서 퇴출될 위기에 몰린다. 당시 금융감독위원회는 전체 자산에서 영업용순자본비율(NCR)이 100퍼센트를 밑도는 증권사를 시장에서 쫓아내는 제도를 마련해 건전성 감독을 강화했다. 영업용순자본비율이란 쉽게 말해 증권사가 자기 돈으로 사업을 하면서 발생하는 손실을 얼마나 감내할 수 있는지를 나타내는 비율이다. 영업용순자본(자기자본에서 비유동성 자산 등을 뺀 수치)을 총위험액(보유 자산의 손실 예상액)으로 나눠 구한다. 당시 SK증권의 영업용순자본비율은 100퍼센트는커녕 손실이 누적돼 자본금마저 갉아먹고 있는 완전 자본잠식 상태[34]였고 실적은 개선될 기미를 보이지 않았다.

이때 JP모건은 병 준 뒤 약 주는 격으로 SK증권의 구세주를 자청했다. SK증권 유상증자[35]에 참여해 2405만 주를 주당 4920원에 인수, SK증권을 퇴출 위기로부터 구해낸다. 하지만 알고 보니 JP모건이 투자한 SK증권 주식은 나중에 SK가 이자비용과 함께 다시 사들이기로 이면계약을 체결한 것이었고, 이 거래에서 발생하는 손실을 SK글로벌의 해외법인들이 부담하게 된 것이다. 이면계약의 주요 내용은 JP모건이 투자한 SK증권 주식을 SK그룹 해외법인에 주당 6070원에 되팔 수 있는 권리(풋옵션. Put option)와 SK그룹 해외법인이 같은 가격에 되살 수 있는 권리(콜옵션. Call option)를 준 것이다. 즉 JP모건 입장에선 투자금에 이자까지 쳐서 받을 수 있었으니, 명목상으로는 주식에 투자한 것이지만, 실제 내용은 대출과 같은 형태였다고 볼 수 있다. SK글로벌 해외법인들

---

34 완전 자본잠식: 적자가 쌓여 기업이 벌어들인 잉여금은 물론 주주들의 돈, 자본금까지 모두 갉아먹게 되면 자본총계가 마이너스 상태로 접어들게 되는데, 이를 완전 자본잠식(자본전액잠식)이라고 한다.

35 유상증자: 기업이 주식을 더 발행해 자본금을 늘리는 것.

은 이런 이면계약 때문에 가만히 앉아서 시장가격보다 비싼 가격에 SK증권 주식을 되사주면서 손실을 떠안았다. 시장에서 1000원 주고 살 수 있는 것을 점원에게 속아서 3000원에 샀다면 2000원을 손해 보는 장사가 아니겠는가.

SK증권의 부실은 그룹의 오너인 최태원 회장이 책임져야 할 사안이지만, SK글로벌이 부담하게 됐으니 이는 SK글로벌 주주들로서는 용납할 수 없는 일이다. 게다가 이런 중요한 이면거래를 뒤에서만 숙덕거리고 시장에 알리지 않았으니 투자자와 시장은 물론 국민을 완전히 속인 것이다. 이런 무거운 경제 범죄를 저지른 것이 당시 경제신문 《이데일리》에 보도됐고 이어진 금융감독원의 조사로 사실로 확인됐지만, SK그룹은 대기업 계열 금융회사가 망하면 국가신인도에 타격을 주었을 것이란 논리로 "당시로선 어쩔 수 없었다"고 둘러댔다. 계열 금융회사가 망할 지경에 이르도록 제대로 된 검증 시스템 없이 파생상품에 투자해놓고, 온갖 불법 행위로 주주들에게 손실을 끼친 행위를 한 당사자가 국가신인도를 운운할 자격이 있을까. 2015년을 사는 지금, 기업에 대한 국민적 감시가 강화된 덕분에 이런 경거망동을 보지 않아도 되긴 하지만, 지금의 재벌 기업들은 그들의 지배구조를 영속화하고 재벌 3, 4세로 기업을 물려주는 과정에서 나라에 내야 할 상속세를 조금이라도 줄이기 위해 전문가들도 이해하기 어려운 교묘한 구조를 짜고 있다.

SK글로벌의 분식회계는 이렇게 불법적으로 떠안은 손실과 함께 그동안 누적된 손실을 어떻게든 재무제표에서 감추려다 보니 일어난 사건이다. SK글로벌은 2001년 말 결산 당시 당기순손실을 감추기 위해 있지도 않은 매출채권 1500억 원을 회계장부에서 창조해냈다. 거래처에 판매한 상품이 없는데도 1500억 원어치를 외상으로 팔고 돌려받을 돈이 있다고 적어놓은 것이다. 이런 식의 분식회계는 당시 SK글로벌의 외부 감사인이었던 회계법인과의 유착이 없었다면 있을 수 없는 일이다. 또 미국, 유럽, 홍콩 등 해외법인에 자본금을 대줬다가 입은 손실을 줄이기 위해 해외법인의 자기자본(총자산-부채)을 뻥튀기한 뒤 2500억 원 규모의 지분법 평가손실을 사업보고서에서 지워버렸다. 지분법 평가손실이란, 모회사가 다른 회사에 투자할 경우, 그 회사의 경영판단에 영향력을 행사할 수 있을 만큼의 지분을 갖고 있다면(보통 투자회사의 20퍼센트 이상 지분을 보유한 경우) 그 투자회사의 당기순손실에서 지분율만큼을 손실로 인식하는 것이다. 가령 A기업이 B기업의 지분 20퍼센트를 투자했는데, B기업이 100억 원의 당기순손실을 냈다면, A기업은 100억 원의 20퍼센트인 20억 원을 지분법 평가손실로 반영해야 한다.

SK글로벌은 이렇게 해외법인에 투자해놓고, 해외법인이 JP모건에서 SK증권 주식을 말도 안 되는 비싼 금액으로 되사주면서 손실을 봤음에도 이 손실을 해외법인에 투자한 지분율만큼 계산해 손실로 반영하지 않았다는 의미다. 부채 1조 1800억 원을 누락한 것은 유전스(usance)라고 하는 일종의 어음이다. 돈을 나중에 주겠다고 약속한 일종의 '단기 빚 문서'다. 가령 우리나라의 A기업이 원재료를 해외의 B기업에 주문했다고 가정하면, A기업은 항구에서 원재료를 인수할 때 원재료 구입대금을 B기업의 은행 계좌로 곧바로 보내지 않는다. B기업이 계좌를 개설한 은행이 제시한 어음만 받고 돈은 30일~60일 이후에 돌아오는 만기일에 은행을 통해 갚는다. 원재료를 산 기업 입장에선 돈을 갚기로 한 기간 동안 미리 받은 원재료로 상품을 만들고 이를 시장에 내다 팔아 돈을 번 다음 어음을 갚으면 되고, 원재료를 판 기업 입장에선 대금은 늦게 받아도 물건을 빨리 수출해 매출 실적을 올릴 수 있는 장점이 있기 때문에 이런 거래가 일어나는 것이다. SK글로벌의 해외 자회사들은 1조 1800억 원 규모의 유전스가 있음에도 은행 서류를 위조해 전혀 갚아야 할 빚이 없는 것처럼 꾸몄다.

'닮은 꼴' 엔론과 SK글로벌 분식회계 ··· 책임자 처벌은 극과 극

따지고 보면 엔론과 SK글로벌의 분식회계 사건은 닮은 점이 참 많다. 먼저 회계감독의 사각지대에 있는 특수목적법인(SPC)[36]이나 비상장사, 해외법인 등을 이용한 점이다. 엔론은 파트너십이라고 하는 특수목적법인에 부실 자산을 옮기는 형태로 부실을 숨겼고, SK글로벌은 해외법인을 동원해 그룹의 손실을 메워준 것이 비슷하다. 부실의 원인이 파생상품 손실에 있었다는 점도 마찬가지다. 엔론은 천연가스 등 에너지 상품은 물론 날씨 파생상품까지 취급했고, SK는 JP모건이 판매한 태국 바트화 관련 파생상품에 투자했다.

하지만 분식회계의 결말까지 닮진 않았다. 엔론의 분식회계를 주도한 경영자 제프 스킬링은 징역 25년형을 선고받았지만, SK의 최태원 회장은 복역과 사면을 반복하다 2015년을 맞은 지금은 당당하게(?) 경영 일선에 나서고 있다.

---

36 특수목적법인(SPC): 기업의 특수한 목적을 이루기 위해 일시적으로 만들어지는 일종의 서류상 회사다.

미국이 금융위기의 진원지가 된 데다 최근 경제 상황도 회복되지 못하고 있지만, 회계 투명성 측면에선 우리가 배울 점이 많을 것이다. 기업인들이 국민 모두를 속이고 호화롭고 사치스러운 생활을 하는 것을 방치해둔다면, 갈수록 가계부채에 실질 임금 저하로 고통을 받는 우리나라 국민들은 상대적인 박탈감에 '헬조선(Hell-Chosun)'을 외칠 수밖에 없다. 우리나라에서 최근까지도 각종 회계부정 논란이 여전히 끊이지 않는 것도 분식회계를 저지른 경영진에 대해 솜방망이 처벌에 그치는 시스템 탓일 것이다.

가수 아이유는 자산일까 비용일까

우리나라 대중음악의 제작 방식은 가내수공업 형태에서 점점 기업화한 형태로 진화했습니다. JYP, SM, YG, 로엔엔터테인먼트 등 우리가 텔레비전에서 만나는 아이돌 가수들은 모두 대형 엔터테인먼트 회사에 소속돼 있지요. 이들은 모두 주식시장에 상장된 기업들입니다.

소속사는 연예인을 회계장부에다 어떻게 기록할까요? 엔터테인먼트 회사의 직원일까요? 보통 생산직 노동자의 급여는 재무제표에 '매출원가'로 잡히고 사무직 노동자의 급여는 '판매관리비'에 들어갑니다. 노동자 임금은 생산직이든 사무직이든 모두 기업의 '비용'으로 계산되지요. 회사의 자산인지 알았는데 비용일 뿐이라니 실망스럽지요? 그럴 필요는 없습니다. 기업이 활용해 이익을 창출할 수 있고 수명이 다할 때까지는 한 기업이 원하는 대로 배타적으로 이용할 수 있어야 '자산성이 있다'고 이야기합니다. 공장이나 기계처럼 말이지요. 그러나 노동자는 노동력만 따로 떼어 팔 뿐 기업이 원하는 대로 움직일 순 없습니다. 노동법이 정해 놓은 시간과 계약한 업무만큼 일을 합니다. 화이트칼라 노동자가 화장실 청소를 하지 않고 청소용역 노동자가 엑셀 작업을 하지 않듯이 노동자는 사용자와 계약한 업무만 합니다. 또 노동자는 언제든지 사표를 쓰고 기업에서 제 발로 나갈 수도 있습니다. 이익을 창출한다는 면에선 자산성이 있지만, 활용할 수 있는 기간, 즉 감가상각 기간을 정해 기업이 마음대로 이용할 수 있는 자산이 아니기 때문에 비용으로 처리하는 것입니다. 노동자들에게 지나치게 과중한 노동을 시키면 "우리는 기계가 아니다"라는 이야기를 하지요? 이 말은 노동자는 수명이 다할 때까지 기업이 원하는 대로 움직이는 '자산'이 아니라는 의미이겠지요.

노동자가 비용으로 인식되다 보니 회사에 위기가 오면 비용을 줄여 수익성을 높이려고 사람부터 자르려 들지요. 엔터테인먼트 회사가 소속 연예인을 해고했다는 말을 들어본 적이 있나요? 아마 아무도 못 들어보셨을 겁니다. 대신 '전속 계약을 끊었다'는 얘기는 들어보셨겠지요. 전속 계약이란 연예인이 소속사와 계약하는 기간 동안 다른 회사에서 일을 하지 못하도록 하는 계약입니다. 그 대가로 연예인에게 전속 계약금을 지급합니다. 연예인의 전속 계약금을 어떻게 회계처리하는지를 살펴보면 연예인이 회사에서 어떤 대우를 받고 있는지를 엿볼 수 있습니다.

연예인의 전속 계약금은 '무형자산'으로 처리합니다. 무형자산이란 특허권이나 상표권과 같이 실체가 없는 자산을 의미합니다. 눈에 보이거나 손으로 만져지지는 않지만, 기계장치나 건물처럼 기업이 이윤을 추구하는 데 사용하는 자산 중 하나란 의미이지요. 즉 연예인의 전속 계약금은 자산이기 때문에 한꺼번에 비용으로 처리하지 않고 계약한 연도 수만큼 나눠 비용 처리합니다. 10년 동안 사용할 수 있는 기계장치를 10억 원 주고 샀다면 이를 해마다 1억 원씩 비용으로 처리하는 것과 같습니다. 이를 회계용어로 감가상각이라고 하지요. 가령 아이돌그룹 빅뱅은 2011년 YG엔터테인먼트와 계약기간 5년, 계약금 50억 원 규모의 전속 계약을 맺었습니다. YG엔터테인먼트는 빅뱅을 자산으로 사용하는 데 대해 해마다 10억 원의 비용을 썼다는 얘기지요.

연예인은 전속 계약기간 동안에는 일반 노동자처럼 제 발로 나가 다른 회사에서 일을 할 수 없기 때문에, 특정한 활용 기간을 정해 기업이 원하는 대로 연예인의 재능을 이용할 수 있습니다. 회사에 이익을 가져다주는 존재이면서 배타적인 사용기간이 있기 때문에 연예인은 '자산성이 있다'고 보는 것이지요.

연예인들이 갑자기 각종 예능프로그램이나 CF에 자주 등장하고 콘서트에 앨범 발표까지 해 도무지 정신이 없어 보일 때가 있습니다. 그럴 때는 그 연예인의 계약기간이 거의 끝나가는 것은 아닌지를 살펴볼 필요가 있습니다. 곧 있으면 전속 계약 만료로 돈을 버는 데 쓸 수가 없으니 쉴 틈 없이 기계를 돌리는 것처럼 아이돌 가수들의 활동을 늘리는 겁니다. 빅뱅의 전속 계약은 2015년으로 끝이 나는데요, 2015년 하반기부터 2016년 1분기까지 콘서트만 70회가 잡혀 있고 5개월 연속 앨범을 발표하기로 했습니다. 공장가동률을 극대화하는 식이지요.

연예인이 다른 대기업과 CF 모델 출연 계약을 맺으면 엔터테인먼트 회사에는 어떤 일이 벌어질까요? 우선 CF 계약을 할 때 받는 계약금은 '선수금(先受金)'으로 잡습니다. 선수금은 미리 받은 돈이지만, 계약이 어그러지면 다시 돌려줘야 할 돈인 만큼 '부채'로 인식됩니다. CF를 정상적으로 찍고 방송이 돼야 비로소 이 선수금은 매출이 됩니다. 가령 빅뱅이 1년에 4번 총 12억 원의 CF 계약을 맺고 한 분기마다 하나씩 방송이 된다고 가정하면, 1분기에는 3억 원의 매출액과 9억 원의 부채가 잡힙니다. 2분기에는 6억 원의 매출액과 6억 원의 부채, 3분기에는 9억 원의 매출액과 3억 원의 부채, 이런 식으로 반영됩니다. 연예인이 CF 계약을 많이 체결할수록 초기에는 부채가 늘어나지만, 어차피 이는 매출액으로 바뀔 수 있으니 재무건전성엔 이상이 없겠지요. 그리고 엔터테인먼트 회사는 연예인과 CF로 벌어들인 수익의 몇 퍼센트를 지급한다는 계약을 따로 맺습니다.

좋은 현상인지는 모르겠지만, 갈수록 가수들의 연령은 어려지고 있습니다. 젊을 때 섬광처럼 빛났다가 갑자기 사라지곤 하지요. 엔터테인먼트 회사 입장에서는 회사에 돈을 가장 많이 벌어다줄 수 있는 매력적인 연령대의 가수들과 전속 계약을 맺습니다. 그동안 인기관리를 하지 못하면 재계약이 힘들어지겠지요. 아이돌 가수들은 연애할 자유도, 마음껏 먹고 싶은 음식을 먹을 자유도 없습니다. 열애설이 기사로 나오기라도 하면 해마다 감가상각비용으로 나가는 돈보다 들어오는 수익이 줄어들 수 있기 때문일 겁니다. 이런 것도 연예인이 회사의 기계나 공장과 같은 '자산'으로 활용되기 때문에 벌어지는 일들일 겁니다.

인기관리에 실패한 가수들을 대체하기 위해 엔터테인먼트 회사들은 신인들을 키웁니다. 데뷔하기 전의 연예인은 어떤 대우를 받을까요? 그것은 회사마다 조금씩 다릅니다. 박진영의 JYP엔터테인먼트는 연습생에 투자하는 돈을 '비용'으로 처리하고요, 양현석의 YG엔터테인먼트는 '자산'으로 잡습니다. 연습생을 '비용' 취급한다니. 박진영 사장이 좀 박하다고요? 그렇지 않습니다. 대부분의 엔터테인먼트 회사들은 연습생 투자금을 비용으로 처리합니다. 자산은 앞으로 돈을 벌어다줄 수 있어야 하는데 연습생이 스타가 되는 것은 그야말로 '하늘의 별따기'입니다.

매년 3만여 명이 연예인의 꿈을 펼치기 위해 JYP엔터테인먼트의 문을 두드리지만, 연습생이 될 확률은 0.05퍼센트(15명)에 불과합니다. 연습생이 스타가 되기는 더 어렵지요. 즉 연습생은 회사에 이익을 가져다주는 '자산'이 될 확률이 극히 낮기 때문에 비용으로 처리하는 것이 맞습니다.

반면 양현석 사장이 연습생을 자산으로 보는 것은 대접을 후하게 해주는 것이 아니라 분식회계의 소지가 있다고 볼 수 있습니다. YG엔터테인먼트는 연습생 투자비를 아직 상품으로 출시되진 않았지만 연구개발 단계에 있는 자산, 즉 '개발비'로 처리합니다. 개발비는 무형자산의 일종이지요. 한꺼번에 비용으로 터는 것이 아니라 감가상각 기간에 따라 비용을 나눠 털게 되니까 이익을 부풀릴 소지가 있지요. 물론 연습생에 투자하는 금액이 얼마 되지 않기 때문에 금융당국도 이를 알면서도 봐주고 있는 겁니다. YG엔터테인먼트가 연습생 개발비로 쓰는 돈은 한 해 3억 원 정도인데, 회사 규모에 비해서는 그리 큰돈은 아닙니다.

자 그럼, 가수 아이유는 자산일까요 비용일까요? 톱스타가 된 아이유는 단연 '자산'일 겁니다. 하지만 자산이라는 좋은 말도 사람에게 붙여 놓으니 영 씁쓸합니다. 모든 재능 있는 사람을 자산화하고, 인간이 만들어낸 이미지를 상품화하는 것이 우리에게 즐거움을 주는 엔터테인먼트 회사의 본질이니까요.

대한전선이 속인 2700억대 이익

감사보고서로 분식회계 감 잡기

::

대한전선의 거짓말

대한전선 분식회계의 전말

2700억 원. 쏘나타 승용차 1만 대를 살 수 있는 돈이다. 연봉 2700만 원을 받는 중소기업 노동자가 한 푼도 쓰지 않고 꼬박 1만 년을 모아야 하는 돈이기도 하다.

전봇대에 설치하는 전깃줄을 생산하는 대한전선은 2014년 12월 이 만큼의 돈을 실제로 벌어들인 사실이 없었음에도 벌어들인 것처럼 회계장부에 기록한 혐의로 검찰에 고발됐다. 모기업 대한시스템즈에 전 선을 팔고 받은 매출채권[37]은 당시 되돌려받기 힘든 돈이었지만, 이를 받을 수 있는 것처럼 회계처리를 한 것이다. 지금은 뒤늦게 상환을 받고 는 있지만, 당시 상황은 그랬다.

---

37 매출채권(賣出債券): 기업이 상품을 외상으로 팔고 난 뒤 받을 돈.

좀 더 들여다보면 이렇다. 대한전선은 전선을 생산해 2011년 모기업 대한시스템즈에 납품한다. 대한시스템즈는 납품받은 전선을 일선 대리점에 외상으로 팔고 대리점이 소비자에게 파는 식으로 돈을 번다. 거꾸로 소비자가 대리점에 전선값을 주면 대리점이 대한시스템즈에 줄 외상 값을 갚고 대한시스템즈가 대한전선에 납품 대금을 갚는 식이다. 자식이 만든 전선을 부모가 시장에 내다 팔아 돈을 벌고, 그 돈으로 자식에게 용돈을 주는 일종의 '앵벌이' 구조다.

문제는 빚이 많았던 부모기업 대한시스템즈가 대한전선에 줘야 할 납품 대금을 갚지 못하게 되면서 발생했다. 적자가 쌓여 자본금을 모두 까먹게 된 대한시스템즈는 대리점으로부터 받은 돈을 자기가 빌린 대출금과 이자를 갚는 데 써버린 것이다. 이 돈이 무려 2270억 원이었다.

대한전선은 이 돈을 돌려받지 못하면 대손충당금[38]으로 쌓아 손실로 처리해야 한다. 대손충당금이란 돈을 빌려주거나 물건을 팔고 받기로 한 돈이 계약 상대방의 부실로 받지 못하게 됐을 때 앞으로 발생할 손실에 대비해 쌓아두는 계정이다. 전선을 팔아 받아야 할 돈이 안 들어오게 생겨 대손충당금을 설정하면 당기순이익도 그만큼 줄어들게 되고 그에 따라 자기자본도 줄어들 수밖에 없었던 것이다.

대한전선은 당시 모회사로부터 돌려받지 못한 2270억 원을 대손충당금으로 쌓지 않고 당기순이익으로 버젓이 회계장부에 기록했다. 순이익을 부풀리기 위한 분식회계가 이뤄진 것이다.

---

38   대손충당금(貸損充當金): 매출채권이나 대여금 등 받을 돈이 계약 상대방의 부실 등으로 못 받게 됐을 때 미래에 발생한 손실에 대비해 쌓아두는 계정이다. 대손충당금을 쌓으면 곧바로 회사는 그만큼을 손실로 털어내게 된다.

분식회계는 이것으로 그치지 않았다. 이번엔 헐값에 청산해야 할 자산을 마치 고가의 자산인 것처럼 처리했다. 대한전선에게도 자식이 있었는데, 종속기업인 티이씨앤코는 2011년 서울 독산동에서 주상복합건물 신축사업을 진행했다. 그러나 부동산 경기는 나아질 줄을 몰랐고 사업자금과 시행사를 확보하기가 어려워진 것이다. 추진 일정은 2년이 넘게 늦어졌다. 이 사업을 진행하는 데 돈을 빌려준 채권은행들은 더는 사업을 믿지 못하게 됐다. 결국 채권단은 사업부지를 계속 사업을 할 수 있는 부지가 아니라 시장에 내다 팔아야 할 대상으로 분류했는데, 이렇게 되면 대한전선은 시장에서 헐값에 청산되는 가치대로 이것을 회계장부에 기록해야 한다.

그러나 대한전선은 개발이 중단된 이 사업장이 마치 정상적으로 사업이 진행되고 있는 것처럼 기록했다. 갑자기 자산가치가 377억 원 가량 늘어난 것이다. 회계감사를 맡은 안진회계법인은 대한전선의 분식회계를 회계감사에서 걸러내진 못했다. 회계기준에 어긋남이 없다는 의미인 감사의견 '적정'을 매겼고 대한전선은 실제로는 없는 총 2700억 원대의 돈을 만들어내게 된다. 이런 행위로 회계감독당국은 대한전선을 검찰에 고발했다. 안진회계법인에도 감사를 제대로 못한 회계사에게 1년 동안의 직무정지를 건의했다.

분식회계, 감사보고서를 보면 짐작할 수 있다?

일반인들은 기업의 분식회계를 회계장부만 봐서는 제대로 적발해낼 수 없지만, 회계를 보는 안목을 키우면 분식의 징후 정도는 눈치를 챌 수 있다. 분식회계 사건으로 징계를 받기 전인 2013년 3월 회계법인이 작성한 감사보고서를 보면, '계속기업에 대한 불확실성이 있다'고 밝히고 있다. 즉 계속해서 사업을 영위하기가 어렵다는 의미로 앞으로 부도가 날 가능성이 있다는 얘기다.

당시 안진회계법인의 감사보고서에 나타난 얘기를 보자. 이런 글귀는 기업의 2012년 말 사업보고서를 펼쳐놓고 여기에 첨부하는 감사보고서의 '외부감사인의 감사보고서'란을 보면 나와 있다.

> 회사는 2012년 12월 31일로 종료되는 회계연도에 4432억 6100만 원의 당기순손실이 발생하였고, 2012년 12월 31일 현재 유동부채가 유동자산을 6840억 8800만 원 초과하는 등 재무상태가 악화되고 있습니다. 또한 2012년 12월 31일 현재 3791억 5300만 원(대손충당금 등 차감 후)에 이르는 특수관계자[39]에 대한 채권을 계상하고 있는 바, 동 채권에 대한 회사의 향후 회수계획에 차질이 발생할 경우 장부금액을 회수하지 못할 수 있습니다. 이와 함께 회사가 특수관계자 등을 위하여 제공한 금융보증계약과 관련하여 최대 4279억 8400만 원의 보증금액이 신용위험에 노출되어 있습니다. 이러한 사항은 회사의 계속기업으로서의 존속능력에 중대한 의문을 불러일으킬 만한 중요한 불확실성이 존재함을 의미합니다.

---

39 특수관계자: 지배·종속회사, 관계회사, 관련회사, 주주, 임원, 종업원 등 회사와 밀접한 거래 관계에 있는 자로 회사의 경영이나 영업정책에 영향을 줄 수 있는 법인이나 사람을 의미한다. 내부자끼리의 거래는 일감 몰아주기나 불법 대출 등 여러 가지 부정 행위와 연결될 수 있어, 특수관계자 간 거래 내용을 재무제표의 주석 사항에 기록하지 않으면 회계감독당국의 징계를 받게 된다.

회계사는 2012년 말 4430억 원 규모의 당기순손실이 발생했고 1년 안에 갚아야 하는 빚(유동부채)이 1년 안에 현금으로 바꿀 수 있는 자산(유동자산)보다 6840억 원이나 많다고 쓰고 있다. 자산을 모두 내다 팔아도 빚을 갚을 수 없을 지경이란 것을 알 수 있는 것이다. 또 특수관계자, 즉 모회사 대한시스템즈에게 받을 돈인 채권 3790억 원이 있는데, 이를 돌려받지 못하면 앞으로 사업을 계속해서 영위하기 어려운 상황이라고 쓰고 있다.

어려운 회계용어로 표현해놨지만, 회계사가 이 정도로 얘기하는 것은 "회사가 곧 망할 수 있으니 조심하라"는 얘기다. 회계사들은 감사 대상 기업에게 일감을 얻어야 하는 '을'의 위치에 있는 까닭에 대놓고 감사의견으로 '부적정'이나 '의견거절'을 내기가 쉽지 않다. 그래서 완곡하게나마 '계속기업 가정의 불확실성'이란 표현을 달아 부실 회사란 사실을 시장에 알리는 것이다.

물론 회계사가 분식회계를 했다고 알려놓은 건 아니지만, 우리가 이런 회계사의 의견을 통해 대한전선이 분식회계를 저지를 수도 있겠다는 짐작을 해볼 수 있다. 모회사 대한시스템즈로부터 받아야 할 매출채권을 마치 받을 수 있는 돈인 것처럼 처리하는 식의 분식회계가 이뤄질 수 있겠다는 생각을 해볼 수 있는데, 실제 대한전선의 분식회계 내용과 일맥상통한다.

회계사는 회사가 철저히 분식회계 사실을 숨길 때는 이를 미리 파악하기란 거의 불가능하다. 간단한 피검사나 소변검사만으로 환자가 암에 걸려 있다는 사실을 알 수 없는 것처럼 말이다. 환자가 의사에게 모든 자료 제공에 동의하고 MRI나 CT 촬영에 협조해야 암을 진단해낼 수 있는 것처럼, 회사가 작정하고 자료를 제공하지 않으면 회계사도 분식회계를 발견해내지 못한다. 감사의견에 반영하진 못했지만, 계속기업 가정의 불확실성을 통해 진단 결과를 내놓는 것은 회계사로선 최선을 다한 결과라고도 볼 수 있다. 그만큼 기업의 거짓말을 밝혀내는 것은 회계 전문가들도 어려운 일이 된 것이 지금의 시장 구조다. 물론 일부 부도덕한 회계사들은 금전적 유혹에 이끌려 기업의 거짓말을 도와주거나 숨겨주는 일에 나서기도 한다. 이런 기업과 회계사 간의 유착 구조가 날이 갈수록 심해지고 있는 것은, 결국 회계감사 업무를 시장 내 무한경쟁의 틈바구니에 맡긴 탓일 것이다. 회계사가 감사를 철저히 하려 하면 할수록 기업은 일감을 주려 하지 않고 흔해 빠진 다른 회계사에게 일감을 주려 하니, 회계법인도 먹고 살기 위해서는 적당히 기업의 비위를 맞춰줘야 할 것 아닌가. 근본적인 시스템 개혁이 필요한 때다.

숫자로 한 거짓말, 징역 23년형 받다
'엔론 사태' 수준 형량 선고

::

모뉴엘의 거짓말

우리나라에서도 분식회계 사범이 25년의 징역형을 받는 일이 일어날 수 있을까? 세계 최악의 회계부정이라 일컫는 미국의 '엔론 사태' 당시 경영자 제프 스킬링은 징역 25년형을 선고받았다. 우리나라 재판부도 2015년 10월 수출입 대금을 부풀려 3조 원대의 사기 대출을 받은 혐의로 재판에 넘겨진 모뉴엘 박홍석(53) 대표이사에게 징역 23년과 벌금 1억 원, 추징금 361억 원을 선고했다.

재판부가 밝힌 박 대표의 죄목은 컸다. 모뉴엘이 10개 시중은행에서 편취한 금액이 3조 원이 넘고 5400억 원을 갚지 못했으며 조직적 범행으로 금융기관이 수출기업을 믿지 못하는 분위기를 만들어 무역보험과 수출금융 제도의 근간을 흔들었다는 것이다. 앞서 박 대표는 2007년 10월부터 2014년 9월까지 홈시어터 컴퓨터(HTPC) 가격을 부풀리는 수법으로 시중은행 10곳에서 3조 4000억 원을 불법으로 대출받은 혐의(사기)로 구속 기소됐다. 이렇게 불법 대출을 받은 돈은 미국에서 집을 사고 로비 자금으로 쓰기도 했다.

한때 '히든 챔피언'이 수조 원대 사기기업으로

분식회계 기업들이 흔히 그렇듯 모뉴엘도 한때 혁신업체로 주목받은 적이 있다. 로봇청소기와 각종 전자제품을 생산하는 이 회사는 2010년 'IT·전자의 날'에는 국무총리 포상을 받았고 이듬해 'IT·전자의 날'에는 지식경제부장관상을 받았다. 수출입은행도 모뉴엘을 '히든 챔피언' 기업으로 엄지손가락을 치켜들었고 무역보험공사는 3200억 원에 달하는 보증을 서주기도 했다. 뭘 믿고 이렇게 한 것인지 참 알다가도 모를 일이다.

　이 회사에 대출을 해준 시중은행들도 '눈 뜬 장님'으로 만들었다. 결과론적인 얘기지만, 재무제표만 꼼꼼히 봤어도 모뉴엘의 분식회계 혐의는 충분히 의심할 수 있었다는 게 회계 전문가들의 지적이지만, 우리나라 은행들은 믿을 만한 기관의 '보증서'만 있다면, 재무제표를 꼼꼼히 보지 않는 좋지 않은 버릇이 있다. 아무리 기업이 부실해도 든든한 보증인이 있다면 대출을 떼일 염려가 없으니 이런 은행들의 버릇도 이해를 못할 바는 아니지만, 자신이 수조 원대 대출을 해주는 것이 어떻게 쓰일 것인지를 조금만 생각해본다면 이렇게 무책임하게 돈을 빌려주진 않았을 것이다.

낫 놓고 기역자도 몰랐던 무역보험공사와 시중은행들

모뉴엘 재무제표의 어떤 점에서 분식회계 정황을 발견할 수 있을까. 모뉴엘의 분식회계 징후는 의외로 간단한 계산 몇 번으로도 확인해볼 수 있다.

먼저 모뉴엘이 가진 비정상적인 현금 보유량이다. 투자처가 없어 현금을 쌓아놓는 일부 대기업을 제외하고 정상적인 기업이라면 보유한 현금은 사업자금에 활용하기 때문에 현금성 자산 비중이 높지 않다. 게다가 우리나라 기업은 삼성전자나 현대자동차 등 일부 재벌 대기업을 제외하면 현금 보유 비중이 높지 않지만, 모뉴엘은 2012년 말에만 총자산 2300억 원의 21.3퍼센트인 490억 원이 현금이었고 이듬해에는 이 현금성 자산이 515억 원으로 늘어난다. 현금성 자산이 지나치게 많은 것은 영업활동을 제대로 하지 않았다는 의미로 볼 수 있다. 엄청난 수출 실적을 낼 만큼 영업활동이 많은 기업이 은행에 묵혀두기만 할 뿐인 현금을 저렇게 많이 가지고 있다는 것에서 일단 부자연스럽다는 느낌을 받아야 한다. 보통 중소기업은 매출채권을 담보로 은행에 돈을 빌리는 식으로 현금을 마련하고, 대부분은 사업을 하는 데 쓴다.

모뉴엘의 과다한 현금 및 현금성자산

(단위: 백만 원)

구분	2012. 12. 31	2013. 12. 31	증감
현금 (외화예금)	49,092 (25,765)	51,553 (47,947)	2,461 (22,185)

외화예금도 257억 원에서 두 배에 가까운 479억 원으로 늘어난다. 우리나라 은행에 예금해도 되는데 굳이 외국 은행에 예금한 돈이 이렇게 많다면 의심을 해봐야 할 것이다. 아니나 다를까 모뉴엘은 우리나라 은행에서 대출받은 돈을 자신이 관리하는 홍콩 내 서류상회사(SPC) 계좌에 송금하는 방식으로 446억 원을 해외로 빼돌린 것으로 관세청 조사 결과 드러났다. 비정상적인 외화예금은 횡령 자금이었던 것이고 이 내용도 재무제표에 모두 나와 있다.

매출액이 늘어나는 동시에 재고자산도 함께 늘어난 부분도 분식회계의 중요한 징후로 볼 수 있다. 판매한 상품이 많은데도 재고품이 창고에 많이 쌓였다면, 어떤 상황일까? 상품을 엄청나게 많이 생산했을 때일 것이다. 아무리 시장에서 상품을 팔아도 남아돌아 재고품으로 쌓였다는 얘기다. 생산설비를 늘렸거나 공장 가동률을 크게 높였거나 하청업체에 생산을 부탁했을 때 이런 일이 벌어진다. 하지만 모뉴엘은 이 3가지 경우 중 어느 한가지에도 해당하지 않았다.

모뉴엘의 매출액과 재고자산 (단위: 백만 원)

구분	2012. 12. 31	2013. 12. 31	증감
매출	825,132	1,140,985	315,853
재고자산	84,691	145,784	61,093

제품을 만들어 팔고 난 뒤 실제 현금이 유입되는 기간, 즉 매출채권회전기간도 살펴봐야 할 항목이다. 매출채권회전기간은 1년 365일을 매출채권회전율로 나눈 값이다. 매출채권회전율은 연간 매출액을 매출채권 잔액으로 나눈 값인데, 이 비율이 높다는 것은 매출채권이 순조

롭게 돈으로 회수되고 있다는 것을 의미한다. 반대로 매출채권회전율이 낮다면, 거래처 부실로 돈이 제대로 들어오지 않고 있는 징후로 해석할 수 있다. 매출채권회전기간을 쉽게 구할 수 있는 방법은 365일과 1년 동안의 매출채권 잔액을 곱한 뒤 연간 매출액으로 나누면 된다.

$$매출채권회전기간 = \frac{365일}{매출채권회전율}$$

$$매출채권회전율 = \frac{연간매출액}{매출채권잔액}$$

　통상 수출업체의 매출채권회전기간은 30일 이내다. 그러나 모뉴엘은 이 기간이 137일(2013년 말 기준)에 달했다. 제품을 판 뒤 넉 달이 훨씬 넘어서야 현금이 들어온다는 것은 정상적인 수출이 아닐 수 있다고 의심할 수 있다.

모뉴엘의 매출채권과 매출채권 회전기간　　　　　　　　　(단위: 백만 원)

구분	2012. 12. 31	2013. 12. 31	증감
매출 총 매출채권 (매출채권 매각)	825,132 294,874 (263,779)	1,140,985 478,874 (429,431)	315,853 184,000 (165,652)
매각 매출채권 회전기간	116일	137일	21일

　현금흐름표에서도 분식의 징후를 볼 수 있다. 모뉴엘의 2012년 말 영업활동 현금흐름은 143억 원 플러스, 2013년 말 15억 원 플러스로 얼

핏 보면 현금이 들어온 것처럼 보인다. 그러나 국제회계기준의 원칙대로 매출채권을 은행에 매각해 손실 본 금액을 대출을 받아 이자를 지불한 것으로 본다면 영업활동 현금흐름은 2012년 974억 원 마이너스, 2013년 1622억 원 마이너스가 된다. 매출은 일어났지만 실제로 들어오는 현금은 없었다는 얘기다.

매출채권, 즉 거래처에 외상값을 받을 권리를 은행에 팔아 돈을 받았지만, 거래처가 외상값을 못 갚으면 모뉴엘이 은행에 돈을 도로 갚아줘야 하니 실제로는 대출을 받은 거나 마찬가지인 것이다. 물론 모뉴엘은 비상장사이기 때문에 국제회계기준이 적용되진 않지만, 대출을 심사하는 은행원들은 실질적인 경제활동의 내용을 더 중요시하는 국제회계기준의 시각에서 기업을 바라볼 필요는 있다.

이렇게 모뉴엘의 재무제표 곳곳에 위험 징후가 있었다. 그럼에도 왜 이런 기업에 그렇게도 돈 빌리기 어렵다는 제1금융권인 시중은행의 대출이 3조 4000억 원씩이나 나간 것일까. 그것은 '수출로 먹고 사는 나라' 이데올로기와 은행원들의 관료주의가 결합한 합작품일 것이다.

'수출로 먹고 사는 나라' 대한민국은 수출실적이 좋은 기업에 훈장도 주고 상도 주고 보증도 서준다. 무역보험공사는 실제 내용이 허위 수출인지 아닌지 확인도 하지 않고 그저 수출 실적이 좋다는 이유만으로 돈을 갚지 못하면 대신 갚아주겠다는 증서인 보증서를 남발했다. 은행원들 가운데 재무제표를 보고 부실기업이라고 생각한 사람들도 없진 않았겠지만, 부실 재무제표보다 더 눈길이 쏠리는 것은 믿을 만한 기관의 보증서다. 아무리 부실기업이라고 해도 누가 대출을 대신 갚아줄 곳이 있고, 그곳이 무역보험공사와 같은 국가 기관이라면 더 말할 것도 없다. 무역보험공사의 보증서 하나면 일사천리로 대출을 받을 수 있었던 것이다.

이런 형태의 수출기업 사기는 국민의 재산과 예금자 재산을 빼앗아 가는 결과로 이어졌다. 3조 4000억 원의 불법 대출금이 대부업체 대출까지 받으면서 학업을 해야 하는 대학생들의 저금리 학자금 대출로 나갔다면 얼마나 많은 사람들이 혜택을 볼 수 있었을까. 이렇게 작은 기업의 분식회계 하나만으로도 분배 구조 왜곡의 결과는 처참한 것이다. 그나마 불행 중 다행은 우리나라 재판부가 이 엄청난 사기범에게 사실상 무기징역에 가까운 23년형을 선고했다는 점이다. 모뉴엘처럼 사회적 파장이 큰 분식회계 사건이 아니라도 이런 무거운 처벌은 다른 기업에도 계속 적용돼야 할 것이다.

재벌 가문의 이기적인 황제 배당

해마다 4월이면 기업마다 배당 잔치가 벌어집니다. 배당이란 회사가 벌어들인 돈을 주주들에게 나눠주는 것을 말하지요. 배당은 주주가 받아야 할 고유한 권리로 인식됩니다. 우리나라 주식시장에서는 재벌 일가가 소수의 지분으로 그룹 전체를 지배하는 것이 일반적이라 배당 문화가 발달하진 않았습니다. 회사 돈을 재벌 가문의 사유재산으로 생각하는 경향이 있어 소액주주들 '따위'에게는 나눠줄 몫이 없다고 생각하는 것이겠지요. 반대일 때도 있습니다. 총수일가 지분율이 높은 회사는 배당을 할 형편이 안 되는데도 거액의 배당을 해, 회사 돈을 총수들의 호주머니에 넣기도 합니다.

대표적인 사례가 오리온그룹입니다. 담철곤 오리온 회장은 과자 포장지 제조업체인 '아이팩'에서 2014년에 당기순이익 24억 8400만 원(연결재무제표 기준)의 6배가 넘는 150억 원을 배당받았습니다. 아이팩은 담철곤 회장이 53퍼센트의 지분을 보유하고 있고 회사 매출의 80퍼센트를 오리온에 과자 포장지를 납품해서 법니다. 한마디로 오리온이 담철곤 회장이 운영하는 아이팩에 과자 포장지 만드는 일감과 납품대금을 몰아준 뒤, 아이팩이 일감 몰아주기로 번 돈을 담철곤 회장이 배당으로 가져가는 구조이지요.

하지만 의문점이 있습니다. 아이팩은 당기순이익이 기껏해야 25억 원밖에 안 되는데 어떻게 150억 원의 배당금을 받을 수 있었을까요. 벌어들인 돈보다 더 많은 돈을 주주들이 가져가다니요. 좀 이상하지 않습니까?

아이팩은 벌어들인 돈으로만 배당을 하지 않았습니다. 알짜배기 자산을 팔아 사내적립금을 290억 원으로 늘렸지요. 정상적인 기업이라면 자산을 매각해 여윳돈이 생기면 그동안 사업을 하기 위해 빌린 부채를 갚아 재무구조를 튼실하게 하거나, 새로운 이익 창출을 위한 투자 재원으로 사용했을 겁니다. 하지만 아이팩은 회사의 '간과 쓸개'와 같은 우량 자산을 팔아 담철곤 회장의 호주머니에 쏙 넣어준 것이지요.

담철곤 회장의 고배당 소식이 알려지면서 시장과 언론에서도 비판의 목소리가 거세게 제기됐습니다. 주주 전체에 돌아가야 할 이익을 총수 일가가 가로채고 있는 것이나 다름없었기 때문입니다. 결국 오리온은 문제가 된 아이팩을 흡수합병했습니다. 이미 담 회장이 배당금을 왕창 빼간 뒤 '단물 빠진' 회사를 오리온에 넘긴 것이지요.

재벌 일가의 비상식적인 배당 잔치는 오리온뿐만이 아닙니다. 현대 그룹 계열 비상장 시스템통합회사(SI)인 현대유엔아이도 2013년 91억 원 규모의 당기순이익 적자를 냈음에도 회사 적립금까지 털어 현정은 회장과 현 회장의 딸 정지인 상무에게 총 13억 6000만 원을 배당했습니다. 주력회사인 현대상선이 해운경기 악화로 수천억 원 규모의 적자를 내면서 고전을 하고 있는데도 오너 일가는 배당을 챙긴 셈입니다.

한때 '꼬꼬면'으로 유명했던 식음료 회사 팔도는 2013년 366억 원의 적자를 냈지만, 윤병덕 한국야쿠르트 회장의 외아들 윤호중 전무는

100퍼센트 지분을 보유한 대주주로서 31억 원의 배당금을 받았습니다. 같은 해 효성투자개발은 104억 원의 당기순이익을 기록했지만, 배당금은 순이익보다 더 많은 108억 원에 달했습니다. 역시나 이중 44억 원은 조석래 효성 회장의 큰아들인 조현준 사장에게 돌아갔지요.

여기서 끝이 아닙니다. KCC가 투자한 코리아오토글라스는 2013년 177억 원의 당기순이익을 내고 200억 원을 배당했습니다. 정상영 KCC 회장의 차남 정몽익 KCC 사장은 코리아오토글라스에서 40억 원, KCC에서 64억 원 등 100억 원이 넘는 배당금을 챙겼습니다.

통상 상장 기업은 당기순이익의 20~30퍼센트 정도를 주주들에게 배당금으로 돌려주는 것이 일반적입니다. 하지만 재벌 총수일가는 순이익보다 더 많은 배당금을 챙겨가거나 심지어 적자 회사에서도 배당금을 빼가는 비상식적인 행동을 서슴지 않고 있는 것이지요.

물론 기업이 돈을 벌어 사회에 기여하기 위해서는 배당은 이뤄져야 하는 게 맞습니다. 자기 돈을 잃을 각오로 투자한 주주들에게 위험을 감수한 보람을 느낄 수 있게 하고 기업이 시장에서 제대로 된 가치를 평가받는 데도 배당은 효과적입니다. 하지만 배당을 하는 금액은 기업을 망가뜨리지 않는 수준이어야겠지요. 그렇다면 적정한 배당 규모는 어떻게 알 수 있을까요?

기업 재무제표를 볼 때 눈여겨봐야 할 것이 '배당성향'입니다. 배당금 총액이 얼마인지만으로는 주주들에게 얼마나 적정하게 배당했는지를 짐작하기 어렵습니다. 소규모 중소기업이 전체 주주에게 100억 원을 배당한 것은 '통큰 배당'일 수 있지만, 덩치가 큰 삼성전자라면 얘기가 달라지겠지요. 이럴 땐 배당금 총액을 당기순이익으로 나눈 배당성향을 봐야 합니다. 회사가 벌어들인 당기순이익의 얼마만큼을 주주에게 나눠준 건지를 보는 것이죠. 일반적인 우리나라 기업의 배당성향은 20~30퍼센트 정도로, 100원을 벌면 20~30원을 배당하는 게 평균적인 수준입니다.

대표적인 고배당주로 꼽히는 KT&G는 2015년 2월 이사회를 열어 2014 회계연도에 대한 결산배당을 주당 3400원으로 결정했습니다. 현금배당금 총액은 4280억 원, 당기순이익은 8140억 원이었으니, 4280억 원을 8140억 원으로 나눈 배당성향은 53퍼센트 수준임을 알 수 있습니다. 이 정도는 어쨌든 벌어들인 순이익 안에서 주주들에게 나눠준 것이니 괜찮다고 볼 수 있습니다. 담배와 인삼을 취급하는 KT&G는 일반 제조업체들처럼 대규모 시설투자를 할 필요가 없으니 미래를 위해 쌓아두기보다는 주주들에게 나눠주는 것이 정상이겠지요.

특별한 이유가 없는데도 배당성향이 수백 퍼센트에 달한다면, 회사가 멀쩡할 수 있을까요? 말이 나왔으니 또 하나의 사례를 들자면, 삼성그룹이 계열사로 두고 있던 옛 삼성코닝정밀소재(현 코닝정밀소재)는 2013년 10월 미국의 코닝사에 회사 지분 전량이 매각되기 전, 배당성향을 453퍼센트로 정했습니다. 당기순이익은 7943억 원에 불과했지만, 현금배당금 총액은 3조 6000억 원에 달했지요. 삼성은 이중 배당금으로 1조 6000억 원을 챙겼습니다. 이렇게 들어온 배당금을 삼성의 소액주주들에게 나눠줬을까요? 이렇게 봤다면 너무나 순진한 생각입니다.

안타깝게도 이런 '횡령'에 가까운 행위들이 지금 우리나라 사회에선 합법적으로 일어나고 있는 겁니다. 그것도 매년 배당철인 봄이 올 때마다 반복되고 있습니다. 총수 일가가 비상장사 자회사에 일감을 몰아주고 배당금으로 회사 돈을 빼돌리면 일감을 몰아준 모기업 주주들이 자회사를 상대로 손해배상 청구소송을 제기할 수 있도록 제도적 장치를 보완해야 한다는 지적이 나오는 이유입니다. 현행법상으로 주주들은 본인이 주식을 가진 회사에 대해서만 손해배상 청구를 할 수 있지만, 누가 봐도 재벌의 배당금 빼돌리기로 일감과 납품대금을 넘겨준 회사의 주주들이 손해를 보고 있으니, 소송할 권리라도 있어야 하는 것이 마땅합니다.

> 정의로운 사회란 우리가 소중하게 생각하는 부·권력·기회·영광과 같은 가치를 올바르게 분배하는 것을 말한다.

마이클 샌델 하버드대 교수가 《정의란 무엇인가》에서 쓴 말입니다. 일감 몰아주기에 얌체 배당으로 성장한 재벌 총수 일가들. 그러면서도 사회적 존경을 바란다면 욕심이 너무 지나친 게 아닐까요?

정부에 '해임 권고' 당한 재벌 총수
살기 위해 저질렀어도 유죄
::

효성그룹의 거짓말

국가가 재벌 기업 총수에게 해임을 권고할 수 있을까. 기업의 분식회계, 주가조작 범죄에 대한 행정처분을 내리는 증권선물위원회는 효성그룹 조석래 회장에게 분식회계 혐의로 해임 권고 조치를 내렸다. 효성그룹은 일반인들에게는 오토바이 '효성-스즈키'로 유명한 회사로 섬유, 산업자재, 화학, 중공업, 무역 등 문어발식 경영으로 다양한 사업을 하고 있다. 서울 반포대교 근처에서 볼 수 있는 세빛섬도 효성이 57퍼센트가량의 지분을 보유하고 있다.

금융당국은 심각한 수준의 분식회계를 저지른 기업의 최고경영자나 총수에게 해임 권고 조치를 내린다. 이는 말 그대로 '권고'일 뿐 강제성은 없다. 다만 국가가 재벌 총수에게 '회사에서 잘라야 할 사람'이라고 낙인을 찍는다는 상징성은 있다. 그동안 임직원들의 생사여탈권을 갖기만 했던 재벌 총수가 해임 권고 통지서를 받은 기분이라니…. 조 회장도 이런 조치를 받고선 참 기분이 묘했을 것이다.

어쩌면 별다른 느낌이 없을 수도 있겠다. 탈세 의혹으로 감옥에 갈 수도 있는 검찰 수사도 여러 차례 받았는데, 강제성 없는 '해임 권고' 따위야 그에게는 아무것도 아닐 것이다. 조 회장은 최근까지도 부자, 형제 간 소송으로 일반인들과 비교할 수 없을 정도의 '마음고생'을 겪었다. 조석래 회장의 차남 조현문 변호사는 효성 가문이 장남 조현준 사장이 경영하는 부실 계열사 갤럭시아일렉트로닉스 등을 지원하면서 회사에 손실을 끼쳤다고 주장한다. 회사 돈을 불법으로 '장남 사업 밀어주기'에 쓴 것은 배임 행위라는 것이다. 아들이 아버지에게 소송을 걸었는데, 이보다 더 가슴 아픈 일이 어디 있을까. 금융당국의 '해임 권고' 따위야 눈에 들어오지도 않았을 것이다.

집안 갈등으로 시끄러운 회사이지만, 조석래 회장이 해임 권고를 당한 건 그보다 훨씬 이전에 일어난 효성그룹의 분식회계 사건 때문이다. 효성의 분식회계는 한번 내뱉은 거짓말이 꼬리에 꼬리를 물고 또 다른 거짓말을 부르듯 했다. 순간의 위기를 모면하려고 회계장부를 속여 기업 내 부실을 감춘 것부터 범죄 행위였지만, 부실이 제거된 회계장부 수치대로 국세청에 법인세를 냈으니 세금포탈 혐의도 씌워졌고 부풀린 이익 규모로 계산해 주주들에게 배당을 했으니 위법 배당 혐의도 추가됐다.

갑자기 닥친 외환위기, 살기 위해 들어선 가시밭길

1997년 외환위기 이전 무역업을 영위하던 효성물산은 정부 시책에 따라 수출 물량을 늘리기 시작한다. 수출 실적만이 중요할 뿐 거래 상대방이 얼마나 믿을 만한 곳인지는 깊이 고민하지 않았다. 돈은 나중에 받기로 하고 우선 상품부터 넘겼다. 상품을 팔고 나서 외상으로 받을 돈, 즉 '매출채권'이 현금으로 회수되지 않고 회계장부에만 쌓여갔던 것이다. 문제는 1997년 아시아 여러 나라들이 위기에 빠진 외환위기 때문에 우리나라와 몇몇 나라의 경기가 얼어붙은 것이다. 거래처들은 줄줄이 효성으로부터 사들인 상품에 대한 외상값을 갚지 못하게 됐다. 수익의 원천이 돼야 할 매출채권은 외상값을 받기 힘든 '부실채권'이 돼버렸고 이런 부실 매출채권이 늘어나면서 효성물산은 파산 위기에 처한다.

결국 부실 자회사는 모회사인 ㈜효성이 끌어안는다. ㈜효성은 자회사 효성물산을 합병하는 방식으로 구조조정에 돌입한다. 사업에 실패한 아들이 부모님 집에 들어와 살더라도 아들이 거래처에서 못 받은 돈은 그대로 남아 있듯, 두 회사를 한 회사로 합치더라도 효성물산의 부실 매출채권이 사라질 리는 없다. 그 규모가 6000억 원에 달했으니 합병 이후에도 큰 골칫거리가 됐다. 이런 사실을 알았다면, ㈜효성에서 근무하는 노동자들 입장에선 어디서 굴러온 계열사 하나 때문에 자신들의 생활전선에 문제가 생기지 않을까 걱정도 많이 했을 것이다.

효성그룹은 이 부실 매출채권 6000억 원을 모두 손실로 처리하면 시장에서 퇴출될 위기에 몰릴 수 있다고 봤다. 당시 이헌재 금융감독위원장은 국내 재벌 대기업에 대한 구조조정에 착수하면서 '부채비율 200퍼센트'라는 획일적인 가이드라인을 제시했다. 문어발식 확장의 대명사 대우도 이 비율을 맞추지 못해 쓰러졌는데, 효성도 똑같은 전철을 밟을 수도 있었던 것이다. 기업의 산업별 특성과는 상관없이 무조건 부채비율 200퍼센트란 기준을 제시한 것은 분명 지나친 행정이라 볼 수 있다. 그러나 외환위기 당시에는 기업이 당장의 자금경색을 해결하기 위해 과도한 부채를 끌어다 쓰는 등 기업의 부실이 눈덩이처럼 커질 수 있는 상황이었다. 이런 상황을 그냥 뒀다가는 나라가 기업 부채로 또 다른 위기에 봉착할 수 있기에 이런 극단적인 대책이 나온 것으로 이해해 볼 수는 있겠다.

부채비율은 부채총액을 자본총액으로 나눈 값이다. 자기 돈 중에서 빚이 얼마나 있는지를 살펴보는 대표적인 재무 비율이다. 가령 자기 돈이 1만 원이 있는데 친구에게 2만 원을 빌렸다면, 부채비율은 200퍼센트가 된다. 만약 효성이 부실 매출채권 6000억 원을 정상적으로 손실 처리를 하면, 분모인 자기 돈인 자본총액이 줄어들게 된다. 분모가 작아지면 부채비율은 커지게 되므로 효성은 '부채비율 200퍼센트' 가이드라인을 넘어서게 되는 것이다. 이는 곧 부실기업 퇴출 기준에 해당하고 대우그룹처럼 공중분해되는 운명이 기다리고 있다는 것을 의미한다.

그래서 효성그룹이 생각한 방법은 회계처리상의 '감가상각'이다. 감가상각을 회계학적으로는 "사용기간 동안에 자산의 취득원가에서 잔존가치를 뺀 감가상각 대상 금액을 체계적이고 합리적인 방법으로 배분하는 절차"로 표현한다. 쉽게 말해 기계나 건물 등의 자산은 시간이 흐르면 낡아서 못쓰기 마련인데, 낡은 만큼 줄어든 가치를 비용으로 털어내는 절차다. 기업이 사업을 시작할 때는 대규모 기계설비, 토지, 공장, 건물이 필요한데, 여기에 지출된 돈을 한꺼번에 비용처리하면 당해 연도에는 마치 영업을 못해서 손실이 커진 것처럼 회계정보가 왜곡될 수 있다. 가령 떡볶이 노점상을 하는 김 씨가 사업에 필요한 소형 트럭을 사는 데 들인 돈을 한꺼번에 비용으로 처리하면 사업 시작부터 엄청난 손실을 떠안게 되는데, 이렇게 되면 김 씨가 떡볶이를 못 팔아 손실을 본 것처럼 회계 정보가 왜곡될 수 있어 트럭을 사는 데 들어간 비용을 트럭 수명으로 나눠 매년 일정한 금액만큼 비용으로 처리하는 것이다.

그렇다면 효성은 이 감가상각이란 회계처리 방법을 어떻게 6000억 원 규모의 부실 매출채권을 감추는 데 사용했을까. 그 방법은 참으로 대담했다.

효성은 우선 지구상에는 존재하지도 않는 6000억 원짜리 기계장치를 유형자산으로 회계장부에 기록한다. 주주, 노동자, 은행, 채권자 등 수많은 이해관계자들이 보고 있는 가운데서도 무려 6000억 원짜리 기계장치를 창조해낸 것이다. 6000억 원짜리 기계장치가 회계장부에 나타났으니 그동안 골칫거리였던 부실 매출채권도 사라졌다. ㈜효성과 효성물산이 합병하는 상황에서 눈 깜짝할 사이에 부실 매출채권과 6000억 원짜리 번듯한 기계장치가 바꿔치기 된 것이다. 효성은 이렇게 장부에만 존재하는 기계장비의 가치를 수명으로 나눠 조금씩 감가상각했다. 만약 부실 매출채권을 그대로 뒀다면, 이는 6000억 원을 통째로 당기순손실로 처리하는 결과로 이어졌겠지만, 이를 기계장치로 바꿈으로써 6000억 원을 5~10년이란 내용연수로 나눠 비용으로 털어낼 수 있었던 것이다.

부실 자산을 우량한 유형자산인 기계장치로 바꿔치기했으니 자산 규모는 부풀려졌고, 당기에 처리해야 할 천문학적인 비용도 줄었으니 바꿔치기가 이뤄진 1998년 한 해에는 이익 규모도 뻥튀기됐다. 가장 중요한 것은 이런 방식으로 시장에서의 퇴출 기준인 부채비율을 낮출 수 있었다는 것이다. 부채비율은 부채총계를 자본총계로 나눈 값이라고 앞서 설명했는데, 6000억 원을 한꺼번에 비용으로 처리했다면 분모의 자본총계가 크게 감소하게 돼 부채비율이 높아진다. 그렇게 됐다면 효성은 대우나 한보 등 외환위기 당시 다른 대기업들처럼 구조조정 되는 운명을 맞이했을 수도 있었다. 당시 공적자금 지원을 받지 않은 효성은 분식회계로 살아남아 구조조정 되는 운명은 피한 것이다.

이렇게 살아남은 기업은 그동안 국민에게 환원해야 할 법인세도 제대로 내지 않았다. 외환위기 당시의 분식회계로 6000억 원의 비용을 감가상각비로 나눠낼 수 있도록 구조를 짰기 때문에, 분식회계가 일어난 다음해부터는 있지도 않은 자산에 대한 감가상각비용이 계속해서 수익에서 빠져나가는 꼴이 됐다. 국세청에는 돈을 실제보다 더 적게 벌었다고 신고한 꼴이니 세금도 그만큼 덜 내왔던 것이다.

효성은 2006년에도 해외 자회사 가치를 부풀렸다고 분식회계 사실을 국민 앞에 고백한 적이 있는데, 그때는 이렇게 기계장치를 이용한 엄청난 규모의 분식회계까지는 고백하지 않았다. 그때 말하지 못한 고백을 증권선물위원회의 지적을 받고 나서야 하고 있는 것이다.

효성은 그동안의 잘못을 인정하고 2013년, 분식회계로 덜 내왔던 법인세를 모두 납부했다. 하지만 이미 신뢰를 잃은 뒤다. 외환위기 당시 살아남기 위한 분식회계였다고 해서 죄가 아닌 건 아니지만, 백보 양보해서 그땐 생존을 위해 어쩔 수 없었다고 치자. 2006년 분식회계 사실을 고백할 때는 왜 빙산의 일각만 발표한 걸까. 국민 앞에서 진지한 반성이 필요한 대목이다.

조석래 회장은, 여전히 증권선물위원회의 '해임 권고'를 받아들이지 않고 있다. 회사는 조 회장이 회사를 살리려고 했을 뿐, 사익을 추구한 건 없다고 해명하지만, 분식회계로 수익을 부풀린 뒤 그 결과로 배당을 받았다면 이것이 사익을 추구한 것이 아니고 무엇인가. 서울중앙지방법원은 2016년 1월 조 회장에 대해 조세 정의를 심각하게 훼손했다며 징역 3년에 벌금 1365억 원을 선고했다. 그러나 조 회장이 아프다는 이유로 법정 구속은 하지 않았다.

조 회장은 재판이 본격적으로 시작되자 2010년 수술했던 담낭암이 전립선암으로 전이돼 암 치료 차 입원과 퇴원, 해외 출국을 반복했다.

국민이 기업인을 비판하는 것은 '반기업 정서' 때문이 아니다. 국민은 우리나라 기업이 세계 시장 속에서 성장해나가길 바란다. 해외에서 많은 돈을 벌어 일자리를 창출하고 마땅히 내야 할 세금을 내는 존경받는 기업인이 많이 나왔으면 좋겠다. 그러나 기업의 관리자들이 보여주는 모습은 그렇지 못하다. '반재벌 정서', '반기업인 정서'를 '반기업 정서'라고 표현해선 안 된다. 공공의 도움 없이는 성장할 수 없는 기업이란 존재를 한 줌의 재벌 일가가 사유화하고 과실을 독점하며 자신들만 살기 위해 온갖 불법을 저지르고서도 기업의 존립과 국가 경제를 위해 한 일로 포장하려는 것에 분노하는 것이다. 지금이라도 늦지 않았다. 과거의 범죄 행위를 뉘우치고 새로운 출발을 하는 모습을 보여야 할 때다.

쌍용차 사태 속 회계 비밀
손실 부풀려 정리해고 했다고?

::

쌍용차 회계조작 의혹 사건

2009년 8월 5일 새벽. 평택 쌍용차 공장에선 노동운동 역사상 잔혹하기로는 손으로 꼽힐 만한 장면이 연출됐다. 정리해고를 반대하며 옥쇄파업 중이던 노동자들에게 닿기만 해도 스티로폼이 녹는 최루액이 뿌려졌고 5만 볼트 전류가 흐르는 전기 침 2개가 동시에 발사되는 테이저건도 사용됐다. 먹고 살기 위해 저항하는 노동자들에게 무자비한 폭력을 가한 그날은 더 나은 사회를 염원하는 사람들에게 잊을 수 없는 트라우마가 됐다.

정리해고 근거가 된 유형자산 손상차손 5176억

쌍용차 노동자들은 왜 일자리를 잃었던 것일까. 왜 목숨을 건 투쟁에 나서게 된 걸까. 회계적으로 해석해볼 때는 5000여억 원 규모의 '유형자산 손상차손(損傷差損)'이 발단이 됐다. 정확히 표현하면, 5000여억 원 규모의 유형자산 손상차손을 핑계로 2600여 명의 노동자들을 해고

해야 한다는 '경영진의 판단' 때문이었다. 쌍용차 경영진에게 생산직 노동자의 임금은 그저 상품 생산에 드는 비용 중 하나인 '매출원가'에, 사무직 노동자 임금은 접대비, 마케팅비와 비슷한 '판매관리비'에 불과한 것이었을 터다. 노동자들과 그 가족들의 삶은 어떻게 되든 일단 비용을 줄여 기업이 이윤 재생산 구조를 다시 갖추는 것이 쌍용차 경영진에게는 더 중요했을 것이다.

정리해고 근거가 된 유형자산 손상차손이 무엇인지 이해하기 위해서는 먼저 유형자산의 개념부터 정리하고 넘어가야 한다. 유형자산이란 "기업이 영업활동에 사용하기 위해 갖는 물리적 형태가 있는 자산으로 1년 이상 쓸 수 있는 것"이다. 대표적인 것이 토지, 기계설비, 건물이다. 기업이 땅이나 건물을 샀다고 해서 모두 유형자산이 될 수 있는 것은 아니다. 자산을 활용해 돈을 벌 수 있느냐, 즉 '미래의 경제적 효익'이 있어야만 유형자산으로 인정받을 수 있다. 만약 삐삐나 2G 폴더폰처럼 시장에 내놔도 아예 팔리지 않는 제품을 만드는 기계장치라면 따로 재무제표 주석에 가동을 중단하고 있다는 사실을 기록해야 하고, 여전히 삐삐를 사용하는 저개발국에 매각을 추진한다면 '매각 예정 비유동자산과 중단영업'이란 계정으로 분류하게 된다.

낡아서 가동률이 떨어지거나 시장 경쟁력이 뒤처진 제품을 생산할 지경이 된다면 유형자산은 손상차손으로 인식해야 한다. 자산을 시장에 팔았을 때 받을 수 있는 금액(순공정가치)과 자산을 사용해 앞으로 벌 수 있는 미래의 현금흐름(사용가치) 중 큰 액수를 유형자산의 실제 가치로 보고 이 수치가 처음 유형자산을 사들였을 때의 가격(장부가치) 보다 적으면 회사의 손실로 반영해야 한다. 가령 쌍용 렉스턴 차량 생산라인을 1000억 원을 주고 들여왔고 생산라인을 다른 회사에 내다 팔거나 렉스턴을 생산해 돈을 벌었을 때 받을 수 있는 현금이 500억 원밖에 안 된다면, 장부가치와 회수가능액의 차액인 500억 원을 손실로 잡고 '유형자산 손상차손'으로 반영해야 한다. 단순하게 정리하면, 장부가치가 1000억 원인 유형자산의 실제가치가 500억 원이면 나머지 500억 원을 손실로 처리해야 한다는 의미다.

쌍용차 경영진은 2008 회계연도의 재무제표를 감사한 결과 당시 유형자산 손상차손을 5176억 원으로 기록했다. 이렇게 늘어난 기업 손실

쌍용자동차 2008 회계연도 연결 재무제표 주석

(3) 유형자산의 손상차손

지배회사는 당기 중 법정관리 신청 등 기업환경의 중대한 변화로 인하여 유형자산의 사용 및 처분으로부터 기대되는 미래의 현금흐름총액의 추정액이 장부가액에 미달하게 됨에 따라 장부가액을 회수가능가액으로 조정하고 그 차액을 유형자산손상차손의 과목으로 하여 영업외비용으로 처리하였습니다. 당기 중 인식한 유형자산손상차손의 세부내역은 다음과 같습니다.

(단위: 백만원)

계정 과목	취득원가	감가상각 누계액	손상차손 누계액	장부가액	회사 가능가액	유형자산 손상차손
건물	423,501,869	126,254,909	387,880	296,859,080	94,032,340	202,826,740
구축물	103,124,760	51,204,165	-	51,920,595	14,376,800	37,543,795
기계 장치	864,406,493	705,558,368	736,938	158,111,187	53,419,313	104,691,874
차량 운반구	11,323,595	7,438,688	82,679	3,802,228	1,445,359	2,356,869
공구와 기구	542,737,295	260,344,554	5,029,514	277,363,227	114,447,354	162,915,873
비품	49,653,256	38,625,583	493	11,027,180	3,719,017	7,308,163
건설중인 자산	44,180	-	-	44,180	-	44,180
계	1,994,791,448	1,189,426,267	6,237,504	799,127,677	281,440,183	517,687,494

자료: 금융감독원 전자공시시스템

이 쌍용차 노동자 2646명(37퍼센트)를 해고한 근거가 된 것이다.

노조·야당·시민단체 "사측, 유형자산 손상차손 부풀렸다" 주장

유형자산 손상차손이 조작됐다는 주장이 쌍용차 노동조합, 민주당과 정의당 등 야당, 투기자본감시센터 등 시민단체로부터 나왔다. 이들은 쌍용차 경영진이 정리해고를 정당화하기 위해 일부러 손실 규모를 부풀렸다고 주장했다. 즉 자산이나 수익을 실제보다 부풀리는 분식회계가 아니라, 그 반대인 역분식(逆粉飾)을 했다는 것이다. 기업은 노동자의 임금을 삭감하거나 해고를 정당화하기 위해, 세금을 덜 내기 위해, 상품 가격을 올릴 구실을 만들기 위해 기업의 부실을 실제보다 부풀리는 역분식회계를 하기도 한다.

야당, 시민단체, 쌍용차 노동조합이 제기한 쌍용차 역분식회계의 근거는 경영진이 유형자산 손상차손을 계산할 때 신차 개발 효과를 전혀 고려하지 않았다는 것이다. 렉스턴, 액티언, 체어맨과 같은 구형 모델이 시장에서 잘 팔리지 않아 유형자산의 사용가치가 떨어졌다고 볼 순 있겠지만, 앞으로 이 생산라인을 활용해 신차를 개발하면 그만큼 사용가치가 개선돼 손상차손도 줄어들 수 있다는 것이다. 이와 함께 유형자산 손상차손 금액이 다른 여러 개의 회계장부가 존재하는 것으로 보아, 쌍용차 경영진과 외부 감사인 안진회계법인이 회계장부를 조작했다는 의혹도 제기했다. 안진회계법인과 쌍용차가 1심 재판부에 제출한 회계장부의 유형자산 손상차손은 4618억 원이었지만, 2심 재판부에 제출한 금액이 5069억 원으로 늘어나고 해고의 근거가 된 감사보고서의 5176억 원과도 일치하지 않는 것이 그 근거라는 것이다.

서울고등법원도 2014년 2월 "쌍용차의 2008년 재무제표에서 유형자산 손상차손이 과다계상됐다"며 쌍용차 노조의 주장을 받아들였다. 경영진이 기존에 생산하던 구형 차종을 단종시키면서 신차도 출시하지 않는다는 전제로 유형자산의 손실을 평가했는데, 이런 식으로 운영되는 자동차 회사가 있다는 것은 비현실적이라는 판단이었다. 법원의 판단으로 회계조작은 기정사실화하는 듯했다.

그러나 고등법원 판결 이후 한 달이 지나 검찰은 쌍용차 경영진의 회계조작 혐의에 대해 무혐의 결정을 내리고 사건을 종결했다. 2008년 세계 금융위기로 경제 상황이 나빠진 마당에 신차를 출시한다는 것은 불가능하고 구형 차종 매출액도 적자였기 때문에 5000억 원대의 유형자산 손상차손을 반영하는 것이 옳다고 본 것이다.

쌍용차, 애초엔 분식회계 시도… 회계감사 과정에서 수정돼

회계조작 논란의 진실에 접근하기 위해서는 5176억 원의 유형자산 손상차손이 쌍용차 감사보고서에 반영된 과정을 먼저 살펴볼 필요가 있다. 실제 당시 쌍용차의 감사를 담당한 회계사와 회계감사 행위를 감독하는 금융감독원 담당자의 이야기를 종합해보면, 놀라운 사실을 알 수 있다.

쌍용차 경영진은 애당초 기업의 손실을 부풀리는 역분식회계가 아니라 거꾸로 수익을 부풀리는 분식회계를 저지르려 했다는 것이다. 회계법인은 감사 과정에서 쌍용차의 분식회계 시도를 알아차리면서 유형자산 손상차손을 반영하도록 했다. 논란거리가 된 유형자산 손상차손 5176억 원은 당초 쌍용차 경영진이 숨기려 했던 부실이었다. 코스피시장에 상장된 쌍용차 주가는 2008년 연초 3만 8000원대에서 연말 7000원대로 폭락했다. 2008 회계연도의 감사보고서는 2009년 초에 공시되기 때문에 수익을 5000억 원가량 부풀린 실적을 발표해 폭락한 주식가치를 회복하려는 의도도 있었던 것으로 보인다. 생산중단과 재개를 반복하면서 부실이 쌓여가던 쌍용차의 경영권을 포기하려 했던 대주주 상하이차 입장에선 조금이라도 더 비싸게 지분을 팔기 위해서는 주가를 끌어올려야 했다. 손실을 과도하게 반영해 주가를 떨어뜨려야 할 만한 이유는 없었던 것이다. 아파트를 팔려고 하는 집주인이 집을 사려는 사람에게 "우리 집은 비가 오면 물이 새고, 습기가 차서 여름엔 벽지에 곰팡이가 피기 일쑤예요"라고 일일이 손상 부위를 알려주는 사람이 어디 있을까. 집값을 더 많이 받기 위해 곰팡이 핀 곳에 새로운 벽지를 바르는 일종의 '분식도배'를 했을 것이다.

통상 기업에 수수료를 받고 회계감사 서비스를 제공하는 회계법인은 기업이 제출한 재무제표보다 더 많은 손실을 반영하라고 이야기하기가 쉬운 일은 아니다. 기업에서 일감을 따내야 하는 회계사는 기본적으로 '을'의 위치에 있을 수밖에 없기 때문이다. 다만 경영진이 작성한 재무제표와 회계사가 감사를 통해 파악한 재무제표가 지나치게 많은 차이가 나는데도 이를 눈감아주면 회계사도 징계를 받을 수 있기 때문에 당시 안진회계법인 소속 회계사는 5000여억 원의 손실을 반영하지 않으면 쌍용차를 주식시장에서 상장폐지시키겠다고 윽박지르기도 했다. 회계사는 감사 대상 기업이 재무제표를 증명할 수 있는 충분한 자료를 제공하지 않으면 감사의견을 제시하지 않겠다는 의사를 밝힐 수 있다. 회계사가 감사의견을 제시하지 않는 이른바 '의견거절'을 밝힌 상장기업은 주식시장에서 퇴출된다(원칙적으론 회계사가 분식회계 기업을 퇴출시킬 권한을 가졌지만, 현실에선 '의견거절'을 제시하기란 쉽지 않다).

이렇게 기업과 회계사가 재무제표를 놓고 옥신각신하는 과정은 어떤 기업에서든 흔히 일어나는 자연스러운 일이다. 이윤을 극대화하려는 본성을 갖고 있는 기업은 회계사에게 제출하는 재무제표 상의 실적을 부풀려놓기 일쑤지만, 부풀린 실적을 회계기준에 맞게 바로잡는 것이 회계사의 일이다. 분식회계나 역분식회계와 같은 회계부정 행위는 회계사의 감사를 거친 재무제표를 기준으로 본다. 쌍용차 경영진이 의도와는 상관없이 분식회계를 시도하긴 했지만, 부풀린 실적이 회계감사 과정에서 걸러졌다면 분식회계를 했다고 말할 수는 없다. 마치 수학 과제를 하던 동생이 오답을 적어 놨는데, 이를 본 형이 정답으로 고쳐놨고 고친 과제물을 선생님에게 제출했다면, 동생은 제대로 숙제를 했다고 보는 것과 비슷하다.

쌍용차와 회계법인이 제출한 회계장부의 숫자가 조금씩 달라 회계장부를 조작했다는 의혹도 있었지만, 이 역시도 감사 과정에서 흔히 있는 일이다. 회계감사를 하는 과정에서 새로운 정보가 계속해서 수집되고 이를 반영하다 보면 장부상 숫자는 여러 번 달라질 수 있다. 서울고등법원의 판결처럼 유형자산 손상차손의 숫자가 과도했을 수는 있다. 그러나 손상차손을 아예 반영하지 않고 수익을 부풀리려 했던 경영진의 의도대로 재무제표가 회계감사를 통과했다면, 쌍용차는 수익을 부풀린 분식회계 행위를 했다고 볼 수 있는 것이다.

쌍용차 부실 책임, 노동자가 떠안은 것이 문제의 본질

과거에 대한 가정법은 무의미하지만, 만약 쌍용차가 5000억 원 규모의 손상차손을 반영하지 않고 이를 고스란히 수익으로 잡았다면, 과연 경영진은 노동자들을 구조조정하려 들지 않았을까? 5000억 원대 손상차손이 반영된 감사보고서가 공시된 2009년 3월 전부터 쌍용차는 이미 법원에 기업회생절차(법정관리)를 신청했다. 손실을 반영하지 않았더라도 이미 파산 직전에 갈 만큼 기업이 망가져 있었다는 의미다. 2008년 당시 쌍용차의 연결 재무제표를 보면, 부채비율이 574퍼센트에 달했다. 제조업체들은 부채비율을 200퍼센트 안팎으로 유지해야 건전하다고 보는데 이 비율을 훨씬 초과한 것이다. 1년 안에 갚아야 하는 빚인 유동부채는 8609억 원이었지만, 1년 안에 현금화할 수 있는 유동자산은 6101억 원에 불과했다. 당장 내다 팔 수 있는 자산을 모두 팔아도 빚을 다 갚으려면 2500여억 원이 모자라는 상황이었다.

재무제표에 드러난 숫자는 사람의 건강진단서에 비유할 수 있다. 건강진단서 한 장에는 매우 중요한 정보가 담겨 있는 것은 사실이지만, 그 숫자를 해석해 해법을 제시할 수 있는 방법은 문제를 어떻게 분석하느냐에 달렸다. 가령 간수치가 올라 금주를 해야 한다는 것은 대부분의 직장인들이 건강검진을 하면 나오는 결과다. 개인적으로 술을 좋아해서 간을 해칠 만큼 마셨다면 술을 줄이면 된다. 하지만 업무상 접대해야 할 일이 많다면, 간수치가 좋아질 때까지 잠시 접대업무가 적은 부서로 보내주거나 휴식을 취하게끔 배려해줘야 하지만, 사회적 기업이 아니고서야 이런 일은 일어나지 않는다. 노동자가 백혈병에 걸려 목숨을 잃어도 눈 하나 깜짝하지 않는 게 우리나라의 산업현장 아닌가. 결국 중요한 것은 쌍용차의 5000억 원대 손실을 만회하는 해법이다. 쌍용차 경영진은 노동자와 고통을 분담해 비올 때 우산이 되어주기보다는 우산 밖으로 내쫓는 정리해고라는 강수를 택했던 것이다.

유형자산 손상차손 5176억 원. 이 숫자가 왜 노동자 해고 근거가 돼야 할까. 5000억 원대 손실이 난 것을 노동자 정리해고 근거가 될 수 있다는 프레임 속에 갇혀서는 안 된다. 이는 경영 실패의 근거이지 노동자 정리해고를 정당화할 수 있는 근거가 아니다. 유형자산 손상차손은 상품이 시장성이 없어 팔리지 않을 때 생길 수 있다. 이는 애초에 상품을 개발하고, 생산을 계획하는 경영진의 오판이 가장 큰 원인이다. 구형 모델이 시장에서 팔리지 않고 신차를 개발해 손실을 만회할 수도 없는 상황까지 간 것이 어떻게 노동자의 책임인가. 만약 직원 수를 줄이지 않았고 신차가 출시됐는데도 과거보다 자동차 판매량이 줄었다면 일선 영업점에서 판매를 담당하는 직원의 노력이 부족했을 수도 있다. 그러나 신차를 개발하는 문제는 경영진의 개발 전략상의 문제다. 만약 그것이 노동자들의 책임이라면 앞으로의 모든 경영 전략도 노동자들이 짜야 한다.

유형자산 손상차손을 근거로 정리해고의 필요성을 이야기한 경영진은 경영 실패의 책임을 노동자에게 전가하려는 것에 불과하다. 쌍용차 회계조작 논란은 안타깝게도 노동조합, 야당, 시민단체도 의도하지는 않았지만 '대규모 손실이 발생하면 노동자를 정리해고할 수 있다'는 주장을 오히려 더 뒷받침하는 꼴이 됐다. 그것도 경영진이 책임져야 할 신차 개발에 실패한 몫까지 노동자의 책임으로 돌리는 꼴이 된 것이다. 대규모 손실이 발생하지 않았다고 하더라도 쌍용차는 이미 부실기업으로 전락한 상태였고 정리해고는 진행됐을 것이다. 정확히 번지수를 찾아 부실에 대한 책임을 제대로 묻는 것이 필요했지만 이 역시도 쉽지 않은 싸움이었을 것이다. 쌍용차 사태에서 수많은 해고 노동자들이 스스로 목숨을 끊는 일로 이어진 데에 회계 문제가 얽혀 있다는 것은 참으로 안타까운 일이다.

대통령이 '하사'한 병사 간식

박근혜 대통령이 추석을 맞아 부사관 이하 병사들에게 격려카드와 특별간식을 '하사'했습니다(눈을 의심했지만, 청와대는 보도자료에 실제로 '하사'라는 단어를 썼습니다). 그런데 여기에 들어간 돈은 청와대 예산이 아니라 '군 소음 피해 배상금'으로 책정된 예산 가운데 12억 원을 전용한 것이었지요.

이걸 두고 이런저런 말들이 무성했는데요. 대통령이 청와대 예산을 집행해 '한턱' 쏠 것처럼 이야기했는데, 알고 보니 군 소음 피해자들에게 줘야 할 돈이었기 때문에 국민 정서가 용납하지 못했던 것이죠. 이렇게 미리 배정된 예산을 막 전용해도 되는 걸까요? 혹시 회계상의 문제는 없는지 의심이 들었습니다.

'군 소음 피해 배상금'은 일종의 충당금입니다. 기업에서 충당금은 앞으로 나갈 것이 확실한 비용을 미리 손실로 털어내는 계정이지요. 대출을 해준 돈이 떼일 것에 대비해서 쌓아두는 것이 대손충당금, 손해배상 소송에서 패소해 피해자에게 줘야 할 비용은 손해배상충당금, 건설회사가 예상 손실을 합리적으로 추정해 미리 손실로 털어내는 것이 공사손실충당금이란 계정입니다. 이렇게 미리 손실로 털어내지 않으면 이 돈들이 당기순이익에 반영될 테니 주주 배당금이나 시설 재투자 등

재밌는 회계살롱 • **213**

으로 써버릴 우려가 있어 충당금으로 쌓아 없는 돈인 셈 치는 것이죠.

그런데 이런 각종 충당금은 회계상의 계정일 뿐 실제 현금을 어딘가 금고에 넣어놓고 쓸 수 없도록 묶어둔 돈이 아닙니다. 돈에는 꼬리표가 없으니까요. 이익을 줄여 쓸데없는 데 지출을 하지 않도록 장부에만 기록해둔 것이지요. 당기순이익이든 손실이든 매출 거래가 발생하면 생겨나는 '발생주의' 회계에서 비롯된 것이지 실제 현금이 들어오거나 빠져나간 것은 아닙니다.

실제 현금을 절대로 쓰지 못하게 묶어두는 충당금은 퇴직급여충당금 정도가 될 겁니다. 직원이 갑작스럽게 퇴사를 하면 회사는 퇴직금을 줘야 하는데, 회계장부에만 퇴직급여충당금이라고 기록해놓고 실제로는 내줄 수 있는 현금이 없다면 매우 난감해지겠지요.

이런 원리를 적용하면 군 소음 피해 배상금 1308억 원도 회계장부 상의 충당금으로 미래에 지출될 돈으로 처리된 계정일 뿐입니다. 1308억 원을 금고에 꽁꽁 묶어둔 것은 아니지요. 여기서 12억 원을 빼서 특별간식을 샀다손 치더라도 실제로 피해 배상금으로 써야 할 일이 생기면 이 계정에 잡아놓은 금액은 무조건 피해자들에게 지급돼야 합니다. 슬쩍 빼낸 돈 때문에 지불할 배상금이 모자라는 상황이 생기면, 예산을 더 배정하는 한이 있어도 피해 배상은 차질 없이 이뤄져야 하죠. 회계장부에도 그렇게 쓰도록 설정해놨으니까요.

그럼에도 국민 정서가 용납하지 못하는 것은 어떤 충당금을 전용했든 간에, 그 돈은 국민들의 주머니에서 나온 세금인데 마치 대통령이 국군 장병에게 '하사했다'고 생색을 내고 있기 때문일 겁니다. 군 소음 피해 배상금이 아니라 청와대 예산을 썼다고 할지라도 이 돈 역시 국

214 • 기업의 거짓말

민의 주머니에서 걷은 세금이지요. 그저 군인들 고생한다고, 국민이 더 열심히 국방의 의무를 다해 달라고 주는 간식이라고 표현했다면, 더 나았을 것을 과잉 의전과 이에 익숙해진 권력이 만든 코미디가 아니었나 생각해봅니다.

예금자 돈 빼앗은 저축은행

부실 저축은행 사태 뜯어보기

::

부산저축은행의 거짓말

부산저축은행은 2011년 2월 부실로 영업정지되기 전까지 총자산 9조 원 대의 자산규모 국내 1위 저축은행이었다. 하지만 덩치와는 달리 당시 저축은행 담당 기자로 취재 일선에서 본 여러 저축은행 중 유독 '묘한' 느낌을 받던 곳이기도 했다. 우선 다른 저축은행들은 홍보전담부서 직원이나 경영기획실 내에 홍보담당자가 언론홍보를 담당했지만, 부산저축은행은 강 아무개 상근감사가 홍보를 맡고 있었다. 기업의 상근감사는 주주를 대신해 경영진을 감시하는 역할을 해야 하지만, 경영진의 치적을 외부에 홍보하는 역할을 감사가 하고 있었던 것이다. 이런 모습만 봐도 경영진에 대한 견제 기능이 얼마나 고장 나 있는지를 보여준다. 경영진에 대한 감시는커녕, 강 감사는 부산저축은행이 대규모 부동산 불법 대출 전문회사로 키우기 위해 120여 개 서류상회사(SPC)를 만드는 데 핵심적인 역할을 하는 등 그룹의 부실화를 부추기는 데 일조했다.

　부산저축은행 영업정지는 대검찰청 중앙수사부 수사 결과 예금자와 후순위채권 투자자를 포함해 2만여 명에 달하는 피해자를 낳았다. 예금자 돈을 지켜주는 기관인 예금보험공사는 은행, 저축은행 등 금융회사 예금에 대해 총 5000만 원 한도 안에서만 보호를 해주는데, 부산저축은행에 5000만 원이 넘는 돈을 예금하거나 후순위채권을 산 사람이 2만여 명에 달했던 것이다. 이들은 예금한 돈의 5000만 원 초과분과 채권에 투자한 돈을 몽땅 날리게 됐다. 저축은행 피해자들은 평생토록 모은 돈이나 퇴직금 등을 예금한 고령자들이 많았기에 안타까움을 더했다.

은행이나 저축은행은 망할 곳인지 아닌지를 보는 건전성 지표로 국제결제은행(BIS) 기준 자기자본비율을 쓴다. 전체 자산에서 회사의 자기자금이 얼마나 되는지를 보여주는 지표다. 자기 돈이 모자라 더는 영업을 할 수 없게 된 곳은 금융당국이 판단해 영업정지 조치를 내린다. 보통 국민은행, 신한은행과 같은 시중은행은 BIS비율 8퍼센트, 저축은행은 6퍼센트 미만(자산규모 2조 원 이상인 곳은 7퍼센트 미만)이면 빨리 회사를 건전하게 만들라는 금융당국의 경영개선 조치가 내려진다. 은행은 외환위기 때처럼 대기업이 줄줄이 부도가 나는 대규모 경제위기만 아니면 웬만하면 부도가 날 일이 없지만, 저축은행은 거액 대출금을 떼이면 회사가 휘청거릴 수 있기 때문에 예금을 하기 전에 이 비율이 충분히 높은지 유심히 봐야 한다. 예금을 해도 안전성이 보장되는지를 판단하는 절대적인 기준이 이 BIS비율이다. 부산저축은행은 부실로 무너지기 전인 2010년 말 기준 BIS비율이 5.13퍼센트였다. 6개월 전인 2010년 6월 말에만 해도 8.33퍼센트로 안심할 수 있는 정도였는데 급격히 금융당국의 경영개선 조치를 받을 수준까지 떨어진 것이다. 물론 이 비율은 모두 분식회계를 통해 부풀려진 수치였다. 아무리 꼼꼼히 건전성 수치를 체크했어도 예금자들은 속수무책으로 당할 수밖에 없었던 것이다.

유령회사만 120여 곳…문어발식 '불법 대출'

2011년 11월 발표한 대검 중수부의 부산저축은행 수사 결과는 피해자는 물론 전 국민을 아연실색하게 했다. 불법 대출을 담당한 서류상회사(SPC)만 120여 곳. 대주주와 경영진은 친인척, 지인을 총동원해 바지사장으로 내세우고 유령회사를 설립, 부동산 프로젝트파이낸싱(PF) 사업장 등에 6조 315억 원 규모의 불법 대출(자기대출 4조 5942억 원, 부당대출 1조 2282억 원, 사기적 부정거래 2091억 원)을 했다. 현행법상 저축은행은 대주주나 경영진이 지배하는 서류상회사에는 대출을 할 수 없게끔 돼 있고 같은 대출처에도 일정 규모 이상의 거액 대출을 할 수 없다. 예금자 돈을 대주주 마음대로 사용하거나, 대출처 한 곳에 '몰빵 대출'을 하면 부도가 날 확률이 커지기 때문이다. 하지만 바지사장을 내세워 마치 부산저축은행 대주주나 경영진과는 상관없는 곳에 대출을 한 것처럼 국민을 속였다.

분식회계 규모는 3조 353억 원에 달했다. 저축은행이 회계장부를 속이는 전형적인 방법은 떼일 것이 명백한 대출금을 마치 돌려받을 수 있는 것처럼 처리하거나 불법으로 빌려준 돈을 정상적으로 나간 대출금으로 처리하는 식이다. 대출한 뒤 돌려받아야 할 시점이 반년이 넘으면 회계장부에는 '고정 이하 여신'으로 기록해야 한다. 돈을 떼일 상황이 되돌릴 수 없을 만큼 고정(固定)됐다는 의미다. 이렇게 되면 대출해

부산저축은행 비리 구조도

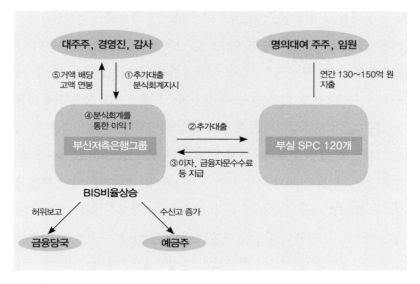

자료: 대검찰청 중앙수사부

준 돈의 절반을 뚝 떼어내 돈을 떼일 것을 대비해 미리 쌓아두는 계정, 즉 '대손충당금'으로 설정해야 한다. 대손충당금으로 설정한 돈은 앞으로 못 받을 가능성이 큰 만큼 당기순이익에서 제외해야 한다.

하지만 부산저축은행은 돈을 갚지 못한 대출자에게 이자만이라도 갚을 수 있도록 돈을 더 빌려줬다. 대출자가 충실히 이자를 갚아나가고 있는 것처럼 보여야 부실 대출이 아니라 정상 대출로 회계장부에 기록할 수 있기 때문이다. 서류상회사를 통해 부동산 개발 현장에 빌려준 4조 6000억 원도 모두 불법 대출이었기 때문에 '고정 이하 여신'으로 분류해야 하지만, 이를 모두 정상 대출로 회계처리 했다.

부동산 개발 사업장으로부터는 대출 이자를 더 챙기기 위해 '금융자문수수료'라는 명목의 수익금 항목을 만들었다. 실제로는 법적으로 정해진 상한선을 넘어서는 고금리였지만, 마치 저축은행이 건설업자에게 전문적인 금융자문을 해주고 수수료를 받은 것처럼 꾸민 것이다. 이 금융자문수수료는 부산저축은행이 서류상회사로부터 얻은 이익금을 빼돌리는 수단으로도 이용됐다. 즉 부산저축은행은 서류상회사에 대출을 해주고, 이 서류상회사는 부동산 개발 사업장에 대출을 해준 뒤 높은 이자를 받아 부산저축은행에 '상납'하는 구조를 만들었다. 물론 이런 구조는 제 발등 찍기에 불과했다. 계속 좋을 줄로만 알았던 부동산 경기는 글로벌 금융위기 이후 급격히 나빠졌고 부동산 개발 현장은 이자는커녕, 공사 자체도 감당할 수 없을 정도가 됐다. 부동산 가치 하락으로 대규모 미분양 사태가 벌어졌고, 건설업자들은 분양금을 받아 대출금을 갚을 수도 없는 지경에 이른 것이다. 실제로 수익이 발생하지 않았더라도 사업 중 예상되는 수익 가치를 평가해 수시로 금융자문수수료를 빼가기도 했다.

서류상회사가 거둔 수익금은 이 회사의 주주들이 배당으로 가져가야 하지만, 왜 순순히 부산저축은행에 '상납'을 했을까. 부산저축은행은 월 100만~200만 원, 많으면 300만 원 가량의 월급을 '바지주주'들에게 지급하는 방식으로 이 서류상회사를 운영했다. 주주 입장에선 명의만 빌려주고 매월 월급을 받으니 '누이 좋고 매부 좋은' 거래였던 것이다. 금감원은 부산저축은행이 '바지주주'들과 이면계약을 맺고 주주들에게 배당금을 주지 않고 수익을 챙길 수도 있었지만, 이면계약 사실이 감독당국에 포착될 위험이 있어 금융자문수수료 형식을 취했을 가능성이 컸다고 보고 있다. 이렇게 부산저축은행이 서류상회사에서 금융

부산저축은행그룹 금융자문수수료 수익 현황 (단위: 억 원)

	부산	부산2	중앙부산	대전	전주
2008. 7~2009. 6월	778	524	220	48	35
2009. 7~2010. 6월	396	473	61	237	34

자료: 대검찰청

자문수수료 명목으로 빼간 돈은 2008년 7월부터 2년 동안에만 2806억 원에 달했다.

이런 수익구조는 지난 2007년 박연호 부산저축은행그룹 회장이 설립한 투자자문회사 FRNIB가 주도하여 만들었다. 또 서류상회사 설립은 전남대 출신 공인회계사인 김성진 산경M&A캐피탈 사장이 주도했다. 실제로 김 사장이나 산경M&A가 관여한 서류상회사는 50여 곳이 넘고 이들이 추천한 서류상회사 임원만도 100여 명에 달한다.

정부의 규제 완화가 만든 괴물…자본주의 '맨얼굴' 담겼다

저축은행은 업종 분류상 서민금융기관에 해당한다. 신용등급이 낮아 제1금융권인 시중은행에선 대출을 받지 못하는 서민에게 조금 높은 금리로 대출을 해주고 시중은행보다 높은 이자를 예금자에게 주는 곳이다. 하지만 부실 저축은행 사태로 무너진 저축은행들은 이런 서민금융의 본분을 상실하고 노골적인 부동산 금융회사 역할을 했다. 현대스위스, 토마토, 솔로몬, W 등 대형 저축은행의 본사들이 대부분 서울 강남 테헤란로에 밀집해 있던 것도 아이러니였다.

저축하라고 있는 은행에 돈을 맡겼다가 맡긴 돈을 찾지 못하게 될 것이라고 누가 상상이나 했을까. 저축은행의 분식회계는 규제받지 않는 자본의 무분별한 이윤 추구에 서민의 피 같은 돈을 공급하는 유인책이었다. 서민들은 자신의 노동력을 팔아 자본에 봉사한 뒤 또 저축은행이란 금융자본에 노동의 대가로 받은 얼마 안 되는 잉여마저 빼앗기는 과정 속으로 녹아든 것이다.

명백한 사기 행위였음에도 피해자들은 피해금 전액을 보상받지 못했다. 범죄를 저지른 부산저축은행 대주주와 경영진이 고서화, 예술품 등으로 숨긴 재산 1조 원은 국고로 환수될 것이기 때문에 세금으로 봐야 하고, 이 돈으로 피해를 보상해 줄 수는 없었던 것이다. 당시 부산을 지역구로 둔 거물급 정치인 허태열, 이진복 한나라당(현 새누리당) 의원은 부실 저축은행 피해자들에 한해 피해금을 세금으로 보상하는 내용의 예금자보호법 개정안을 발의했지만, 이 개정안은 대통령 거부권 행사를 불사한 금융당국과 금융질서 훼손을 우려한 각계 전문가, 언론의 반대로 무산되었다.

피해자들의 안타까운 사연에도 불구하고 세금으로 피해를 보상하는 것은 동의할 수 없다는 의견이 다수였던 것이다. 부산저축은행이 이토록 대규모 사기를 쳤음에도 이를 미리 발견하지 못한 금융감독당국의 책임을 인정한다면, 피해자들에 대한 보상이 어느 정도 이뤄져야 하겠지만, 보상 재원을 마련하는 데는 뾰족한 수가 없었다. 은행이 부실로 쓰러져도 5000만 원 한도 안에서만 보장한다는 것이 예금자 보호의 원칙인데, 이 원칙이 훼손되면, 고금리 금융상품 투자자들의 손실을 국민 세금으로 보전해주게 되는 역설이 생겨나는 점을 우려한 것이다.

즉 저축은행 금리가 다른 시중은행 예금보다 높은 이유는 그만큼 투자 위험이 높기 때문인데, 투자 위험이 높은 만큼 5000만 원 한도 안에서 투자하지 않은 예금자의 자기 책임도 있다고 볼 수 있는 것이다. 만약 이를 세금으로 보전해준다면, 누구나 고금리를 주는 부실 저축은행에 5000만 원이 넘는 거액 예금을 맡기게 되는 도덕적 해이를 부추기게 되고 저축은행은 이 거액 예금을 굴리기 위해 또다시 고위험, 고수익 투자처를 찾아 헤매게 되는 것은 뻔한 일이었다.

저축은행 부실 사태는 자본의 탐욕스러운 이윤 추구 행위도 문제였지만, 우리나라 시장 감시 시스템도 총체적인 허점을 드러냈다. 강 아무개 감사처럼 저축은행 감사는 대주주와 경영진을 견제하는 역할을 전혀 하지 못했다. 대부분의 저축은행에선 금감원 출신자들을 대거 감사로 영입해 감독당국의 검사 기능이 제대로 작동하지 못했다. 금감원 출신 선배들을 방패막이로 삼았던 것이다.

외부감사인인 회계법인들도 수조 원대 분식회계를 저지르는 상황에서도 이를 감사를 통해 밝혀내지 못했다. 당시 비슷한 부실로 무너진 제일저축은행을 감사한 신한회계법인은 저축은행이 조직적이고 은밀하게 분식회계를 했고, 이는 금감원조차 발견하지 못했다고 반박했지만, 법원은 회계법인의 연대 책임을 인정했다. 서울고등법원은 2013년 10월 제일저축은행 주주 정 모 씨(59) 등 2명이 유동천 전 제일저축은행 회장(73)과 신한회계법인 등을 상대로 낸 손해배상 소송의 항소심에서 원심처럼 원고 일부 승소로 판결했다.

무엇보다 저축은행의 부실을 키웠던 것은 2008년 금융위기 이전에 있었던 각종 규제 완화 정책들이었다. '상호신용금고'였던 명칭을 '저축은행'으로 고쳐주면서 서민들은 제2금융권인 저축은행을 건전성이 튼튼한 시중은행으로 착각하게 됐다. 부실 저축은행을 인수해준 저축은행이나 건전성 지표가 좋은 저축은행에는 대출 규제를 완화해줌으로써 이 대출금이 위험성이 높은 부동산 개발 사업에 투자되도록 부추겼다. 서민금융의 본분을 상실하도록 한 것도 결국 정부였던 것이다.

2011년부터 시작된 부실 저축은행 사태는 글로벌 금융위기 이후 자본주의의 맨얼굴을 보여준 사례로 깊이 있는 연구가 필요하다. 부동산 가치 하락은 건설사들의 연쇄적인 도산으로 이어졌고 대출금을 떼인 저축은행은 부실을 감당하지 못하고 쓰러졌다. 금융은 실물 경제의 부실을 키웠고 실물 경제의 나사가 풀리자 금융 부문까지 무너진 대표적인 사례다. 그럼에도 관련 연구가 제대로 되지 않고 있는 것은 학계에서도 서민금융 부문이 은행이나 증권 부문의 서자 취급을 받고 있기 때문일 것이다. 자본주의시스템 속 대학의 연구자들도 돈도 되고 자리도 많은 은행이나 증권업에 대해서만 연구하지 서민금융에 대해서는 별다른 관심이 없는 듯하다. 이윤 추구에 충실했던 저축은행이 왜 불법 대출로 괴물이 될 수밖에 없었는지, 괴물로 커가는 것을 보면서도 내부 감사와 외부 감사인, 금감원은 왜 이를 막지 못했는지, 정부는 규제를 강화하기는커녕 도리어 규제를 완화하는 정책을 할 수밖에 없었던 이유는 무엇인지는 책임자 처벌과 함께 학계의 관심과 연구가 필요한 부문이다. 과거에서 배우지 못하면 위기는 또다시 반복될 수밖에 없다.

국민 혈세 앗아간 1등 철강회사
7년간 부풀린 연구개발비

::

포스코의 거짓말

이미 다 지난 일일까, 아직 진행형일까. 2005년 마무리된 줄 알았던 포스코의 분식회계 망령이 관 뚜껑을 열고 나와 2015년의 경영자들을 괴롭히고 있다. 부정부패와의 전쟁을 벌이겠다며 큰소리 뻥뻥 치던 이완구 전 총리는 최단기 총리란 불명예를 안고 스스로 물러났지만, 그가 헤집어놓은 이명박 전 정권과의 전쟁터는 도저히 수습이 되지 않고 있다.

이 전 총리가 짧은 임기를 거치는 동안 일궈놓은 유일한 업적이 있다면, 초우량 기업인 줄로만 알았던 곳들도 회계장부를 속이고 부정부패를 일삼는다는 사실을 다시금 상기시켜준 일일 것이다. 일자리를 창출하고 노동자들의 고용 안정성을 보장하는 데는 소극적인 기업들이 언제나 관료들에게 앓는 소리를 하는 레퍼토리가 바로 법인세 감면과 규제 완화다. 평소에 세금을 잘 내던 기업이 이런 소리를 하면 설득력이라도 있겠지만, 온갖 분식회계 수단으로 탈세를 하던 기업이 세금 부담을 줄여달라는 이야기를 할 자격이 있을까 싶다. 우리나라 제철 산업의 역사를 일구어낸 기업, 포스코도 고작 세금 몇백억 원 덜 내보겠다고 회계장부를 속였다가 2005년 국세청의 정기 세무조사에서 적발됐다.

분식회계 수단으로 종종 이용되는 연구개발비

포스코가 법인세를 탈루했던 방법은 기업이 지출한 연구개발비를 실제보다 많은 것처럼 부풀리는 식이었다. 우리 정부는 기업이 연구개발(R&D · Research and Development)에 투자하면 법인세를 감면해준다. 연구개발비는 당장 기업의 이익에는 도움이 되진 않지만, 앞으로 산업의 백년대계를 생각한다면 반드시 투자해야 할 돈이다. 월급쟁이 전문경영인들은 대부분 3년이란 임기 동안 어떻게든 단기적인 성과를 내야 하기 때문에 연구개발 투자에 나서기를 꺼려할 수밖에 없다. 기업의 미래를 위해 꼭 필요한 일이더라도 당장의 수익성에 악영향을 미치고, 나아가 자신의 자리까지 위태롭게 만들 수 있는 결정을 하기란 말처럼 쉬운 일은 아니기 때문이다.

　이런 사정을 반영했기 때문인지, 회계적으로도 연구개발비는 단순히 비용으로만 처리하지 않는다. 국제회계기준에서는 일정한 요건에 맞는 개발비는 무형자산[40]으로 처리해 투자한 돈을 한꺼번에 비용으로 잡지

40　무형자산(無形資産): 눈으로 볼 수 있거나 손으로 만질 수 있는 물리적 실체는 없지만, 앞으로 돈을 벌어다 줄 수 있는 자산을 말한다. 영업권, 특허권 등이 있다.

않고 몇 년 동안 나눠 비용으로 처리할 수 있도록 했다. 연구개발에 투자한 돈은 미래에 회사에 이익을 줄 수 있는 자산임에도 한꺼번에 비용을 떠안은 것처럼 기록하면 회계정보가 왜곡될 수 있기 때문이다. 공부하려고 참고서적과 문제집을 산 것은 칭찬을 해줄 일인데, 회계정보를 이용하는 외부 사람에게는 마치 회사가 쓸데없이 오락실에서 돈을 펑펑 쓴 것이나 다름없는 것처럼 보일 수 있는 왜곡 현상을 방지하기 위해서다.

그렇다고 모든 연구개발비를 무형자산으로 인정해주는 것은 아니다. 연구개발비 중에서 연구 단계에서 지출된 연구비는 비용으로 처리하고, 개발비는 일부만 무형자산으로 처리한다. 연구비는 한마디로 연구원들이 새로운 기술을 구상 중에 있어 눈에 보이거나 손으로 만질 수 있는 성과물이 없는 단계에서 지출된 비용이라고 볼 수 있다. 구상 단계에서 시제품을 만들거나 설계하는 활동, 소규모 시험용 공장을 설계하고 만드는 활동으로 넘어오면 개발 단계로 볼 수 있다. 개발 단계에서 지출되는 개발비 중 실험실 유지비 등 일상적으로 지출되는 경상 개발비는 비용으로 처리하고 일정한 요건을 갖춘 개발비만 무형자산으로 인정한다. 가령 특정한 제품과 연관지어 식별할 수 있고 미래 효익 창출을 입증하는 등 무형자산의 인식 요건을 충족하면 자산으로 인식할 수 있다.

물론 어디까지를 연구 단계로 볼 것인지, 경상 개발비와 무형자산으로 인정되는 개발비는 어떤 기준으로 나눌 것인지는 명확하지 않다. 이럴 때는 공인회계사의 조언을 받아 처리하는 것이 상책이겠지만, 기준이 애매한 탓에 일선 코스닥 상장사뿐만 아니라 포스코와 같은 대기업

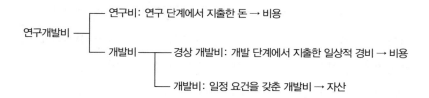

연구개발비 ─┬─ 연구비: 연구 단계에서 지출한 돈 → 비용

└─ 개발비 ─┬─ 경상 개발비: 개발 단계에서 지출한 일상적 경비 → 비용

└─ 개발비: 일정 요건을 갖춘 개발비 → 자산

도 분식회계의 수단으로 이용하기도 한다.

포스코, 7년 동안 연구개발비 부풀려

고의적인 탈세 목적인지는 알 수 없지만, 포스코는 지난 1998년부터 2005년까지 파이넥스 공정[41] 관련 연구개발비를 처리하는 데 있어서 일부 회계규정 위반 혐의가 있었다. 당시 국세청은 연구개발비를 부풀려 부당하게 세금 감면을 받은 혐의로 1700억 원 규모의 추징금을 부과했다. 포스코가 1998년부터 7년 동안 파이넥스 공정에 투자한 1조 6000여억 원을 몽땅 연구개발비로 처리하면서 부당하게 세액 감면 혜택을 받아왔다는 것이다.

포스코는 국세청의 조치가 과도하다며 과세불복 청구를 했고 국세청은 포스코 측 주장도 일부 일리가 있다고 보고 추징금 일부를 돌려줬다. 국세청은 왜 회계규정을 위반한 포스코에 추징금 일부를 돌려줬

---

41   파이넥스 공정: 파이넥스 공정이란 가루 형태의 철광석, 유연탄을 고체로 만들어주는 소결, 코크스 공정을 생략해 원가를 15퍼센트가량 줄일 수 있는 공법이다. 포스코는 연구개발을 거쳐 2007년 4월부터 가동하기 시작했다.

을까. 연구개발비 회계처리에 대한 복잡한 과정이 여기에 숨어 있다.

만약 500억 원어치의 석탄이 있다고 가정하자. 이 석탄을 시장에 내다 팔 수 있는 철강 제품을 만드는 데 썼고 제품이 팔려 회사의 매출액이 늘어났다면, 석탄을 사는 데 들어간 비용 500억 원은 매출원가가 된다. 철강제품이 팔리지 않은 채 창고에 쌓여 있다면, 이 비용은 재고자산의 일부로 잡히게 된다. 연구개발을 하는 과정에서 만들어지는 시제품은 시장에 내다 팔 수 없다. 시험 삼아 한번 만들어본 것이기 때문에 이런 시제품을 만드는 데 쓰인 석탄 비용은 연구개발비로 잡는다.

즉 포스코는 1조 6000여억 원 전체를 연구개발비로 잘못 처리한 것이 아니라 이중 일부만 잘못 처리했다고 시인했다. 연구개발 목적의 시제품이 아닌 판매용 상품을 만드는 데 쓰인 비용을 매출원가나 재고자산 항목으로 처리하지 않고 연구개발비로 잘못 처리한 부분이 1조 6000억 원 전부가 아니라 일부에 불과하다는 주장이다. 포스코는 이렇게 잘못 처리한 부분에 대해서만 추징금을 내면 된다고 봤고 국세청도 이런 포스코의 해명이 일리가 있다고 인정했다. 얼마나 잘못 처리했는지는 포스코나 국세청 모두 비밀에 부치면서 알려지진 않았지만, 어쨌든 포스코의 연구개발비 관련 분식회계 사건은 이렇게 일단락됐다.

국세청에 혼줄 나고도 똑같은 방식으로 탈세했을까

관 뚜껑에 못질을 하고 땅속에 묻은 사건이라 생각한 일이 다시 언론에 오르내리기 시작한 것은 포스코 내부 직원들의 제보 때문이다. 이 직원들은 이제껏 포스코가 분식회계로 탈세를 해온 수법을 2007년에도 이어왔고, 그 결과 원료비로 구분해야 할 돈을 연구개발비로 처리한 돈이 500억 규모라고 주장했다. 포스코 측은 국세청에 추징금을 내는 수모를 겪고도 같은 실수를 반복했을 리 없다며 혐의를 전면 부인했지만, 전 정권의 비리 혐의를 캐내야 하는 검찰 입장에선 이런 제보가 수사의 명분을 제공해줄 수 있기 때문에 속으로는 웃고 있을 것이다. 포스코는 국민연금공단이 8.26퍼센트의 지분(2015년 3월 말 기준)을 보유해 최대주주로 있는 회사로 사실상 경영진들이 정권의 영향력에 휘둘릴 수밖에 없는 구조다. 검찰이 포스코에 칼을 겨누는 것도 당시 경영진의 비리를 수사하다 보면 이명박 정권과 얽힌 비리까지 연결될 수 있을 것으로 보기 때문이다. 이명박 정부 중반기였던 2009년 초 포스코의 경영진은 '이구택 회장-윤석만 사장' 라인에서 '정준양 회장-이동희·최종태 사장' 라인으로 바뀐다. 이때 이명박 정권 실세였던 박영준 전 지식경제부 차관이 포스코 인사에 개입했다는 설이 있었다(결국 검찰은 2015년 11월 정준양 전 회장을 뇌물공여, 배임 혐의로 기소했고 포스코 전현직 임원 17명을 기소했다).

어쨌든 포스코의 분식회계, 비리 행위의 책임이 어떤 정권에 있느냐가 중요한 게 아니다. 국가의 기간 산업을 영위해온 기업이 분식회계를 통해 국민의 혈세를 부당하게 지원받아 왔다는 점. 그런 행위가 7년 동안이나 국세청의 제지 없이 이어져왔다는 점이 중요하다. 국민이 감시의 눈을 떠야 할 지점이 바로 이런 부분이다. 분식회계로 회계장부를 속이고 대기업이 국민의 호주머니에 있는 피 같은 돈을 빼앗아가는 것은 어제 오늘의 일이 아니라 지금 현재도 벌어지고 있는 일이다.

중세 영주들이 농노들의 노동 생산물을 빼앗아가고, 조선시대 양반

이 농민들을 수탈해가는 것은 너무나도 눈에 잘 띄는 일이었지만, 현대 사회에서 자본권력이 세제 특혜를 누리고 서민들이 나라 곳간을 메우는 것은 눈에 잘 보이지도 않는다. 마치 포스코가 속인 연구개발비처럼 말이다.

건설·조선사의 거짓말

건설사 분식회계 관행의 대전환
수주기업 회계, 새 질서 생기다

::

대우건설의 거짓말

2013년 겨울, 두 문장짜리 짧은 보도자료가 금융감독원 기자실에 뿌려졌다.

> 대우건설의 회계처리기준 위반 혐의에 대한 제보가 접수돼 감리에 착수했음. 공사 관련 회계를 적정하게 했는지를 감리할 예정.

보통 금융당국은 특정 기업의 분식회계 조사 여부를 공개적으로 밝히지 않는다. 금감원이 조사에 착수한다는 사실이 시장에 알려지는 것만으로도 해당 회사 주식가격에 미치는 여파가 상당하기 때문이다. 금감원 발표로 주가가 내려 손실을 봤다는 투자자들이 소송을 제기할 가능성도 있다. 하지만 금감원은 이례적으로 대우건설의 분식회계 조사 사실을 언론에 공개했다. 평소와 다른 모습이었기에 뒷말이 무성했다. 금융당국이 대우건설의 대주주 산업은행을 길들이려는 것 아니냐는 의혹까지 나왔다. 대우건설의 약점을 잡은 뒤 대주주의 관리감독 책임을 물으려 한 것 아니냐는 의심을 일각에서 제기한 것이다.

무성한 뒷말을 뒤로 하고 1년 9개월이 흘렀다. 금융당국은 2015년 9월 23일 결국 대우건설이 3900억 원 규모의 당기순이익을 부풀린 분식회계를 저질렀다는 결론을 내리고 중징계를 의결했다. 대우건설은 20억 원, 회계감사를 맡은 삼일회계법인은 10억 6000만 원의 과징금을 내게 됐다. 3900억 원 분식회계에 고작 20억 원의 과징금이라? 과징금 수준이 터무니없이 낮다는 논란도 있지만, 어쨌든 대우건설은 현행 법상 분식회계가 드러난 기업이 내는 최고 수준의 과징금을 내게 됐다. 박영식 당시 대우건설 대표도 1200만 원의 과징금을 선고받았다. 대우건설 논란 이후 금융위원회는 분식회계 기업의 과징금 기준을 대폭 상향 조정했다.

예상 손실 반영 안 한 대우건설…당국, '공사손실충당부채'에 주목

대우건설이 어떻게 당기순이익을 조작했는지 살펴보기 전에 알아야 할 개념은 '공사손실충당부채(工事損失充當負債)'란 계정이다. 이 계정은 건설사가 주기적으로 역마진이 날 금액을 평가해 그때그때 손실로 처리하는 항목이다. 또 공사발주처가 갑자기 부도가 나는 등 앞으로 거액의 손실이 예상되는 사건이 있을 때도 공사손실충당부채를 반영해 손실로 처리한다. 간단히 말해, 계산할 수 있는 미래의 예상 손실을 미리 반영하는 계정이 공사손실충당부채다.

이렇게 예상 손실을 재무제표에 미리 반영해야 하는 것은 건설사나 조선사처럼 일감을 구해 돈을 버는 이른바 '수주기업'의 특징이다. 일반 제조업체는 그저 상품을 시장에 내다 판 만큼만 매출액을 인식하면 되지만, 수주기업은 손실과 이익을 계산하는 독특한 회계처리 방법이 있다.

건설사는 제조업체와 달리 만들어진 상품이 팔렸을 때 매출을 인식하는 것이 아니라 공사진행률을 계산해 매출을 인식한다. 건물 하나가 만들어지는 데 워낙 오랜 시간이 걸리기 때문이다. 제조업체처럼 상품 가격에 판매수량을 곱해 매출액을 인식하면 공사가 진행되고 있는 기간 동안에는 매출액이 '0원'일 수밖에 없다. 짓다만 건물을 내다 팔 수는 없지 않는가. 매출이 나오지 않는 회사에 사업자금을 빌려줄 금융기관도 없을 테니 제조업체처럼 공사가 다 끝나고 건물을 팔았을 때 매출액을 인식하라고 하면 아무도 건설업을 하려는 사람이 없을 것이다.

이 때문에 매출액 100억 원짜리 공사를 수주하면 공사를 얼마나 진행했는지를 계산해 수주받은 금액을 잘게 나눠 매출액을 잡는다. 공사가 20퍼센트 진행됐다면 매출액은 20억 원이 되는 식이다. 공사진행률은 실제 투입원가를 총공사예정원가로 나눈 비율이다. 100억 원이 투입될 것으로 예상되는 공사에 50억 원이 투입됐다면 공사진행률은 50퍼센트라고 보는 것이다(물론 공사의 결과를 기준으로 공사진행률을 계산하는 다른 방식도 있다. 가령 20킬로미터짜리 도로공사를 수주한 뒤 10킬로미터만큼 공사를 진행했다면 진행률을 50퍼센트로 보는 식도 있지만, 대부분의 수주기업은 원가 투입액으로 계산한 공사진행률을 사용한다).

매출액만 이렇게 공사가 끝나기 전에 미리 인식해야 하는 건 아니다. 예상되는 손실액도 공사가 진행되는 기간에 '합리적으로 추정'할 수 있다면 즉각 반영해야 한다. 가령 매출액 100억 원짜리 공사를 수주했는데 공사가 70퍼센트만큼 진행돼 70억 원을 매출액으로 미리 인식했다고 가정하자. 남은 공사를 마저 끝내더라도 앞으로 더 들어올 수 있는 매출액은 30억 원밖에 없다. 하지만 앞으로 공사에 더 투입해야 할 원가는 70억 원에 달할 것으로 예상되면, 70억 원을 들여 고작 30억 원의 수익이 들어오게 되니까 40억 원만큼의 역마진이 날 것으로 예상할수 있다. 이렇게 손실이 예상된 금액은 공사손실충당부채 계정으로 쌓아 재무제표 상에서도 손실로 잡는다.

금감원은 대우건설이 이렇게 미리 공사손실충당부채로 쌓아야 함에도 쌓지 않은 돈이 3900억 원에 달한다고 봤다.

회사 유리한 대로 분양수익 '고무줄 계산'

건설사의 분식회계는 주로 분양가를 시세보다 높게 평가해 이익을 부풀리거나 할인분양으로 손실이 날 것이 예상됨에도 이를 반영하지 않는 식으로 이뤄졌다. 건설사에 일감을 주는 시행사는 공사부지를 사는데 쓸 돈을 은행에서 빌리는데, 대우건설은 시행사가 이 돈을 갚지 못하면 대신 갚아주겠다는 약속을 했다. 건설사가 시행사에 보증을 서준 것이다. 만약 분양이 제대로 안 돼 시행사가 공사대금을 주지 못하면 대우건설은 손해를 보게 되는 것이고, 시행사가 은행 빚을 갚지 못하면 대우건설이 이를 대신 갚아줘야 하니 손실은 더 커지게 된다.

사업장별로 보면 시행사는 상가를 분양하면서 미리 공고한 분양금액보다 더 많은 분양수입이 들어올 것처럼 과대평가해 이익을 부풀렸다.

가령 상가를 20억 원에 분양한다고 공고해놓고 수익으로 들어올 돈은 30억 원이라고 적은 것이다. 실제로 시행사는 건설사에 공사대금을 줄 수 있을 만큼의 자금사정도 안 됐지만 분양수익을 과도하게 부풀렸고, 대우건설도 충분히 시행사로부터 공사대금을 받을 수 있을 거라고 평가해 예상되는 손실을 반영하지 않았다.

또 분양실적이 전혀 없었던 변두리 상가의 분양수입을 마치 번화가에 위치한 상가의 시세대로 해놓거나, 할인분양으로 예상보다 분양수입이 덜 들어올 것이 뻔한 곳도 시행사가 건설사에 공사대금을 줄 수 있는 능력, 즉 공사채무를 상환할 수 있는 능력이 양호한 것처럼 평가했다. 오피스텔 분양수입을 계산할 때도 인근 시세보다 분양가를 과대평가하기도 했다.

건설사는 발주처로부터 수주한 공사가 아닌 회사의 자체 사업을 직접 진행하면 공사가 진행되는 정도에 따라 미리 매출 실적을 인식할 수 없고 공사가 다 끝나 건물이 팔린 뒤에야 매출액을 인식할 수 있다. 이는 화가를 떠올려보면 이해하기 쉽다. 서울시청 벽면에 벽화를 그리는 일감을 수주한 화가가 있다고 가정하자. 벽화를 그리는 데는 대략 3개월 정도가 걸릴 것으로 보고 수주계약을 맺었다. 이 화가는 벽화를 완성하지 않았더라도 벽화가 진척되는 정도에 따라 매달 급료를 받아야 일상생활을 할 수 있을 것이다. 그러나 화가가 누군가에게 일감을 받아 그림을 그리는 것이 아니라 자기 작품을 그린다고 가정하면, 이 그림은 절반 정도 완성했다고 해도 본인 스스로 그린 작품이기 때문에 작업에 대한 대가를 줄 사람이 없다. 그림을 완성한 뒤 팔려야만 돈이 들어오는 것이다. 즉 화가가 스스로 그림을 그리게 되면 그림을 그려 시장에 파는 데 따르는 모든 손실과 이익은 화가 본인의 몫이 된다.

대우건설은 화가처럼 스스로 건물을 짓는 사업을 해놓고 마치 발주처로부터 수주한 공사인 것처럼 가장해 공사진행률을 계산하는 방식으로 매출 실적을 앞당겨 인식하기도 했다. 구체적인 사례를 보면, 대우건설은 건물을 지을 땅을 제공한 사람에게 분양수입이 들어오면 이 중 얼마를 '확정제공금'으로 주겠다고 약속을 한다. 이후 실제 분양이 이뤄졌을 때 확정제공금보다 분양수익이 더 많이 들어오면 대우건설이 갖고, 분양수익이 더 적으면 그에 따른 손실도 대우건설이 부담하니 이는 건설사 자체 사업을 한 것으로 볼 수 있지만, 마치 땅주인으로부터 공사를 수주한 '도급공사'인 것처럼 회계처리해 공사이익을 미리 인식하기도 했다. 이것도 화가의 사례를 들어 이해해보도록 하자. 도화지도 물감도 아무것도 가진 것 없는 화가가 도화지와 물감을 제공한 사람에게 나중에 그림을 다 그리게 되면 그 그림을 팔아 100만 원을 주기로 계약을 맺었다고 가정하자. 실제로 그림이 120만 원에 팔리면 계약자에게 준 100만 원을 뺀 차액인 20만 원은 화가가 가질 수 있다. 하지만 80만 원에 팔린다면, 화가는 20만 원을 어디서든 구해서 계약자에게 100만 원을 맞춰줘야 하니 20만 원의 손실을 보게 된다. 이런 계약에서 화가는 계약자에게 일감을 받아 그림을 그린 게 아니라, 도화지와 물감만 빚을 내서 구해온 것이다. 이익이 나도 화가의 것이고 손실을 봐도 화가가 부담하게 되니 100만 원어치 도화지와 물감을 빌려 화가 스스로 그림을 그렸다고 봐야 한다.

'분식회계 관행을 인정해 달라?' … 건설사 논리 반박하기

대우건설을 징계하는 것이 쉽지만은 않았다. 건설업계는 금융당국이 지적한 사안들이 건설업계의 오랜 관행이라고 목소리를 높였다. 대우건설이 징계를 받으면 모든 건설사를 징계해야 할 것이라고 주장했다. 그렇지 않아도 건설업계는 우리나라의 산업연관 효과가 큰 업종이다 보니 목소리가 여간 큰 곳이 아니다. 글로벌 금융위기 이후 악화일로를 걷고 있는 건설업계에 정부가 찬물을 끼얹고 있다며 노골적으로 불편한 속내를 감추지 않았다.

유가, 환율, 인건비 등 투입원가가 얼마나 들어갈지 예측하기 어렵기 때문에 예상손실은 신뢰성 있게 추정하기 어렵다.

대우건설 징계 논란이 일자 건설업계는 이렇게 주장했다. 예상원가를 계산하기 어렵기 때문에 예상손실도 합리적으로 추정하기 어렵다는 것이다. 이것이 건설업계의 '특수한 사정'이라고 주장했다.

그러나 국제회계기준이 도입되기 전부터 일반기업회계기준에선 "공사손실 발생이 예상되는 경우에는 예상손실을 즉시 공사손실충당부채로 인식하고 중요 세부 내용을 주석으로 기재한다(16.53)"고 돼 있다. 이것은 공사진행률로 수익을 인식하는 건설사 회계의 특수성을 무시한 것이 아니다. 오히려 건물 짓는 데 오랜 시간이 걸리는 건설사의 특성에 맞춰 손실과 이익을 최대한 현실에 가깝게 반영하라는 취지다. 손실을 예상하는 일이 쉽진 않겠지만, 외부에 공개하는 재무제표의 신뢰성을 높이기 위해 최대한 정확히 예상하려는 노력이라도 해보란 주문이기도 하다.

예상 투입원가가 얼마나 들어갈지 예측하기 어려워 손실을 추정하기 어렵다는 논리라면 건설사가 이익을 추정하는 것도 어렵기는 마찬가지여야 한다. 왜냐하면 공사진행률이란 실제 투입원가를 총공사예정원가로 나눈 값인데, 분모인 예정원가를 예측하기 어렵다면 공사진행률 자체를 계산하기 어렵다는 것이고, 이렇게 되면 건설사들은 공사진행률이 계산될 수도 없으니 수익도 인식하지 말아야 한다. 그러나 수익은 발주처가 인정하는 것보다 공사진행률을 높여 미리 인식하면서 손실은 그때그때 인식하기 어렵다는 것은 모순이다. 회사의 유불리에 따라 손익이 달라지는 재무제표를 어떻게 믿을 수 있겠는가.

대우건설의 한 임원은 "아파트는 미분양 상태에 있다가도 갑자기 경기가 좋아져 2~3개월 만에 미분양이 모두 해소되기도 한다. 손실 사업장이 이익 사업장으로 바뀌는 일은 부지기수"라고 이야기했다. 당장은 손실이 날 것처럼 보여도 앞으로 이익이 날 수도 있는데 손실을 미리 반영해야 하느냐는 질문에 대한 대답이다.

기업회계기준을 다시 언급해보자. "공사수익은 경제적 효익이 기업에 유입될 가능성이 매우 높은 경우에만 신뢰성 있게 측정할 수 있다(16.45)"고 돼 있다. 기업이 돈을 벌 가능성이 높은 사업일 때만 수익을 측정할 수 있지, 미분양인 상황에서는 수익을 측정할 수 없다는 얘기다. 회계기준이 이렇게 돼 있는데도, 미분양 사업장에서 앞으로 미분양이 해소될 것이란 근거 없는 추측만 믿고 수익을 인식했다면, 그것이야말로 분식회계를 한 것이다. 즉 대우건설 임원의 말은 회사가 분식회계를 했다고 스스로 선언하는 발언이다. 손실 사업장일 때는 예상손실로 잡았다가 나중에 상황이 호전돼 이익 사업장으로 바뀌면 그때 다시 쌓아둔 충당금을 환입해 이익으로 반영하면 되는 것이지, 처음부터 손실을 감춰서는 안 되는 것이 지금의 회계기준이다.

잘못은 곰이 하고 매는 주인이 맞은 허술한 시스템

대우건설이 총 3900억 원 규모의 손실을 반영하지 않아 이익을 부풀린 시점은 2012년부터 2013년 말까지다. 그런데 과징금은 누가 냈을까? 임원 중에선 2013년 7월부터 재직한 현직 대표이사뿐이다. 전직 대표는 물론 분식회계가 이뤄진 기간에 일을 했던 재무담당 임원은 전혀 처벌을 받지 않았다.

회사에 대한 과징금 20억 원도 공정하지 못하긴 마찬가지다. 분식회계는 경영진의 직무 유기나 고의로 이뤄지는 범죄이기 때문에 경영진에게 책임을 묻는 것이 순리일 텐데 회사가 이들이 내야 할 과징금을 대신 내주고 있는 꼴이다. 회사가 내준 과징금 20억 원은 회사의 주인인 주주의 재산이라고 볼 수 있는데 대우건설 주식을 가진 주주들은 분식회계 소식에 주가가 내려 손해를 보고 과징금까지 주주의 재산으로 내게 되는 어이없는 꼴을 당하고 있는 것이다.

잘못은 곰이 하고 매는 주인이 맞는 꼴이다. 이 때문에 금융위원회는 2015년 10월 '수주산업 회계투명성 제고방안'을 만들어 발표하기에 이른다. 수주기업의 감시를 대폭 강화하고 처벌 수위도 높이는 내용이 담겨 있다.

아직 완벽하진 않지만, 금융당국이 대우건설의 분식회계에 대해 중징계 조치를 내린 것은 우리나라 수주산업의 회계 관행을 바꾸는 커다란 전환점이 된 사건으로 기록될 만하다. 대우건설과 비슷하게 회계처리를 하고 있었다면, 지금부터는 봐주고 넘어갈 일이 아니라 바로잡지 않으면 징계를 받을 일로 바뀐 셈이다.

건설사들은 그렇지 않아도 금융위기 이후 살얼음판을 걷는 상황에서 금융당국이 업계를 더욱 힘들게 한다고 주장한다. 그러나 엄격하게 손실과 이익을 추정하는 것은 건설사 수익에도 도움이 되는 일이다. 손실이 예상되는 프로젝트에 낮은 입찰가격을 부르며 뛰어들지 않도록 하는 신중한 경영판단을 도와주게 된다.

건설업계는 무엇보다 힘들다는 핑계로 미루지 말고 회계 인프라 투자에 적극적으로 나서야 한다. 회사 내부에서도 재무팀과 공사현장 간의 소통을 강화하기 위해 더 많은 회계 전문가들을 고용해 현장을 돌아보게 해야 한다. 가령 공사현장의 상황이 변해 예상원가가 수시로 바뀌는 일이 발생했음에도 현장과 재무팀 간 소통이 이뤄지지 않으면 제때에 손실을 반영할 기회를 놓치게 된다. 공사현장 내 전문가들도 회계지식을 공부해야 하고 회계담당자들도 공사현장에서 벌어지는 일을 공부해야 더 정확도 높은 재무제표를 만들 수 있다.

국제회계기준에 대한 이해도 바로잡을 필요가 있다. 국제회계기준은 많은 부분에서 회사의 재량권을 널리 인정해주고는 있지만 제때에 반영해야 할 손실을 반영하지 않는 것까지 무작정 허용해주는 것은 아니다. 오히려 이미 발생한 재무정보를 집계하는 데 그쳤던 과거의 회계기준보다 과거, 현재, 미래의 예상손실까지 폭넓게 재무제표에 담아야 한다는 것이 국제회계기준의 새로운 원칙이다. 그래서 더 구체적인 재무제표 주석공시가 필요하다.

건설사와 조선사, 그리고 이런 수주기업의 감사인은 자기 자신의 입장에서만 재무제표를 작성하려 하지 말고 재무제표를 이용하는 사람의 입장에서 한번 고민해보길 바란다. 여러 공사사업장의 손익을 한데 뭉쳐 재무제표 주석에 공개한 정보가 과연 쓸모가 있을까? 재무제표 이용자 입장에서 필요한 것은 개별 사업장의 공사가 얼마나 진행됐는지, 그에 따른 손익은 얼마나 되는지와 같은 구체적인 정보다. 가령 김포에서 짓고 있다는 아파트가 얼마나 완공됐는지, 손실은 얼마나 났는지를 세부적으로 밝혀야 하는 것이다. 영업비밀이 노출될 우려가 있다며 공개를 꺼리지만, 공개할 수 있는 수준까지는 적극적으로 공개하는 방법을 찾아볼 노력이라도 해야 한다.

공사진행기준으로 손익을 인식하는 수주산업의 특성을 이해해달라는 말만 되풀이하지 말고 공사진행기준으로 손익을 인식했을 때와 제조업체와 같은 손익 인식방식, 즉 완성기준으로 손익을 인식했을 때의 재무제표를 모두 보여주고 재무제표 이용자가 참고할 수 있게 하는 것도 하나의 방법이다.

많은 산업 분야에서 회계 투명성 수준이 높아졌지만, 여전히 '분식회계의 온상', '불투명한 회계의 대표 업종'으로 남아 있는 곳이 건설, 조선업종과 같은 수주 산업이다. 상품이 만들어지는 데 걸리는 시간이 길다는 산업적 특성 탓에 정확히 이익과 손실을 예측하기 어렵다는 점은 인정한다. 그러나 이를 핑계로 암암리 분식회계를 해온 것을 관행이라 정당화해선 곤란하다. 건설, 조선사에서 책임 있는 위치에 있는 사람들이 그동안의 불투명한 회계 관행을 뼈저리게 반성하지 않는다면 외부로부터 투자를 받을 수 있는 기회도, 투자를 발판 삼아 글로벌 금융위기 이후 다시 일어설 수 있는 기회도 영원히 놓치게 될 것이다.

한 분기에 손실만 3조라고?

분식회계 vs 빅배스 공방전

::

대우조선해양의 분식회계 의혹

대우조선해양은 우리나라 간판 조선사다. 1973년 대한조선공사 옥포 조선소로 출범했다가 회사가 부실해지자 1993년 대우중공업에 합병됐다. 1997년 외환위기 이후 대우그룹이 부실로 공중분해 되면서 대우중공업에서 다시 갈라져나왔고, 대주주가 된 산업은행이 수차례 매각 절차를 진행했지만, 여의치 않아 지금처럼 '주인 없는 회사', 정확히 말해 '정부가 주인인 회사'가 됐다.

그런 대우조선이 2015년 다시 위기를 맞았다. 2015년 2분기에만 3조 원대의 영업손실을 떠안게 됐다고 밝히면서 분식회계 의혹이 제기된 것이다. 대주주 산업은행은 그동안 뭘 했느냐는 책임론도 거론되고 있다. 2014년까지 당기순이익 흑자 행진을 이어왔던 회사가 갑자기 3조 원대 손실이라니, 선뜻 이해하기 힘든 상황이니 분식회계 의혹이 나오는 것은 자연스러운 논리적 귀결일 것이다.

대우조선이 갑작스럽게 왜 3조 원대 손실을 떠안게 됐는지를 알려면 우선 건설사나 조선사처럼 일감을 수주해서 매출액을 인식하는 이른바 수주기업의 회계 특수성부터 이해할 필요가 있다.

조선사는 배 한 척을 만드는 데 오랜 시간이 걸린다. 제조업체처럼 '100원짜리 10개 팔면 1000원' 하는 식으로 매출액을 계산하면 프로젝트가 끝나기 전까지 조선사 매출액은 '0원'일 수밖에 없다. 그래서 조선사들은 발주처로부터 수주한 금액에서 프로젝트 진행률을 계산해 매출액으로 인식한다. 1000억 원 규모 프로젝트를 수주했고 이를 30퍼센트 가량 진행했다면 매출액을 300억 원으로 계산하는 것이다.

만약 조선사는 프로젝트를 30퍼센트까지 진행했다고 했는데 발주처가 보기엔 20퍼센트밖에 진행되지 않았다고 옥신각신한다면 어떻게 될까. 이럴 때는 발주처가 인정한 20퍼센트만큼만 매출채권으로 잡고 나머지 인정받지 못한 10퍼센트의 금액은 미청구공사[42]로 잡는다. 시간이 흘러 프로젝트가 완성되면 미청구공사는 결국 발주처에 청구해 받을 수 있는 돈이 되기도 하니까 매출액으로 본다.

만약 프로젝트 현장 상황이 나빠져 제작 기간이 늘어지고 예상보다 많은 비용이 들어 프로젝트 진행률이 당초 예상보다 떨어진다면 미청구공사는 손실로 돌변한다. 대우조선이 해양플랜트[43] 제작 지연으로 손실을 예상하는 것도 이 때문이다. 특히 우리나라 조선사들은 해양플랜트를 설계할 능력이 없어 발주처가 설계를 도중에 바꾸면, 바뀐 설계

---

42 미청구공사(未請求工事): 수주기업이 매출액으로 인식은 했지만 아직 발주처에 청구하지 않아 현금이 들어오지 않은 자산. 이 자산은 유가나 환율 등의 변동으로 갑작스럽게 예상 투입원가가 늘어나면 손실로 돌변할 수 있다.
43 해양플랜트: 바다에 매장돼 있는 석유, 가스와 같은 해양 자원들을 발굴, 시추, 생산하는 활동을 위한 장비와 설비.

에 따라 다시 공사를 진행해야 하기 때문에 공사기간이 늦어질 여지는 다분하다. 게다가 일감 수주 경쟁이 치열하다 보니 발주처의 잦은 설계 변경으로 손실을 보더라도 울며 겨자 먹기로 손실을 그대로 부담해야 하기 일쑤다.

특히 우리나라 조선사들이 발주처와 맺은 계약 조건은 조선사들에게 불리했다. 글로벌 금융위기 이후 무역거래 규모가 줄자 상선 발주가 줄었고 이를 극복하기 위해 너도나도 해양플랜트에 뛰어들면서 저가 수주, 헤비 테일(heavy tail) 방식의 불리한 계약을 국내 조선사들이 받아들인 것이다. 헤비 테일이란 직역하면 '꼬리 부분이 무겁다'는 뜻인데, 이는 발주처가 공사대금을 공사 초반에는 적게 주다가 후반부에 더 많이 주는 조건으로 맺는 계약이다. 공사대금을 미리 받는 것이 단연 조선사에 유리하지만, 중국에서 조선사를 급격히 늘리고 국내 대형 조선사들도 생산능력을 확장하면서 계약 조건이 불리하더라도 어떻게든 일감을 따내야 할 상황이었기 때문에 이렇게라도 계약을 체결하게 됐다.

헤비 테일 방식으로 계약했기 때문에 공사가 진행될수록 미청구공사 규모가 늘어났고, 매출액도 함께 늘었지만, 공사대금을 나중에 받기로 한 만큼 실제로 들어오는 현금이 없었다. 그러다 2014년부터 유가가 하락했다. 해양플랜트 설비를 발주한 업체들은 설비를 인도받아 석유를 채취해도 떨어진 유가 탓에 채산성이 맞지 않게 됐다. 이들은 어떻게든 유가가 다시 오를 때까지 공사를 미뤄 조선사에 하자 문제를 거론하면서 약속한 공사대금을 주지 않았다. 이렇게 되면 불어난 미청구공사는 손실로 돌변하게 되는 것이다.

대우조선은 2014년 말까지만 해도 7조 4000억 원이라고 했던 미청구공사가 한 분기 만에 9조 4000억 원으로 불어난다. 순이익은 흑자라도 현금흐름은 수년째 마이너스였던 이유가 여기에 있다. 대우조선은 현대중공업이나 삼성중공업보다 해양플랜트 공사를 수주한 시점이 다소 늦었다. 현대중공업은 2011년부터 공사를 수주해 2014년 2분기와 3분기에 각각 1조 1000억 원과 1조 9000억 원대 영업적자를 냈고, 삼성중공업은 주로 2011년과 2012년에 수주해, 2014년 이익 규모가 줄었다가 2015년 2분기에 1조 5000억 원대 영업적자를 냈다. 2012년부터 해양플랜트에 뛰어든 대우조선은 2015년부터 대규모 적자를 반영하기 시작한 것이다.

상황이 이렇게 전개되고 있다는 사실이 재무제표에 모두 공시돼 있지만, 증권업계 애널리스트들은 2015년 초에도 역시나 "대우조선은 업계 유일한 실적 개선 조선사"라며 주식을 사야 한다는 의미인 '매수' 의견을 불러댔다. 이들 눈에는 눈덩이처럼 불어나는 미청구공사와 밑 빠진 독처럼 빠져나가던 영업활동 현금흐름은 보이지도 않았을까. 분석 기업에 비해 증권사가 아무리 '을'의 위치에 있다고 하더라도 정확한 기업 정보를 제공해야 할 애널리스트들이 시장에 정직한 기업분석 의견을 내지 못한 것은 비판받아 마땅하다.

분식회계 의심할 정황, 전혀 없었나?

대우조선의 분식회계 정황은 회사가 스스로 보도자료를 통해 밝힌 내용에서도 드러난다.

잦은 설계 변경에도 선주 측 보상 규모가 확정되지 않아 원가 상승분을 미리 반영하는 데 한계가 있었기 때문에 제품 공정률이 상당 부분 진행된 이후에나 정확한 손실 규모 산출이 가능했다.

대우조선은 3조 원 손실을 이전까진 반영하지 않다가 2015년 2분기에 서야 비로소 반영한 이유를 이렇게 설명했다. 대규모 손실을 반영한 송가 프로젝트를 예로 들면 노르웨이의 원유 시추업체 송가 오프쇼어가 시추선 건조 지연에 대한 보상금을 확정해주지 않아 그동안 손실을 반영하지 못하고 있었다는 것이다.

그러나 송가 프로젝트 보상금은 3조 원대 손실을 발표한 이후에도 여전히 확정되지 않았다. 대우조선해양이 2015년 7월 중순 영국 런던 해사중재인협회에 중재 신청을 한 것도 이를 확정하기 위해서다. 대우조선의 해명대로라면 송가 프로젝트 보상금이 확정되지 않았으므로 이 프로젝트에서의 손실도 2015년 2분기에 반영할 수 없어야 한다. 그러나 정성립 현 대우조선 사장은 이 프로젝트에서만 1조 원 이상의 손실을 뒤늦게 반영했다. 앞뒤가 맞지 않는 논리다.

회계감독당국에서는 보수주의를 원칙으로 하는 회계기준상 선주 보상금에 대한 회계처리는 앞으로 보상금액이 확정되는 데 따라 별도로 반영하고 그 이전이라도 손실을 합리적으로 추정할 수 있다면 이를 즉각 공사손실충당부채[44]로 반영해야 한다고 설명했다.

---

44 공사손실충당부채(工事損失充當負債): 건설사가 주기적으로 역마진이 날 금액을 평가해 그때그때 손실로 처리하는 항목. 발주처가 갑자기 부도가 나는 등 거액의 손실이 예상되는 사건이 있을 때도 공사손실충당부채로 반영해 손실로 처리한다.

대우조선은 송가 프로젝트를 비롯해 3~4개 해양플랜트 사업장에서의 손실을 2015년 2분기에 털어냈다. 설계 방식, 계약 내용, 사업장별 공사 진행 상황이 모두 다른데도 같은 분기에 손실을 한꺼번에 반영한 것도 분식회계를 의심하게 하는 대목이다.

대우조선은 이런 의혹에 대해 "이전 경영진은 공사가 대부분 마무리되는 상황에서 손실을 반영하는 스타일이었다면 현 경영진은 공사 도중이라도 미리 손실로 털 것은 털고 가자는 스타일이다. 공사가 마무리될 때 손실을 반영할지, 공사 도중에 반영할지는 수주기업들이 자율적으로 선택할 수 있는 사안"이라고 해명한다.

그러나 회계감독당국은 수주기업이라도 공사 도중 예상 손실을 합리적으로 추정할 수 있다면 즉각 반영하는 것이 현행 기업회계 원칙이라고 설명한다. 공사가 어느 정도 마무리돼야 예상 손실을 더욱 정확하게 추정할 수 있는 건 맞지만 공사 진행 정도가 낮다는 이유로 예상 손실을 반영하려는 시도조차 하지 않았다면 분식회계로 연결될 소지가 있다는 것이다. 경영진의 스타일에 따라서 회사의 이익 규모가 달라질 수 있다는 설명을 어떻게 납득을 할 수 있겠는가.

대우조선의 분식회계 의혹은 2015년 국회 정무위원회의 국정감사에서도 화두로 떠올랐다.

강기정 더불어민주당 의원은 대우조선의 대주주 산업은행이 자체적으로 운영하는 분식회계 적발 모니터링 시스템으로 대우조선의 분식 가능성을 최고등급(5등급)으로 평가하고도 구체적으로 조사하지 않았다고 지적했다. '재무 이상치 분석 전산시스템'으로 대우조선 점검을 의뢰한 결과 2013년과 2014년에 이미 최고등급을 받았다는 것이다.

매출채권, 재고자산, 선급금 등 영업용 자산이 늘어나고 매입채무 등 영업용 부채가 줄어드는 내용은 정밀 조사가 필요하다고 봤다. 쉽게 말해 돈을 벌 수 있는 자산은 늘고, 돈을 내줘야 하는 부채는 줄어드는 모습을 볼 때 자의적으로 이익을 부풀렸을 가능성이 있다는 것이다. 또 상품을 외상으로 팔고 나서 받을 돈인 매출채권이 실제 현금으로 들어오는 기간(매출채권회전기간)과 창고에 쌓인 재고자산이 시장에 팔려나가는 기간(재고자산회전기간)이 길어지고 있는 점도 건전성에 적신호가 오고 있는 것으로 볼 수 있다고 봤다.

대주주 산업은행은 통상 분식회계 적발 가능성이 큰 것으로 나온 기업은 거래처에 소명하도록 해 진위를 확인하는 작업을 하지만, 대우조선에는 그렇게 하지 않은 것은 과거의 손실을 의도적으로 감추려 한 것은 아닌지 의심할 만하다. 금융감독원도 이런 사실을 지난 2013년 산업은행 종합검사에서 적발하지 못했다는 것이 국회의원들의 지적이다.

금감원, 검찰 조사로 파악된 대우조선 분식회계

결국 대우조선의 분식회계는 금감원의 감리와 검찰의 수사를 통해 밝혀졌다. 금융위원회 산하 증권선물위원회는 2017년 2월 대우조선의 분식회계 규모가 7조 7000억 원에 달했다고 밝혔다. 2008년부터 2016년 3월까지 9년 동안 누적된 분식 규모다. 분식 수법은 전형적인 수주기업들의 회계처리 관행 그대로였다. 총공사 예정원가를 축소하거나 조작해 공사진행률을 과도하게 높이는 방식으로 매출액을 부풀린 것이다.

또 원가로 포함해선 안 되는 판매관리비용까지 원가에 넣어 공사진행률을 의도적으로 높이기도 했다. 수주한 선박을 계약된 날짜까지 만들지 못해 발주처에 줘야 할 지연배상금이 발생해도 이를 손실로 처리하지 않는 방식으로 수익 규모를 '뻥튀기'했다.

대우조선의 분식회계 수사 결과를 본 많은 사람이 특히 놀란 부분은 당시 회계 감사인이었던 안진회계법인이 취한 태도다. 2014년 말 안진회계법인 감사팀은 대우조선의 분식회계 사실을 명확히 인지하고도 이를 바로잡으려고 노력하지 않았다. 검찰 관계자는 "당시 감사팀 내부에선 분식회계 정황을 발견한 뒤 일선 회계사들이 회계법인 윗선에 책임을 떠넘긴 행위가 포착됐다"며 "분식회계 사실을 알면서도 객관적인 조사도 하지 않은 것"이라고 설명했다.

또 회사가 전 사장들의 분식회계를 바로잡으려 하자, 감사를 맡은 회계사들이 이를 오히려 방해한 사실도 드러났다. 2015년 취임한 정성립 사장이 전임 경영진의 분식회계를 바로잡고 한꺼번에 손실을 인식하는 빅배스를 단행하려 했지만, 안진회계법인 감사팀은 오히려 이를 말리고 이전 회계 방식을 권유했다는 것이다. 대우조선이 빅배스로 한꺼번에 부실을 인식하면 금감원이 회계법인에 과거의 부실 감사 책임을 물을 것을 우려했기 때문이다. 한마디로 회계사들이 자신의 책임을 모면하기 위해 기업에 분식회계를 계속하라고 종용한 셈이다.

손실 감추고 21억 챙겨간 대우조선 전임 사장

대우조선의 사례에서 가장 분통이 터지는 사실은 정작 3조 원대 손실을 낸 책임이 있는 전임 대표가 받은 수십억 원대 성과급이다. 정작 회사는 경영진의 잘못된 경영 판단으로 망가져 수많은 노동자들이 정리해고 되고 개인투자자들은 투자한 돈을 날렸지만, 고재호 전 대우조선 사장이 2015년 상반기에 챙긴 돈만 21억 5400만 원이다. 3개월치 급여와 퇴직금 명목인데, 구체적으로 보면 먼저 근로소득 6억 4900만 원(급여 2억 1100만 원, 상여금 1억 3300만 원, 기타 3억 500만 원)에 퇴직금 15억 500만 원이다.

대우조선 반기보고서에서 밝힌 고 전 대표의 보수 산출 기준을 보면 더욱 가관이다.

> 매출액이 2013년 14조 800억 원에서 2014년 15조 1600억 원으로 전년 대비 7.7퍼센트 증가한 점을 고려했다. 어려운 경영 여건에도 안정적인 경영관리와 장기 발전 기반을 마련했다.

2015년 상반기에만 21억 5400만 원. 대규모 손실을 안긴 대표이사가 한 분기에 받을 수 있는 돈이 이 정도라니. 양심이 있다면, 이렇게 받은 연봉을 돌려줘야 할 것이다.

어쨌든 우리가 이 정도의 등기이사 연봉 정보라도 알 수 있는 것은 경제 민주화에 대한 국민적 요구가 커지면서 5억 원 이상의 상장기업 등기이사 보수를 공시하는 제도를 도입할 수 있었기 때문이다. 이제는 공시하는 수준을 넘어, 천문학적인 손실을 입힌 경영진의 성과급을 정부가 몰수하는 제도를 다시 만들어야 하지 않을까 한다. 이것은 사유재산권 침해가 아니다. 분식회계를 저지르고 회사 돈을 성과금으로 지급받은 행위 자체가 사유재산을 침해한 행위이기 때문에 이를 바로잡자는 것이다. 수조 원대 손실을 뒤늦게 인식하도록 한 뒤 수십억 원대 성과급을 챙긴 대우조선 전 대표의 사례가 이를 보여주고 있지 않은가.

영화는 대박인데 배급사 실적은 왜 쪽박일까

2014년 흥행실적 1위를 기록한 영화는 이순신 장군의 일대기를 다룬 〈명량〉입니다. 2014년 7월 개봉한 〈명량〉은 그해 12월까지 5개월 간 1760만 명의 관객을 끌어모으며 1360억 원의 매출을 올렸습니다. 2015년 상반기 한국 영화 최고의 흥행작은 〈국제시장〉이었습니다. 2014년 12월 개봉한 〈국제시장〉은 2015년 상반기에만 890만 명의 관객을 동원했고 누적 관객 수 1430만 명으로 역대 한국 영화 2위를 기록했습니다.

영화를 내놓고 연달아 1000만 명 이상의 관객을 모으기는 쉽지 않은데요, 〈명량〉과 〈국제시장〉을 배급한 곳은 다름 아닌 코스닥 상장사 CJ E&M입니다. 한때 주가조작으로 금융당국의 징계를 받기도 했지만, CJ E&M은 주요 배급사 점유율 1위를 기록하며 영화계의 큰 손이 되어 있습니다. CJ E&M은 〈명량〉과 〈국제시장〉 외에도 역대 흥행 순위 7위를 기록한 〈광해, 왕이 된 남자〉(2012년, 1231만 명), 10위를 기록한 〈해운대〉(2009년, 1145만 명) 등 2009년 이후 최근 5년 사이에 4개의 1000만 관객 영화를 배급할 정도로 승승장구했습니다.

영화는 보통 제작사가 배급사와 손잡고 투자자를 모집하는 방식으로 만들어집니다. 수익이 발생하면 투자배급사가 60퍼센트, 제작사가

40퍼센트로 나눠 갖는 구조입니다. 국내에서 1000만 명 이상의 관객이 찾은 흥행대작이 총 14편이라는 점을 감안하면 배급사 CJ E&M이 영화를 고르는 안목과 역량은 실로 대단하다고 할 수 있습니다. 게다가 CJ E&M은 2014년 대기업 계약직 직원의 애환을 그려낸 드라마 〈미생〉을 제작하는 등 제작사로도 나서며 흥행신화를 썼습니다.

그렇다면 CJ E&M의 실적은 어떨까요. 영화가 흥행한 만큼 실적도 좋아야 하는 것이 당연할 텐데요. CJ E&M 회계장부를 들춰보면 영화는 흥행했지만, 실적은 그저 그런 모습을 볼 수 있습니다. CJ E&M은 〈명량〉과 〈미생〉이 흥행을 거둔 2014년 한 해 동안 23억 8840만 원(개별 재무제표 기준)의 영업손실을 기록했습니다. 자회사의 실적을 모두 합산한 연결 재무제표 기준으로는 126억 원의 손실을 냈지요.

통상 삼성, 현대 등 제조업 기반의 기업들은 땅, 공장, 기계설비 등의 유형자산을 많이 보유하고 있습니다. 하지만 CJ E&M처럼 수익의 원천이 콘텐츠인 미디어 회사는 유형자산보다는 눈에 보이지 않는 무형자산에 더 많은 투자를 합니다. 기계로 찍어내는 상품이 아니라 사람이 만들어내는 콘텐츠가 주 수익원이기 때문이지요.

무형자산이란 영업활동에 사용하기 위해 보유한 물리적 형체가 없는 자산을 말합니다. 특허권, 프랜차이즈, 라이선스, 저작권 등이 대표적입니다. 대부분의 무형자산은 독점적 이용 권리를 누리거나 다른 기업보다 초과수익을 얻을 수 있는 경제적 권리를 화폐 가치로 표시한 것입니다. 이 때문에 유형자산과는 달리 미래의 이익을 실현하는 데 있어 높은 불확실성이 존재한다는 특성이 있습니다. 어떤 발명가가 낸 특허가 앞으로 수십 배의 가치를 낼지 아니면 아무에게도 필요하지 않아 발명가 개인의 취미생활이 될지는 모르는 일인 셈이니까요.

이런 자산은 시간이 지날수록 가치가 점차 사라져 더는 경제적 이익을 제공하지 못하게 될 수도 있습니다. 한때 주목을 받던 아이디어가 나날이 급변하는 시대에 현실과 맞지 않는 일은 비일비재하겠지요. 그래서 무형자산도 기계나 건물과 같은 유형자산처럼 감가상각을 하게 됩니다. 감가상각이란 자산을 구입한 원래 가격에서 사용 기간이 지난 시점에 남은 가치를 뺀 감가상각비용을 체계적인 방법으로 일정한 회계기간 동안 나누는 것을 말합니다. 30만 원을 주고 산 기계장치가 있다고 가정하면 30년간 1만 원씩 같은 금액으로 감가상각하는 정액법으로 회계처리하기도 하고, 매년 같은 비율로 감가상각하는 정률법으로 비용을 털어내기도 합니다. 정률법을 적용하면, 초기에는 많은 금액을 상각하고 시간이 지날 때마다 상각해야 하는 금액은 줄어들겠지요.

다시 CJ E&M의 재무제표로 돌아가보겠습니다. CJ E&M의 무형자산 중 가장 큰 비중을 차지하는 것은 판권입니다. 판권이란 저작권을 가진 사람과 계약해 그 저작물의 이용, 복제, 판매 등에 따른 이익을 독점할 권리를 말합니다. 쉽게 말해 저작권이나 저작물을 사용할 권리인데요. CJ E&M은 국내외 TV프로그램이나 영화 등의 판권을 구입하는 방식으로 경쟁력 있는 콘텐츠를 확보하고 있습니다. 새롭게 구입한 판권은 2012년 3780억 원, 2013년 3130억 원, 2014년 2380억 원으로 그 금액은 매년 수천억 원대에 달합니다.

우수한 콘텐츠의 자산은 앞으로 큰돈을 벌 수 있는 수익의 원천이 되지만, 만약 수익으로 이어지지 않으면 부메랑이 돼 돌아옵니다. 우수한 콘텐츠일수록 자산을 매입하는 데 많은 비용이 들고 매년 상각해야 할 비용 부담도 만만치 않겠지요. CJ E&M의 판권에 대한 무형자산상 각비는 2012년 3180억 원, 2013년 2940억 원, 2014년 2690억 원에 달 했습니다. 토지나 건물은 30~40년 정도 쓸 수 있지만, 판권은 이보다 상각 기간이 짧기 때문에 매년 상각해야 하는 비용 부담도 더 커질 수 밖에 없는 구조입니다.

CJ E&M은 무형자산상각비를 주로 매출원가로 잡았습니다. 2014년 CJ E&M의 총 매출원가는 9770억 원입니다. 통상 기업은 상품 생산 에 직접적으로 기여한 무형자산의 상각비를 매출원가로 기록하는데요, CJ E&M은 판권, 영업권, 개발비 등 총 무형자산상각비 2840억 원 중 2710억 원 가량을 매출원가로, 67억 원 가량을 판매비와 관리비로 나 눠 계상했습니다. 무형자산상각비가 매출원가(9770억 원)의 28퍼센트를 차지하고 있는 것입니다.

CJ E&M은 판권을 구입한 영화나 공연을 배급할 때 영화가 개봉하 거나 공연이 열린 이후 수익이 발생하는 시점부터 매출로 인식합니다. 매년 수천억 원을 쏟아부어 사들인 판권이 곧바로 수익으로 연결되지 않으면 무형자산상각비 부담으로 CJ E&M의 수익성이 나빠질 수 있는 것입니다.

몸값이 비싼 야구선수를 영입하면 구단은 큰 비용이 듭니다. 이 선 수가 성적이 좋으면 모르겠지만, 갑작스런 부상이나 컨디션 난조로 부 진한 성과를 내면 구단 입장에선 큰 손해를 입듯이 CJ E&M 입장에선 무조건 영화가 대박을 터트리길 손꼽아 기다릴 수밖에 없겠지요. 대박 을 터트린다고 해도 그럴 만한 콘텐츠는 비용이 많이 든다는 사실. CJ E&M 직원들이 어중간한 대박에는 웃을 수 없는 것도 이 때문일 겁니다.

번지수 못 찾은 제보자 이야기
분식회계 조사엔 내부고발이 열쇠

::

현대엔지니어링 분식회계 소동

현대차그룹의 후계자 정의선 현대차 부회장이 2대 주주로 있는 현대엔지니어링. 화학 공장, 발전소, 자동차 공장을 짓는 일을 하는 이 회사의 수천억 원대 분식회계 의혹은 전직 재무담당 임원의 제보로 시작됐다. 보통 재무담당 임원은 회사의 곳간을 관리하는 최고위직 임원으로 그가 분식회계를 제보했다면 100퍼센트 사실에 가깝다고 볼 수 있다. 매일 창고를 관리하는 사람이 창고의 속사정을 가장 잘 알 것 아닌가.

'컨틴전시 플랜'의 파괴력 얼마나 될까

제보자는 현대엔지니어링이 공사 원가율을 속여 이익 규모를 부풀렸다고 주장한다. 2015년 7월 23일 《한국방송》이 보도한 이 회사 '2015년 컨틴전시 플랜(contingency plan, 위험관리 계획)' 내부 문건[45]에 따르면 2014년 사업계획을 수립할 당시에는 주요 14개 사업장의 평균 원가율을 102.6퍼센트로 예상했지만, 이후 2014년 말 결산에선 이를 99.1퍼센트로 낮췄다. 그리고 2015년 3월에 예측한 평균 원가율은 다시 105.6퍼센트로 높아진다. 원가율이 고무줄처럼 늘었다 줄었다를 반복하고 있는데, 이는 회사의 이익을 속이기 위한 속임수란 것이 제보자의 주장이다.

먼저 원가율의 개념부터 짚고 넘어가자. 원가율이란 매출원가를 매출액으로 나눈 값으로 회사가 돈을 버는 데 얼마나 많은 원가비용이 들어가는지를 볼 수 있는 비율이다. 100원을 벌었을 때 90원의 원가가 들어갔다면 원가율은 90퍼센트이고 110원의 원가가 들었다면 원가율은 110퍼센트다. 매출액보다 더 많은 원가가 들었다면 100퍼센트를 넘어가게 된다.

제보자는 현대엔지니어링이 공사원가를 고의로 낮게 잡아 수익을 부풀렸다고 주장했다. 실제보다 원가비용이 더 적게 들어갈 것으로 계산해놨으니 손에 쥐게 되는 이익을 부풀린 분식회계를 했다는 것이다. 그리고 그 금액은 무려 수천억 원대에 달한다고 주장했다. 원가비용이 매출액을 넘어선 것이 진실이라면 어떻게 될까? 손해 보고 판 것이 되니 당연히 손실을 볼 게 뻔하다. 이렇게 건설회사가 영업손실이 날 것이 확실하다면, 정확히 계산할 수 있는 예상 손실액을 '공사손실충당부채[46]'란 계정으로 잡아 일단 손실로 처리해야 한다. 대우건설이 이를 누락해 감춘 손실액이 3900억 원에 달하자 금융당국으로부터 중징계를

45 《한국방송》, 〔단독〕현대엔지니어링 수천억 원대 분식회계 의혹, 2015. 07. 23
46 공사손실충당부채(工事損失充當負債): 건설사나 조선사와 같은 수주기업들은 미래의 예상 손실액을 합리적으로 추정할 수 있다면, 그 추정액을 공사손실충당부채란 항목으로 잡고 손실로 털어내게 된다.

받은 것이 2015년 9월이다. 제보자 말대로 현대엔지니어링이 수천억 원대의 분식회계를 저질렀다면 대우건설처럼 금융당국으로부터 중징계를 받을 만한 사항인 것이다. 만약 분식회계의 고의성이 입증된다면 재무담당 임원은 물론 대표이사까지도 모두 검찰에 고발될 수도 있다.

하지만 제보자가 제기하는 분식회계 의혹이 사실로 입증되려면 몇 가지 전제가 필요하다. 우선 내부 문건에서 밝힌 예상 원가율이 얼마나 정확한 수치인지를 따져봐야 한다. 건설사는 건물 하나를 짓는 데 오랜 시간이 걸리는 까닭에 '100원짜리 10개 팔면 1000원(상품가격×판매수량=매출액)'으로 매출액을 인식하는 제조업체와 달리 공사진행률을 계산해 수익을 인식한다. 100억 원짜리 공사를 수주해 공사가 40퍼센트 진행됐다면 40억 원을 수익으로 잡는 식이다. 공사진행률은 예상투입원가에서 실제로 투입한 원가가 얼마나 되는지를 따져 계산을 한다. 100억 원의 원가가 들어갈 것으로 예상되는 사업장에 실제로는 30억 원이 투입됐다면 공사진행률은 30퍼센트가 된다.

이 예상 투입원가는 건설기간 동안 유가, 환율, 인건비 등 외부 조건에 따라 언제든지 달라질 수 있다. 건설 공사에 필요한 기름값이나 해외로부터 수입해오는 원자재 가격은 환율의 영향을 많이 받고, 인건비도 공사 현장의 상황에 따라 천차만별이다. 가령 사우디아라비아에서는 외국 기업에 자국민을 우선 채용하도록 하는 정책(사우다이제이션·Saudization)을 실시한다. 이렇게 중동으로 나간 우리나라 건설회사가 사우디아라비아의 법에 따라 현장 건설노동자를 사우디아라비아 인으로 고용하게 되면, 여러모로 의사소통에도 문제가 생기고 한국의 건설 방식을 이해하지 못해 이를 교육하는 데 들어가는 비용도 많아진다. 인건비 지출이 예상치 않게 늘어날 수 있는 것이다. 실제로 GS건설처럼 해외 사업을 많이 하는 국내 대형 건설사들은 이 법으로 인해 수천억 원대 손실을 떠안기도 했다.

건설사는 이런 최악의 상황부터 최상의 상황까지 모든 시나리오를 가정하고 컨틴전시 플랜을 짜는데, 만약 제보자가 밝힌 예상 원가율이 단지 회사가 최악의 상황을 가정한 원가율일 뿐이라면 이 숫자는 실제 공사 현장에서 계산되는 원가율과 차이가 나는 것은 당연하다. 최악의 상황을 가정한 수치가 실제 수치와 똑같다면, 그것이 더 이상한 것 아닌가? 가령 공사 현장이 굴삭기가 작업하기 힘들 정도로 바위투성이이고, 유가도 천정부지로 치솟는 최악의 상황을 가정한 원가비용과 실제로 지출되는 비용은 다를 수밖에 없다. 컨틴전시 플랜 안에서의 예상 원가율과 실제 원가율이 차이가 난다고 해서 곧바로 분식회계로 단정할 수는 없다는 얘기다.

"도둑이야~!" 기자에게만 알리고 경찰엔 알리지 않은 제보자

제보자는 분식회계 관련 의혹을 《한국방송》에만 제보하고 정작 분식회계를 조사하는 금융감독원과 한국공인회계사회에는 제보하지 않았다. 만약 제보가 이뤄지고 감리 요건을 충족해 해당 기관이 감리에 들어가더라도 컨틴전시 플랜 관련 내부 문건만으로는 분식회계 여부를 밝히기가 쉽지 않다. 왜냐하면 의혹이 제기된 주요 사업장 14곳 중에는 공사를 막 시작한 사업장도 있고 공사가 거의 끝나가는 사업장도 뒤섞여 있다. 공사를 막 시작한 사업장일 때는 원가율을 정확히 예측하기 특히 어렵다. 공사 도중 구석기 시대 문화유산이 발굴될지, 지하수가 터져 나올지 알 수 없기 때문이다. 공사가 거의 끝나가는 무렵의 사업장은 이미 들어가야 할 원가가 대부분 들어갔고 앞으로 들어갈 원가가 얼마 남지 않았기 때문에 원가율을 예측하기가 비교적 쉬운 편이다. 만약 주요 사업장 14곳이 모두 공사가 거의 끝나가는 사업장이라면 원가율을 예측하기는 쉽겠지만, 그중에는 공사를 막 시작한 곳도 있다면 그렇지 않을 것이다.

만약 분식회계를 입증하고자 했다면, 재무담당 임원답게 더 구체적인 자료를 제시했어야 했다. 가령 사업장별로 예상되는 공사 수익보다 공사 원가가 더 많이 들어갈 것이 확실함에도 다른 건설회사와의 경쟁에서 이겨 일감을 따내기 위해 역마진을 감수한 사업장은 없었는지를 밝혀야 했다. 만약 계약 시작부터 역마진을 감수한 사업장이 있다면, 수주 계약을 하는 동시에 손실을 회계장부에 반영해야 하는데, 이를 반영하지 않았다면 분식회계를 한 것이 된다. 또 공사가 끝나가는 사업장을 선별해, 앞으로 사업을 진행했을 때 추가로 받을 수 있는 수익은 얼마이며 더 들어갈 원가는 얼마인지에 대한 자료도 가져올 수 있었을 것이다. 공사가 끝나가면서 공사진행률에 따라 발주처로부터 받을 수 있는 공사대금은 얼마 남지 않았는데, 앞으로 추가로 들어가야 할 원가비용이 많은 사업장이 있다면, 이 역시도 손실로 처리해야 하고 이를 제대로 손실처리를 하지 않았다면, 분식회계를 한 것이 된다.

재무담당 임원이었다면, 이런 기본적인 분식회계의 증거에 대해 알고 있었을 것이다. 그럼에도 금융당국에 제보하지 않고 언론사에만 알린 데 그친 것은 뭔가 다른 의도를 의심하게 한다. 제보를 한 현대엔지니어링의 재무담당 임원은 임기를 시작한 지 반년 만에 경질됐다. 이에 대한 항의 표시로 언론에 의혹을 제기하기로 결심했다는 의심의 눈초리가 많다. 《한국방송》 보도 이후 이 제보자를 해임하는 안건도 현대엔지니어링 임시이사회에서 돌연 취소됐다.

내부자 제보 필수적인 분식회계…고발자 포상금은?

분식회계, 특히 원가를 계산하기 어려운 건설회사의 분식회계 행위를 밝혀내기 위해서는 회사 내부자의 제보가 필수적이다. 내부고발자 없이는 건설사나 조선사처럼 수주기업의 분식회계 적발은 거의 불가능하다고 봐도 과언이 아니다. 물론 제보를 하다가 그만둔 재무담당 임원만을 탓할 일은 아니다. 우리나라는 분식회계를 제보한 사람에게 주는 포상금이 고작 5억 원밖에 안 된다. 2014년까지는 1억 원이었다가 2015년부터 5억 원으로 올랐지만, 주가조작 포상금에 비하면 턱없이 적다. 주식시장에서 주가조작으로 부당하게 이익을 챙기는 일당을 신고하면 20억 원의 포상금을 받는다. 분식회계를 제보하고 나면, 우리나라의 기업 문화상 제보자는 다른 회사에 취직하기가 어렵게 된다. 자본주의 사회에서 기업을 경영하는 사람들은 정의감이 투철한 '임금 노예'를 원하지 않기 때문이다. 그렇다면 분식회계를 제보하고 나서 취직을 못 하더라도 평생 먹고 살 수 있는 돈이라도 줘야 한다. 수천억 원대 분식회계를 지적하고 무거운 과징금을 매겨 부당 이익을 환수하면 포상금 20억 원 정도는 회수하고도 남는다. 만약 이 정도의 포상금을 준다면, 현대엔지니어링의 재무담당 임원은 언론사가 아니라 금융당국으로 달려갔을 것이다. 제보할 수 있는 자료는 충분히 갖고 있을 만한 위치 아닌가.

대우건설의 분식회계가 중징계로 결론이 날 수 있었던 것도 내부고발자의 제보 덕분이었다. 그가 제보한 문건도 현대엔지니어링 재무담당 임원이 《한국방송》에 전한 것과 똑같은 '컨틴전시 플랜'이었다. 이 정도 문건만이라도 완전하지는 않지만, 진실을 밝힐 수 있는 열쇠가 될 수는 있다.

정확한 증거서류 없이 제보가 이뤄지거나, 언론 보도만으로는 분식회계 조사에 나서지 않는다는 금융당국도 문제가 없진 않다. 금융감독원이 특정 회사의 분식회계 조사에 나선다는 사실이 알려지는 것만으로도 해당 회사의 주가와 이미지에는 악영향을 미칠 수 있고 경쟁사가 제도를 악용해 근거 없는 제보를 남발할 수 있는 점도 이해는 된다. 그러나 당장 조사를 하지 않더라도, 일단 내부적으로 요주의 대상으로 찍어뒀다가 사태가 잠잠해졌을 때 아무도 모르게 기습적으로 조사를 하는 방법도 있다. 이런저런 핑계를 대면서 조사에 나서지 않는 것은 지극히 관료주의적인 태도라고밖에 볼 수 없다.

결국 현대엔지니어링의 분식회계 의혹은 소동으로 끝나고 말았다. 그러나 여의도 증권시장에선 여전히 여운이 남아 있다. 언젠가는 터질 수 있는 시한폭탄을 안고 있는 회사가 된 것이다. 현대엔지니어링은 아직은 주식시장에 상장한 곳은 아니다. 조만간 상장할 것으로 기대되는 회사 중 한 곳이지만, 그때도 분식회계 의혹은 기업가치를 제대로 평가받는 데 걸림돌이 될 것이다.

경남기업이 1조 원을 부풀렸다고?

성완종 회장이 남긴 말 뜯어보기

::

경남기업 분식회계 논란

2015년 한 기업인의 죽음은 박근혜 정권 실세들의 간담을 서늘하게 했다. 자원비리로 검찰 수사를 받던 성완종 경남기업 회장은 《경향신문》과 전화 인터뷰를 마친 뒤 스스로 목숨을 끊었다. 그가 뇌물을 전달했다고 육성으로 남긴 사람들은 '성완종 리스트'에 이름을 올렸다. 부패와의 전쟁을 선포한 이완구 국무총리는 아이러니하게도 자신의 부패 혐의로 헌정 사상 가장 짧은 임기를 지낸 국무총리가 됐다. 수사는 제대로 이뤄지지 않았다. 검찰은 리스트에 오른 8명의 인물 중 이완구 전 국무총리를 비롯해 홍준표 경남도지사, 홍문종 새누리당 의원만 직접 소환조사를 했을 뿐 이병기 청와대 비서실장과 김기춘, 허태열 전 청와대 비서실장, 유정복 인천시장, 서병수 부산시장은 검찰청 근처에도 가지 않았다. 모두 박근혜 대통령 측근으로 분류되는 '친박계'다.

성완종 회장은 자살하기 전 이렇게까지 수사가 지지부진하리라고는 예상하지 못했을 것이다. 하지만 검찰의 분식회계 수사가 부당하다는 주장은 어느 정도 먹힌 것 같다. 성 회장도 뇌물 공여자로서 부패한 기업인에 불과하지만, 그가 죽기 전에 한 말은 곱씹어볼 필요가 있다. 성 회장이 어떤 사람이건 간에, 검찰이 수사에 들어간 의도가 다분히 정치적이라는 것을 엿볼 수 있기 때문이다. 1조 원에 달하는 분식회계 의혹이 있다고 큰소리친 검찰은 여전히 이 의혹을 밝혀내지 못하고 있다. 회계 전문가들은 검찰이 끝까지 이 의혹을 밝혀내지 못할 가능성이 더 크다고 입을 모은다. 왜냐하면 문제제기 자체가 회계논리에 맞지 않다고 보기 때문이다.

성완종 회장이 죽기 전 남긴 말, 무슨 의미일까

검찰은 성완종 경남기업 회장이 2008년부터 2013년까지 6년 동안 공사진행률을 조작해 총 9500억 원대의 분식회계를 저지른 혐의를 파악했다고 몇몇 언론에 밝혔다. 하지만 9500억 원이란 숫자가 어떻게 나온 것인지, 공사진행률은 어떻게 조작했다는 것인지 구체적인 분식회계의 내용은 밝히지 않았다. 부풀린 9500억 원이 자산과 당기순이익 중 무엇인지도 설명하지 않았다. 경남기업은 2014년 말 기준 총자산 1조 3100억 원, 당기순손실 3500억 원에 달하는 적자기업이었는데, 검찰 주장대로 이중 9500억 원이 부풀려졌다는 것은 경남기업의 자산이나 순이익 대부분이 허위였다는 의미다. 상식적으로 기업이 존재하기도 어려울 정도의 분식회계 혐의가 있다는 것인데, 이 말을 믿을 수 있을까.

　경남기업을 회계감사한 대주회계법인도 기업 자산의 대부분이 부풀려진 것이라면 회계기준에 맞게 재무제표를 작성했다는 의미인 '적정'

의견을 회계감사 의견으로 매겼을 리가 없다. 사람 몸의 4분의 3 이상이 썩어 들어가는 상황은 감추고 싶어도 감출 수 없을 텐데 이를 회계사가 보지 못했다는 것은 한마디로 회계사가 '눈 뜬 장님'이었다는 소리밖에 안 된다.

세간의 의심 탓인지 9500억 원이란 숫자는 매년 저지른 분식회계 규모를 누적한 것이란 검찰 관계자 인용 보도가 나왔다. 이 역시도 회계 논리로 볼 때 어불성설이다. 만약 경남기업이 2000억 원의 당기순이익을 부풀렸다고 가정하자. 이 순이익은 이익잉여금이란 항목으로 자본총계에 남는다. 분식회계를 바로잡지 않고 그대로 둔다면 회사가 사라질 때까지 계속 자본총계에 남아 있을 것이다. 마치 몸에 생긴 혹 덩어리가 없어지지 않고 계속 남아 있는 것과 같다. 순이익을 부풀린 상태로 5년이 지난다면, 매년 2000억 원씩 5년을 곱해 누적 기준으로 1조 원의 분식회계를 저질렀다고 말할 수 있을까? 추가 분식이 없었다면, 혹이 스스로 다섯 배나 커진 것이 아니라 시간이 지나도 같은 크기인 만큼 검찰의 계산 방식 자체가 비상식적이다.

검찰의 의혹 제기에 대해 성완종 회장이 죽기 전 남긴 말은 의미심장하다.

작업 진행률로 다 떨어냈다. 현대중공업 3조 원, 현대엔지니어링 1조 원, SK건설, 대림산업 다 그렇게 떨어냈는데 우리만 왜 이렇게 (수사)하느냐.

현대중공업, 현대엔지니어링, 대림산업…. 그가 언급한 우리나라 대표 건설회사들이 다 분식회계를 저질렀다는 것일까. "떨어냈다"는 것은 도대체 무슨 의미일까. 이 말을 이해하려면 건설사의 회계처리 방식부터 먼저 이해할 필요가 있다.

스마트폰이나 컴퓨터를 만드는 일반 제조업체의 매출액은 제품단가와 판매량을 곱해서 산출한다. 100만 원짜리 스마트폰 10대를 팔면 1000만 원의 매출이 발생하는 것이다. 하지만 건설회사는 아파트 한 채 짓는 데 매우 오랜 시간이 걸리기 때문에 일반 제조업체처럼 매출액을 계산할 수가 없다. 만약 제조업체처럼 상품가격에 판매수량을 곱해 매출액을 인식하면 공사기간 동안에는 매출액이 '0원'일 수밖에 없다. 완공되지도 않은 건물을 팔 수는 없기 때문이다. 매출이 나오지 않는 회사에 사업자금을 빌려줄 금융기관도 없을 테니 제조업체처럼 회계처리를 하라고 하면 건설업을 하려는 사람은 아무도 없을 것이다.

그래서 공사 발주처로부터 수주한 금액에 공사진행률을 곱해 매출액으로 인식한다. 100억 원 규모 공사를 수주했고 공사를 20퍼센트가량 진행했다면, 매출액을 20억 원으로 계산하는 것이다. 검찰은 성 회장이 공사진행률을 조작했다고 주장하지만, 이는 수주기업 회계의 특수성을 모르고 하는 소리다.

가령 100억 원 규모 빌딩 공사를 수주한 건설사가 공사진행률을 30퍼센트 정도 잡았다고 가정하자. 매출액은 30억 원이 된다. 하지만 발주처는 공사진행률이 30퍼센트가 아닌 20퍼센트밖에 안 된다고 봤다. 이렇게 되면 발주처가 인정한 20퍼센트 만큼만 매출채권으로 인정하고 나머지 인정받지 못한 10퍼센트의 금액은 미청구공사로 잡는다. 미청구공사란 건설사가 발주처에 아직 청구하지 못한 공사대금이란 의미다. 시간이 흘러 공사진행률이 높아지면 미청구공사는 결국 발주처에 청구해 받을 수 있는 돈이 되기도 하니까 매출액으로 본다.

그런데 만약 건설 현장 상황이 나빠져 공사 기간이 지연되고 예상보다 많은 비용이 들어 공사진행률이 건설사 예상보다 낮아진다면 어떻게 될까. 미청구공사[47]로 잡은 돈은 손실로 처리해야 한다. 성완종 회장이 언급한 현대중공업, 현대엔지니어링, 대림산업이 수조 원 규모를 떨어냈다는 얘기는 이들 건설사가 공사진행률을 높게 잡고 미청구공사로 매출액을 잡았던 돈이 결국 손실로 떨어져나갔단 의미다.

사우디아라비아처럼 자국민 고용 의무비율제와 같은 정책을 갑자기 실시하면 예상했던 공사원가보다 더 많은 비용이 들어가기 때문에 공사진행률이 갑자기 낮아질 수밖에 없고 이는 미청구공사가 손실로 돌변하는 원인이 된다. 건설사는 해외에서 공사를 할 때 공사를 원활히 진행할 수 있는 우리나라 건설인부가 많다고 가정하고 공사 진행률을 계산했는데, 갑자기 그 나라에서 자국민을 의무적으로 고용해야 공사 허가를 내주는 정책을 실시한다면 의사소통도 어렵고 공사 방식을 이해하지 못하는 미숙련 인부들이 대거 투입될 수밖에 없다. 그만큼 인부 교육에 많은 비용이 들게 되고 공사 진행도 늦어지게 된다. 이것이 중동에 나간 우리나라 대형 건설사들이 손실을 입게 된 원인으로 작용한 것이다.

삼성중공업, 현대중공업, 대우조선해양과 같은 대형 조선사들도 2014년부터의 유가 하락으로 발주처의 하자 제기가 잇따르자, 공사기

---

[47] 미청구공사(未請求工事): 수주기업이 매출액으로 인식은 했지만 아직 발주처에 청구하지 않아 현금이 들어오지 않은 자산. 이 자산은 유가나 환율 등의 변동으로 갑작스럽게 예상 투입원가가 늘어나면 손실로 돌변할 수 있다.

간이 길어진 데 따른 원가비용 증가로 미청구공사가 수조 원 규모의 대규모 손실로 바뀌었다.

수조 원대의 매출액이 갑자기 손실로 돌변하니 분식회계를 저지른 것 같지만, 이건 분식회계가 아니다. 공사진행률을 판단하기 쉽지 않고 공사기간 동안 어떤 돌발사태가 일어날지 모르는 수주 산업의 특성상 합법적으로 인정해주는 건설사들의 회계처리 방식이다. 성완종 회장은 스스로 목숨을 끊기 전 이 부분을 설명하고 싶었던 것으로 보인다. 건설사가 산정한 공사진행률이 발주처가 계산한 것보다 높더라도 분식회계로 단정할 수는 없다는 것이다.

건설사 분식회계, 내부고발자 없으면 밝혀내기 쉽지 않아

물론 공사진행률을 조작해 진짜로 분식회계를 할 수 있는 방법도 있다. 공사진행률은 실제투입원가를 총공사예정원가로 나눈 금액인데, 공사에 투입하지도 않은 철근이나 시멘트를 투입한 것처럼 속여 분자를 부풀리면 공사진행률이 높은 것처럼 조작할 수 있다. 또 수도광열비, 사무실 임대료, 사무직 노동자 임금과 같은 판매관리비로 들어가야 할 비용을 공사투입 원가에 포함시켜, 실제투입원가를 부풀려도 공사진행률이 부풀려진다.

또 공사손실충당부채[48]란 계정으로도 분식회계가 가능하다. 이 계정은 건설사가 주기적으로 역마진이 날 금액을 평가해 그때그때 손실로 처리하는 항목이다. 공사 발주처가 갑자기 부도가 나서 공사대금을 줄 곳이 없어져 대규모 손실이 예상될 때는 손실액을 공사손실충당부채로 반영해야 하는데, 이를 제때 반영하지 않으면 손실을 숨겼으니 결과적으로 수익을 부풀리는 것이 된다.

　건설사 분식회계는 적발하기 쉽지 않은 특징이 있다. 간단히 말해, 시멘트에 자갈이 얼마나 섞였는지 시멘트가 굳고 나서는 알기가 어려운 것 아니겠는가. 공사진행률이 정확한지, 합리적인 예상 손실이 얼마인지를 정확히 계산해내기란 쉽지 않은 것이다. 내부고발자가 없다면 사실상 밝혀내기 어렵다고 볼 수 있다. 검찰은 정치적 목적을 달성하기 위해 너무나 풀기 어려운 숙제를 본인들에게 제시한 듯하다. 충청권 기업인이자 정치인의 비리를 뒷조사해 유력 대선 후보를 견제하고자 한 정치적 의도가 있었던 것은 아닌지 의심하는 시선도 있다. 자원개발 비리 수사 자체도 이명박 전 대통령의 비리를 폭로해 현 정권의 지지율을 끌어올릴 목적이 있었다는 분석이 설득력을 얻는다.

　하지만 민심을 너무 안이하게 본 건 아닐까. 전 정권도 인기는 별로 없었는데, 인기 없는 정권의 비리를 캐낸다고 현 정권의 인기가 오르리라 생각하는 것은 오산일 것이다. 민심을 얻으려면 민심에 귀를 기울이는 것부터 시작해야 한다. 최루액을 섞은 물대포를 시민에게 쏘아대는 반인륜적 만행부터 중단하고 광장에 선 시민들과도 대화에 나서야 한다. 자신의 지지자들만을 위해 정치를 하는 것은 반쪽짜리 정치다. 어눌하더라도 진정성 있게 대화하면 마음을 얻을 수 있을 것이다.

48　공사손실충당부채(工事損失充當負債): 건설사가 주기적으로 역마진이 날 금액을 평가해 그때그때 손실로 처리하는 항목. 발주처가 갑자기 부도가 나는 등 거액의 손실이 예상되는 사건이 있을 때도 공사손실충당부채로 반영해 손실로 처리한다.

두산건설과 중앙대, 도대체 무슨 관계?

2015년 스승의 날, 박용성 중앙대학교 재단 이사장(전 두산그룹 회장)은 학생들이 선사한 카네이션을 가슴에 달고 검찰에 출두했습니다. 박용성 이사장은 먼저 구속된 박범훈 전 청와대 교육문화수석에게 뇌물을 주고 중앙대 캠퍼스 통합을 청탁한 혐의를 받고 있습니다.

검찰은 박용성 이사장이 두산그룹 계열사를 이용해 박범훈 수석이 있던 재단법인 뭇소리에 후원금을 냈다고 의심하기도 합니다. 두산그룹이 중앙대를 인수한 뒤 주요 건물 공사를 두산건설에 몰아줘 대학 재정이 나빠졌다고 말이 많았습니다. 두산건설은 중앙도서관, 약학대학, 기숙사, 중앙대병원 별관, 경영경제관(310관) 공사를 모두 수주했는데 중앙대는 내부 발전기금을 전용해서까지 공사대금으로 썼던 것이지요.

이런 공사 계약들은 금융감독원의 전자공시시스템에도 나와 있습니다. 한 계약 내용을 살펴보면, 두산건설은 2013년 8월 30일 최대주주의 특수관계인인 중앙대와 1100억 원 규모의 신축공사 계약(공사기간 2013년 9월 2일~2016년 7월 31일)을 체결했다고 나옵니다. 이 계약은 2014년 두산건설의 감사보고서 재무제표 주석에도 '특수관계자와의 거래 내역'으로 공시됐습니다. 특수관계자[49]란 상법상으로는 배우자와 6촌 이내의 혈족, 4촌 이내의 인척, 지분 30퍼센트 이상을 출자한 법인과 사실상 영향력을 행사하는 법인 등을 의미합니다만, 기업회계기준에는 좀 더 복잡한 정의 방식이 있습니다.

단일판매·공급계약 체결

1. 판매·공급계약 구분		공사수주
−체결계약명		중앙대학교 310관 신축공사
2. 계약내역	계약금액(원)	110,000,000,000
	최근매출액(원)	2,377,208,030,439
	매출액대비(%)	4.6
	대규모법인여부	해당
3. 계약상대		중앙대학교
−회사와의 관계		최대주주의 특수관계인
4. 판매·공급지역		중앙대학교 서울캠퍼스 내

두산건설의 2014년 '특수관계자와의 거래 내역' 공시에는 석연찮은 부분이 있었습니다. 정작 공사 계약을 체결했던 2013년의 감사보고서 재무제표 주석에는 중앙대와 두산건설의 공사 계약 내용이 빠져 있었던 것입니다. 분식회계를 저지르는 기업들은 종종 배임, 횡령의 수단이 되는 특수관계자와의 거래 내역을 재무제표 주석에 기재하지 않고 일

49 특수관계자: 지배·종속회사, 관계회사, 관련회사, 주주, 임원, 종업원 등 회사와 밀접한 거래 관계에 있는 자로 회사의 경영이나 영업정책에 영향을 줄 수 있는 법인이나 사람을 의미한다. 내부자끼리의 거래는 일감 몰아주기나 불법 대출 등 여러 가지 부정 행위와 연결될 수 있어, 특수관계자 거래 내용을 재무제표의 주석 사항에 기록하지 않으면 회계감독당국의 징계를 받게 된다.

부러 빠뜨리기도 하는데 이는 회계기준 위반 행위에 해당합니다. 자세한 내막을 모르는 상황에서 이런 흐름만 보면, 2013년 두산건설과 중앙대 간의 공사 거래 과정에서 외부에는 공개하기 어려운 뭔가 '석연찮은' 부분이 있었던 것은 아닌지 의심을 할 수도 있겠지요.

여기서 잠깐, 재무제표 주석에 대해서 짚고 넘어가겠습니다. 재무제표 주석이란 재무제표를 이해하는 데 필요한 추가 정보를 자세하게 다룬 것으로 사업보고서의 본문에 첨부돼 있습니다. 회사가 보증을 서거나 담보로 잡힌 자산이 있는지, 연결 재무제표에는 어떤 회사들이 연결돼 있는지와 같이 숫자로 표시할 수 없거나 재무제표에는 담을 수 없는 정보를 제공하지요. 최근에는 회계감독기관인 금융감독원도 재무제표 주석 공시를 강화하는 분위기입니다.

다시 돌아가서, 두산건설은 특수관계자 거래 내역을 일부러 누락한 것 아니냐는 의심에 대해 펄쩍 뛰며 손사래를 칩니다. 두산건설 측은 먼저 중앙대는 두산건설의 특수관계자가 아니라고 선을 긋습니다. 특수관계자가 아니니까 2013년 두산건설의 감사보고서에는 중앙대와의 거래가 특수관계자 거래 내역에 없다는 것이지요. 이듬해에 둘 간의 거래를 특수관계자 거래 내역에 넣고 공시한 것은 투자자의 이해를 돕기 위한 것일 뿐이라고 이야기합니다. 실제로는 특수관계가 성립되지는 않지만, 회계정보 이용자들의 알권리를 위해 공시했다는 것입니다.

기업회계기준서에 따라 중앙대와 두산건설 간에 특수관계가 성립하려면 연결 고리인 박용성 이사장은 두 기관 중 어느 한 곳 이상에 대해서는 모든 의사 결정을 주도할 만큼의 지배력이 있어야 합니다. 즉 박용성 중앙대 이사장이 두산건설의 모든 의사 결정을 지배하고 있다고 보면, 그가 재단 이사장으로서 영향력을 행사하고 있는 중앙대는 특수관계자가 되는 것이지요. 그러나 회계 전문가들은 박 이사장의 경우 두산건설 보유 지분이 0.02퍼센트(2013년 말 기준)에 불과하고 임원 자격도 없기 때문에 두산건설에 대한 지배력이 없다고 판단, 두산건설과 중앙대 사이를 특수관계로 보지 않습니다.

중앙대에 대해서도 마찬가지입니다. 박용성 이사장은 중앙대 이사장으로서 중요한 위치에 있는 건 사실이지만, 모든 의사결정을 혼자서 결정할 만큼의 지배력을 가질 정도는 아니라고 봤습니다. 중앙대는 사립학교법인으로서 주식회사도 아니기 때문에 박 이사장의 지분율을 계산하기 어렵다는 이유도 듭니다.

정리하면, 중앙대와 두산건설을 특수관계로 묶는 연결고리인 박용성 이사장은 두산건설에서나 중앙대에서나 조직을 지배할 만한 위치에 있지 않기 때문에 두산건설과 중앙대는 특수관계가 아니란 얘기지요. 두산건설이 중앙대 캠퍼스를 허물고 통째로 다시 짓는 공사를 하더라도 감사보고서의 특수관계자 거래 내역에 밝힐 필요는 없다는 얘기가 됩니다.

기업회계기준으로 볼 때 박용성 이사장은 두산건설에서나, 중앙대에서나 소수의 지분만 보유하고 의사 결정도 독단적으로 할 수 없는 사람일 뿐입니다. 대학 구조조정에 반대하는 교수들에게 "인사권을 가진 내가 법인을 시켜서 모든 걸 처리한다. 그들이 제 목을 쳐달라고 목을 길게 뺐는데 안 쳐주면 예의가 아니다"라고 '막말'을 한 것도 직권을 넘어선 언사이지요. 박용성 이사장이 직권을 넘어선 언사를 계속해서 한다면 회계 감사인은 박 이사장이 중앙대의 의사결정을 사실상 지배하고 있는 '경제적 실질'에 따라 중앙대와 두산건설을 특수관계로 봐야 할 것입니다. 즉, 두 법인 간에 있었던 특수관계자 거래들을 재무제표 주석에서 누락하면 회계부정이 성립됩니다. 특수관계자 거래를 주석에 다 낱낱이 밝히기 싫다면 박 이사장은 중앙대의 모든 것을 처리한다는 식의 권한을 넘어선 발언을 해서는 안 되겠지요.

중소기업의 거짓말

'우회상장' 개미지옥 문 열다
소액주주 7000여 명 울린 중소기업

::

네오세미테크의 거짓말

3조 원대 허위 수출로 세간을 떠들썩하게 한 중소기업 모뉴엘이 있기 전, 갑작스런 상장폐지로 7000여 명의 소액주주들을 울린 한 중소기업이 있었다. 허위 매출로 실적을 부풀린 것을 보면 '모뉴엘의 할아버지' 격인 이 회사의 이름은 '네오세미테크(Neosemitech)'로 전 대표이사 오 아무개 씨는 2015년 8월 인천지방법원으로부터 징역 15년, 벌금 520억 원이라는 중형을 선고받았다.

네오세미테크는 갈륨비소를 이용한 반도체 웨이퍼(반도체의 원자재가 되는 실리콘 기판) 수출업체였다. 산업통상자원부나 미래부 등 정부부처는 무슨 기준으로 중소기업에 상을 주는지 모르겠지만, 모뉴엘이나 네오세미테크나 모두 장관상 하나씩은 챙기기도 했다. 네오세미테크가 받은 상은 2001년 산업자원부(현 산업통상자원부) 세계일류상품 인정, 최우수 벤처기업상을 받았다. 정부가 수여한 상이 주는 홍보 효과는 상당하다. 정부로부터 상을 받은 곳인데 허위 매출을 일으켜 실적을 부풀렸으리라고 누군들 상상할 수 있을까.

　오 씨는 본인 회사가 2010년 8월 주식시장에서 퇴출되기 직전 주식을 팔아 손실을 회피했고, 상장폐지 이후 검찰 수사가 시작되자 횡령한 돈 519억 원을 들고 동생 여권을 이용해 마카오로 잠적하는 등 온갖 얄미운 짓만 골라 하면서 투자금을 잃은 주주들의 마음을 더욱 아프게 했다.

분식회계 혐의를 포착한 한 회계사의 감사보고서

이 회사의 분식회계 사실이 알려지게 된 것은 한 회계사의 감사보고서였다. 2009년 10월 상장 직전까지 감사의견 '적정'을 받아온 이 회사는 상장 이후 처음으로 대주회계법인의 회계감사를 받으면서 재무제표를 믿을 수 없다는 의미인 '의견거절'을 받게 됐다. 회사는 반발했고 감사인은 재감사에 들어갔지만, 감사의견은 바뀌지 않았다. 오히려 더 많은 가짜 매출이 발견됐다. 이 회사의 2009회계연도 매출액은 2010년 2월 1453억 원으로 공시했지만, 첫 감사 이후 979억 원으로 줄었고 재감사 이후에는 187억 원으로 급감했다. 회계사는 1200억 원이 넘는 매출액이 가짜였다고 본 것이다.

　어떻게 이런 일이 가능했을까. 모뉴엘, 후론티어 등 분식회계를 일삼는 수출 기업들이 저지른 행동은 비슷했다. 서류상회사(Paper Company)를 이용한 '자전거래(自轉去來)' 행위인데, 같은 일이 반복되는데도 이를 적발하지 못하는 것을 보면, 정부의 수출기업 감시 시스템에 심각한 문제가 있다고밖에 볼 수 없다. 자전거래란 주로 주식시장에서 사용하는 용어로 주식 거래가 활발한 것처럼 보이기 위해 자기 식구끼리 같은 주식을 사고파는 행위를 말한다. 겉보기에는 마치 거래가 활발한 우량 종목인 것처럼 착각하게 만들어 투자자들을 끌어모아 주가를 부풀리는 것이다. 수출기업도 자기 식구끼리 물건을 사고팔면 매출거래가 활발한 것처럼 꾸밀 수 있다.

우선 오 씨는 네오세미테크가 우회상장을 하기 전인 2007년 친인척 명의로 홍콩에 서류상회사를 설립했다. 그리고 이 서류상회사에 가짜로 웨이퍼를 수출한 뒤 회계장부에는 매출액으로 보란 듯이 기록했다. 수천억 원대의 허위 매출이 만들어진 배경이다. 그런 다음 이 홍콩의 서류상회사로부터 물품을 허위로 수입하면서 수입대금 519억 원을 홍콩 계좌로 빼돌렸다. 자전거래를 이용해 본인이 이용할 비자금을 마련했던 것이다.

당시 비상장사가 상장사와 합병하는 방식으로 주식시장에 상장하는 이른바 '우회상장'은 정상적인 상장 심사 절차보다 금융당국의 감독이 느슨했기 때문에, 이 회사는 구렁이 담 넘어가듯 우회상장을 통해 주식시장에 들어왔고, 투자자들은 '매수' 일색의 증권가 애널리스트의 '찬송가'에 취해 이 회사 주식을 샀다가 낭패를 본 것이다.

뒷문으로 주식시장 입성하기…'우회상장'

우회상장은 말 그대로 정식으로 한국거래소의 상장 심사를 거치지 않고 경로를 우회하여 상장하는 제도다. 상장 심사에 걸리는 시간과 비용을 줄여 상장을 활성화하기 위해 도입된 제도이지만, '뒷문 상장(Backdoor listing)'으로 불리는 만큼 그 부작용을 지적하는 목소리도 만만찮다. 상장 심사를 통과하기 힘든 비상장기업이 주가가 낮은 상장사와 합병하는 형태로 상장을 할 수도 있기 때문에 정보가 부족한 개인투자자들은 애초에 자격 미달 기업의 주식을 아무것도 모른 채 살 수도 있는 것이다. 또 우회상장의 목적 자체가 기업의 상장 실적을 높이려는 한국거래소의 실적주의와도 곧바로 연결되기 때문에 굳이 이 제도를 계속 유지해야 하는지 의문이다. 투자자금이 급하게 필요한 벤처기업의 자금조달 수단이 된다고는 하지만, 이 역시도 지나치게 기업 편향적인 시각이다. 남의 돈을 이렇게도 쉽게 자기 돈처럼 쓰게 허용해주는 것이 옳은 것일까.

네오세미테크가 우회상장을 택했던 것도 외부 자금을 서둘러 조달해야만 하는 사정이 있었기 때문이다. 네오세미테크는 설립 이후 상장 직전까지 한 해에 수백억 원대의 투자를 했는데, 벌어들이는 돈이 없으니 투자자금이 항상 모자랐다. 운영자금이 모자라면 외부에서 자금을 끌어와야 하는데, 주식시장에서 자금을 조달할 수 없는 비상장사는 자기 돈이나 은행 대출이 아니면 자금 조달이 쉽지 않다. 이런 상황에서 네오세미테크는 2009년 10월 코스닥 상장사 모노솔라를 통해 코스닥 시장에 우회상장해, 일반 투자자들로부터 사업 자금을 끌어올 수 있었다. 모노솔라는 네오세미테크에 부품이나 자재 등을 공급하는 특수관계회사였는데 문제의 오 씨는 2008년 9월부터 모노솔라의 대표도 겸하고 있었다. 우회상장을 하기 전부터 모노솔라의 경영권을 네오세미테크가 장악하고 있었던 것이다.

네오세미테크의 분식회계 사건은 금융당국이 우회상장 규제를 강화하는 분기점이 됐다. 2010년 네오세미테크가 퇴출되자 그 이듬해부터 우회상장 심사 기준을 크게 높였다. 상장사와 합병하는 비상장사의 기업가치를 엄격하게 산정하도록 규제를 강화했다. 비상장사의 가치를 평가할 때 수익가치를 10퍼센트 줄여 평가한 것이다. 예를 들어 비상장사가 100억 원을 벌었다면, 10퍼센트 줄인 90억 원만 수익으로 인정해 가치를 평가하는 식이다. 상장사와 달리 비상장사는 주식시장에서 빈번하게 매매되는 가격, 즉 주가가 없기 때문에 기업가치를 부풀릴 가능성이 크다는 이유에서다(물론 비상장사들도 장외시장에서 형성되는 주식가격이 있지만, 거래가 활발하지 않아 기업가치를 판단하는 수단으로는 부적합하다). 한국거래소는 또 기업이 계속해서 사업을 영위할 능력이 있는지, 경영이 투명한지 등 질적 요건에 대한 심사도 강화했고 우회상장 기업은 정상적으로 상장하는 기업처럼 국가가 지정한 회계법인으로부터 회계감사를 받도록 했다. 국가가 강제로 회계법인을 지정하는 것을 '감사인 지정제'라고 한다. 기업이 자율적으로 회계법인을 선택해 수수료를 주고 회계감사를 하는 것보다는 엄격한 회계감사를 받을 수 있기 때문에 상장기업이나 재무상황이 부실한 기업은 국가가 정한 감사인으로부터 회계감사를 받게 돼 있는데, 우회상장 기업에 대해서도 이 제도를 적용한 것이다.

분식 정황 재무제표에 있는데···낫 놓고 기역자 모른 애널리스트들

네오세미테크의 분식회계 사건을 보면서 드는 한 가지 의문은 이 회사 재무제표에는 분식회계를 의심할 만한 정황이 상당수 드러나 있음에도 증권회사 애널리스트들의 극찬이 이어졌다는 것이다. 알면서도 모른 척하는 건지, 진짜로 모르는 건지 답답할 따름이다.

네오세미테크는 2005년 250억 원의 매출액을 기록했다가 2008년 1032억 원의 매출액을 올린다. 3년 사이 312퍼센트나 급증한 것이다. 물건을 이렇게 많이 팔았다면, 건설사나 조선사와 같은 수주기업이 아닌 이상 영업활동 현금흐름이 플러스가 돼야 할 텐데 2005년에는 마이너스 40억 원, 2006년 마이너스 41억 원을 기록했고 2008년에도 마이너스 16억 원을 기록했다. 매출이 급격히 늘었는데 현금이 들어오기는커녕 계속해서 빠져나가는 모습을 보였다.

매출액이 급격히 늘어나는데 재고자산도 동시에 급증하는 모습을 보였는데, 이 역시도 의심해야 할 부분이다. 네오세미테크는 2008년 매출액과 재고자산이 전년대비 각각 228퍼센트, 79퍼센트 증가했다. 판매한 상품이 급격히 늘었는데 창고에 쌓인 재고품도 늘었다는 것은 상품을 아무리 팔아도 남아서 재고품으로 쌓아놨다는 얘기가 된다. 생산설비를 늘렸거나 공장가동률을 크게 높였거나 하청업체에 생산을 부탁했을 때에 이런 일이 벌어지지만, 네오세미테크는 실물이 없는 기계설비를 사들여 유형자산을 부풀렸고 하청업체와 짜고 허위 매출을 올리기도 했다.

기계설비를 들여오면 그만큼 사용할 수 있는 기간에 따라 마모되는 정도를 비용으로 처리하는 감가상각비용도 늘어나야 정상이지만, 유형자산은 급증하는데 감가상각비 비율은 감소하는 기형적인 모습도 보였다.

개인 투자자들은 이런 재무제표가 뻔히 공시되는데도 이를 해석할 수 있는 눈이 부족할 수밖에 없다. 그래서 증권가엔 애널리스트라는 전문가 집단이 존재하는 것이다. 네오세미테크의 불장난이 중형이 선고되는 것으로 끝나 다행이지만, 애널리스트의 장밋빛 분석 관행이 개선되지 않는다면, 주식시장은 앞으로도 '개미지옥'일 수밖에 없을 것이다.

분식회계로 상장한 사기꾼들
주식시장 상장 시스템, 믿을 수 있나
::

유니드코리아의 거짓말

윗 상(上), 마당 장(場) 자를 쓰는 상장은, 말 그대로 마당 위로 올린다는 뜻이다. 한국거래소의 전광판, 주식시장이란 무대에 기업을 올린다는 것이다. 상장을 하는 기업들은 기업의 재무제표와 중요한 거래들을 공시하는 기업공개(IPO. Initial Public Offering)를 해야 한다.

원조 아이돌 '서태지와 아이들'의 맴버였던 양현석 씨는 2011년 ㈜양군기획을 'YG엔터테인먼트'라는 이름으로 코스닥 시장에 상장했다. 한류열풍이 한창이던 당시 주식시장은 YG엔터테인먼트의 가치를 매우 높이 평가했고 양 씨는 하루아침에 2500억 원대의 가치가 있는 주식을 갖게 됐다. 지분을 팔아 현금화하진 않겠지만, 어쨌든 자신이 일군 회사의 주식 가치가 수천억 원대에 달한다는 것은 기분 좋은 일이 아닐 수 없다.

물론 상장을 하게 되면 주식시장에서 우리나라 국민은 물론, 외국인 투자자들의 돈까지 끌어다 쓸 수 있게 되니 기업의 내부 사정을 투명하게 공개해야 하는 의무가 생긴다. 박근혜 정부가 들어서자마자 반짝 경제 민주화가 화두가 되면서 상장사들은 5억 원이 넘는 등기임원의 연봉까지 공시하게 됐다. 상장사들은 임원 연봉뿐만 아니라 구체적인 재무상황과 특수관계자 간 거래내역까지 모두 공개해야 한다. 대규모 사업자금을 시장에서 조달할 필요가 없는 기업들은 이런 공시 부담 때문에 상장 조건을 충분히 갖추고도 상장을 꺼리기도 한다. 또 기존 주주 외에 다른 투자자가 생기면서 회사 주인이 여럿이 될 수도 있고, 1대주주와 2대주주 간 지분 차이가 많지 않으면 경영권 분쟁이 생길 수도 있다. 애지중지 키워놓은 회사가 다른 돈 많은 사람에게 넘어갈 수도 있는 것이다. 기업 지배구조가 튼튼하지 않으면 주식시장을 통해 언제든 다른 경영자가 회사의 주인 행세를 할 수도 있다. 외국인 투자자를 탓하기에 앞서 우리나라 재벌 기업의 지배구조부터 제대로 갖추라는 비판이 나오는 것도 주식시장에선 언제든 경영권 분쟁이 일어날 수 있기 때문일 것이다.

또 상장회사 주식은 투자를 원하는 국민이 컴퓨터를 켜고 홈트레이딩시스템(HTS)에 접속하기만 해도 쉽게 살 수 있기 때문에 금융당국의 규제와 감시가 더 엄격하다. 분식회계만 하더라도 금융감독원은 상장사들을 위주로 회계감리를 하고 있다. 비상장사까지는 인적, 물적 제약으로 인해 제대로 된 감시를 못하고 있는 형편이다. 이 때문에 충분히 상장할 능력이 있는데도 상장하지 않고 비상장사로 남아 있는 기업도 많다.

어쨌든 상장 제도가 없었다면 마이크로소프트나 애플과 같은 기업이 동아리 수준의 벤처기업에서 글로벌 기업으로 성장하지 못했을 것이다. 가진 건 아이디어밖에 없는 회사에 은행이 사업자금을 빌려줄 리는 없지만, 주식시장에선 전도유망한 아이디어에 배팅하는 모험자본 투자자들이 있기 때문이다.

벤처기업의 꿈 상장, 분식회계로 통과한다?

수많은 무명 가수들이 정정당당하게 실력을 쌓아 방송 무대에 도전하듯, 대부분의 기업도 정직하게 상장 심사를 통과하려고 노력한다. 하지만 회계 장부를 거짓으로 꾸민 기업이 아무런 걸림돌 없이 상장 심사를 통과하는 사례를 살펴보면, 우리나라 주식시장 상장 시스템이 얼마나 허술한지 알 수 있다. 많은 개선이 있었다고는 하지만 유니드코리아의 분식회계 사건이 일어난 때가 바로 2014년이다.

지난 2014년 8월 감사의견 거절로 주식시장에서 퇴출된 공장 자동화설비 제조업체 유니드코리아(옛 쓰리피시스템)는 한때 경기도로부터 유망중소기업, 일자리우수기업, 우수벤처기업 표창을 받았고 한국무역협회의 500만불 수출탑 훈장도 수상한 전도유망한 기업이었다. 현대모비스가 현대차 아반떼에 들어가는 부품을 만든다면, 이 부품을 만들기 위한 생산설비를 만드는 곳이 유니드코리아였다.

2010년 12월 김문수 경기도지사로부터 경기중소기업대상까지 받은 이 회사는 이듬해 6월 코스닥 시장에 거짓 회계장부로 상장한 뒤부터는 주가조작과 경영권 분쟁의 소용돌이 속에 휘말렸다.

이 회사 경영진은 상장 조건을 갖추지도 못한 회사의 회계장부를 어떻게 꾸몄길래 회계법인의 회계감사를 통과하고 상장주관사인 부국증권의 도움을 받아 한국거래소의 상장 심사를 통과할 수 있었을까. 또 상장폐지되기까지 3년 동안 금융당국에 분식회계 사실이 적발되지도 않은 채 주식시장에서 투자자들을 모집할 수 있었을까.

아마도 경영진은 우리나라 회계법인이나 금융당국이 금융계좌를 추적할 권한이 없다는 사실을 알고 있었던 것 같다. 계좌를 추적하지 않으면 분식회계 사실을 밝혀낼 수 없도록 자금 입출금 거래를 조작한 것이다.

코스닥 시장에 상장하려면 최근 사업연도의 당기순이익이 10억 원 이상이 돼야 한다. 하지만 유니드코리아는 2010년 당기순이익은 1억 5780만 원에 불과해 상장 조건에 미달했다. 보통 회사였다면 이익이 늘어날 때까지 생산성을 높이고 비용을 줄여 당기순이익을 10억 원 이상으로 끌어올리려 했겠지만, 유니드코리아는 회계장부를 속여 상장 기준을 맞추는 '꼼수'를 택했다.

거래처의 부실로 받을 수 없게 된 외상값인 매출채권을 받을 수 있는 돈인 것처럼 꾸며 당기순이익을 부풀리는 단순한 방법이었지만, 감시의 눈을 피하기 위한 행동은 완전 범죄에 가까웠다. 유니드코리아는 거래처인 주식회사 케이엠이에 8억 5360만 원어치의 선박제조용 부품을 외상으로 팔았지만, 케이엠이의 자금 사정이 나빠지면서 외상값을 받지 못하게 됐다. 즉 매출채권이 부실화하면서 외상으로 판매한 만큼의 돈을 떼이게 된 것이다. 이렇게 되면 이 외상값은 몽땅 손실처리 해 당기순손실로 반영해야 한다.

하지만 경영진은 한 지인으로부터 외상으로 판매한 금액 8억 5360만 원을 빌렸고 이 돈을 케이엠이 명의의 계좌에 입금했다가 유니드코리

아예 다시 이체했다. 통장의 이체 기록만 보면 케이엠이 유니드코리아에 매출대금을 제대로 준 것처럼 거래내역을 꾸민 것이다. 돌려받을 길이 없어 손실로 처리해야 할 돈이 이익으로 둔갑했고, 지인에게 빌린 돈은 부채로 기록해야 했지만 이 역시도 회계장부에서 감췄다. 이제 유니드코리아는 상장 자격을 갖춘 회사로 거듭났다. 부실 매출채권을 회계장부에서 감췄으니 '당기순이익 10억 원'이라는 상장 조건을 충족할 수 있었던 것이다.

상장 예정 기업은 정부에서 지정한 회계법인이 감사를 한다. 주식시장에 입성하는 첫 관문인 만큼 좀 더 엄격한 회계감사가 필요하기 때문이다. 회계감사만 통과하면 그다음부터는 일사천리다. 지정 감사인의 '적정' 의견(회계기준에 맞게 재무제표가 작성됐다는 의미)을 받은 재무제표에 대해서는 상장을 도와주는 주관 증권사나 상장 심사를 하는 한국거래소는 별다른 의심을 하지 않는다. 의심스럽다고 해서 회계법인이 아닌 증권사나 거래소가 회계감사를 다시 할 수도 없는 노릇이다. 결국 거짓으로 작성한 회계장부가 회계감사만 통과하면 그다음부터는 손쉽게 상장까지 할 수 있는 것이다.

국내 유수의 대형 회계법인이라도 조그마한 창업기업, 벤처기업에 감쪽같이 속을 수밖에 없는 이유는 은행 거래 내역을 아무리 쳐다봐도 유니드코리아가 케이엠이로부터 돈을 이체받은 내역만 볼 수 있고 케이엠이가 송금한 돈의 출처가 어느 곳인지는 볼 수 없기 때문이다. 계좌추적을 했다면 쉽게 드러날 문제이지만, 우리나라에서 계좌추적은 검찰만이 할 수 있다.

유니드코리아는 분식회계로 주식시장에 상장한 뒤 3년 동안 아무런 규제 없이 일반 투자자의 돈을 끌어다 썼고 경영진은 회사 돈을 횡령했다. 상장 직후 유상증자로 끌어 모은 돈만 100억 원에 달했다. 횡령 혐의가 드러나고 적자 누적으로 상장폐지가 되면서 개인투자자들이 들고 있었던 이 회사 주식은 휴지 조각이 됐다.

정직하게 상장을 준비하는 회사만 바보가 되는 이 시스템을 언제까지 유지할 것인지 의문이지만, 한국거래소는 상장 실적을 올리는 데만 골몰한다. 어떤 기업이 상장하든, 사기성 짙은 기업이 상장해 국민이 손실을 보든 그건 거래소가 책임질 바가 아니다. 주식시장에는 '투자자 자기 책임 원칙'이 작동하지 않는가. 그러나 애초에 상장 시스템이 문제였다면, 거래소의 책임도 당연히 물어야 한다.

무능한 회계시스템, 알면서도 고치지 않는다

회계감사 과정에서 계좌추적만 해보면 발견할 수 있는 분식회계가 많다는 걸 알면서도 이런 수법에 당하고만 있는 것이 지금의 회계시스템이다. 회계법인에도 상장 준비 기업이나 부실기업을 감사할 때처럼 필요할 때에 한해 계좌추적권을 부여하는 방안을 고민해볼 필요가 있다. 검찰은 계좌추적권을 다른 기관으로 확대하는 것에 대해 국민 프라이버시 침해와 '시어머니'가 많아지는 데 따른 기업의 부담을 들지만, 프라이버시 침해 소지가 있다면 회계감사를 받고 있는 동안만이라도 허용하는 방안을 생각해볼 수 있다. 적어도 주식시장에 상장을 하려는 기업을 감사하는 회계법인에는 반드시 계좌추적을 할 수 있도록 해야 하며 상장 기업의 분식회계를 조사하는 금감원에도 계좌추적권이 필요하다. "무조건 안 된다"는 생각이야말로 해선 안 될 일이다(우리나라 금감원은 계좌추적을 할 수 없어 보이스피싱 사기범을 찾아낼 능력도 없다!).

주식거래 시스템을 구축하는 한국거래소의 책임도 있다. 한국거래소는 최근에도 업종과 기업 규모에 상관없이 성장 잠재력이 있는 기업에 상장 특례를 적용하고 자기자본 요건 완화, 공시부담 완화 등 심사 기준을 풀어주는 쪽에 방점을 찍고 있다. 해외 거래소와의 경쟁에서 우위에 서려면 더 많은 기업이 주식시장에 상장하게끔 해야 하기 때문에 상장 문턱을 낮춰주는 정책만 펴는 것이다. 우수한 혁신 기업이 주식시장에 쉽게 상장하는 것은 중요하다. 그러나 국민이 신뢰할 수 있는 주식시장을 만들기 위해 회계 심사를 더욱 철저히 해야 하는 것도 거래소의 몫이다. 그런데 '규제 단두대'란 극단적인 언사까지 동원하며 기업 규제 완화를 강조하는 박근혜 정부 아래에선 더욱 이야기조차 꺼내기 힘들다.

결국 유니드코리아 분식회계 사건은 우리나라 주식시장 상장 시스템이 얼마나 부실한지를 보여준 리스머스시험지다. 분식회계를 밝혀낼 능력도 없는 회계법인, 회계법인이 승인한 재무제표만 믿고 상장을 도와준 증권사, 부실 여부는 보지 않고 상장 실적에만 골몰하는 한국거래소, 거기에다 이 문제를 해결할 수 있는 열쇠를 쥐고 있는 검찰은 계좌추적권이란 기득권을 지키는 데만 골몰한다.

분식회계를 하지 않고 정직하게 상장에 도전하는 기업만 바보인 시스템을 언제까지 유지할 것인가. 무엇이 문제인지 알고 답은 나와 있지만, 아무도 움직이지 않는다. 이것이 대한민국 자본시장이 돌아가는 방식이라면 암담하지 않은가.

휴대전화 요금은 무조건 내려야 한다

기업이 존재하는 이유는 이윤을 추구하기 위해서입니다. 사회적 기업이 아닌 이상, 돈을 벌기 위해 사람들이 모인 조직이 기업이란 곳이죠. 사업해서 얼마나 벌었는지는 손익계산서 상의 영업이익이란 항목으로 잡힙니다. 기업이 시장에서 가치를 인정받기 위해서는 이 영업이익을 얼마나 많이 내느냐가 중요하니 경영자들은 영업실적을 높이는 것을 지상 최대의 과제로 생각합니다.

그러나 영업이익이 많이 나도 걱정인 기업이 있습니다. 우리가 매달 휴대전화 요금, 인터넷 이용 요금을 납부하는 이동통신회사들입니다.

왜 그런지는 최근 미래창조과학부 국정감사만 봐도 알 수 있습니다. 우상호 더불어민주당 의원은 2015년 하반기 국감장에서 "이동통신 3사의 최근 가입자 1인당 평균매출(ARPU)이 연간 8퍼센트씩 성장하고 있고, 이에 따른 막대한 이익잉여금을 사내유보금으로 쌓아두고 있다. 기본료 폐지 여력이 충분하다"고 주장했지요. 영업실적이 잘 나오면 어김없이 통신요금 인하 압박이 정치권과 소비자들로부터 날아오니 쑥쑥 늘어나는 영업이익이 마냥 기쁘지만은 않습니다.

KT를 예로 들어봅시다. KT는 2015년 상반기 개별 재무제표 기준으로 4900억 원의 영업이익을 냈습니다. 영업이익률로는 5.9퍼센트인데,

우리나라에서 가장 잘 나간다는 삼성전자(10.6퍼센트)나 현대자동차(10.6퍼센트)에는 비할 바가 못 되지요. 2014년 말에는 7200억 원의 적자를 내기도 했습니다. 얼핏 보면 통신요금을 인하하라고 목소리를 높이는 사람들이 무안할 정도로 이익을 내지 못하는 것처럼 보입니다.

KT의 영업실적이 썩 좋아 보이지 않는 것은 통신회사 특성상 깔고 교체해야 하는 통신설비, 회선 등 유형자산의 비중이 크고, 그만큼 매년 막대한 비용을 유형자산의 감사상각비로 털어내야 하기 때문입니다. KT는 2015년 상반기에만 1조 2702억 원을 감가상각비로 털어냈습니다.

하지만 기계, 건물, 설비 등 유형자산 가치를 사용할 수 있는 기간으로 나눠 비용 처리하는 감가상각비는 마케팅비나 인건비처럼 실제로 현금이 나가는 비용은 아니지요. 실제로 통신설비나 회선 등을 설치하는 데 들어가는 원가는 영업비밀이라 공개하진 않고 있지만, 일반적으로 이동통신사들은 통신설비의 내용연수를 7년 정도로 잡습니다. 통상 건물이나 선박 등은 30~40년 정도로 내용연수를 설정하는 것에 비하면 유형자산치고 수명이 짧은 편입니다. 즉 KT의 영업실적이 좋지 않아 보이는 것은 통신설비의 내용연수가 짧아 감가상각비로 처리해야 하는 금액이 많기 때문입니다.

실제 현금은 얼마나 들어왔을까요. KT의 현금흐름표를 보면 2015년 상반기 영업활동 현금흐름은 1조 7890억 원에 달합니다. 영업적자가 났던 2014년에도 1조 5690억 원이 영업활동 현금흐름으로 들어왔습니다. 영업실적과 상관없이 영업을 통해 벌어들이는 현금은 엄청난 규모입니다.

이런 까닭에 KT처럼 감가상각비 비중이 높은 회사는 영업실적을 볼 때 감가상각비와 영업이익을 더한 것으로 대략적인 규모를 파악할 수 있는 법인세·이자·감가상각비 차감 전 영업이익(EBITDA)을 사용하는 것이 유용합니다. KT의 EBITDA를 보면, 2014년 상반기 1조 3646억 원에서 2015년 상반기 2조 1179억 원으로 늘었습니다.

KT의 주요 영업실적(개별재무제표기준, 단위: 억 원)

	2013년	2014년	2015년 상반기
매출액	179,370	174,358	83,305
영업이익	3,099	−7194	4,984
EBITDA	34,615	31,691	21,179

자료: 한국신용평가

자, 이 수치만 보면 KT는 통신요금을 내려도 될 것 같지 않나요? SK 텔레콤이나 LG유플러스의 사정도 비슷합니다. 물론 감가상각비도 설비 노후화에 따라 털어내야 하는 비용이라곤 하지만, 통신 요금을 받아 이렇게도 현금을 쓸어담고 있는 것을 보면, 통신요금은 무조건 인하해야 하는 것이 정답 아닐까요. 그런데도 이동통신단말장치 유통구조 개선법(단통법)으로 정부가 통신사들의 보조금 상한선을 정해 통신사의 이익만을 보장해주는 것은 전 국민을 '호갱(기업이 고객을 호구로 본다는 신조어)'으로 만드는 일일 겁니다.

가족 기업을 믿을 수 없는 이유
재벌보다 더 불투명한 중소기업

::

대호에이엘의 거짓말

대부분의 사람들은 북한의 부자(父子) 세습 정치를 후진적으로 생각한다. 아무리 북한이 민주적인 제도를 도입한다고 한들 부자 세습 정치를 끊지 않는 이상 대부분의 사람들의 이러한 인식은 달라지지 않을 것이다. 북한의 국민들은 영국처럼 '김씨 왕조'를 전통 문화의 상징으로만 남기되 현실 정치에는 개입하지 않도록 울타리를 치든지, 프랑스처럼 기득권을 빼앗고 형장의 이슬로 사라지게 할 것인지를 선택해야 할 혁명적인 상황을 머지않아 마주하게 될지도 모른다. 체제 붕괴의 순간은 불현듯 찾아올 수 있다.

북한의 부자 세습 정치가 후진적으로 인식되는 것은 권력을 감시하고 견제하는 시스템이 제대로 작동하지 않기 때문이다. 기업으로 비유하자면, '주식회사 북한'의 최고경영자 김정은은 주주나 내부 감사, 사외이사, 외부감사인, 감독기관 등 어떠한 제도적 장치로부터 감시나 견제를 받지 않는다. 현대경제연구원이 〈2013년 북한 국내총생산

(GDP) 추정과 남북한의 경제사회상 비교)라는 보고서에서 밝힌 북한의 2013년 한해 1인당 명목 GDP는 854달러(우리 돈 약 95만 원)에 불과했다. 남한의 1976년 상황과 비슷하다. 북한 민중들을 절대빈곤 속에 몰아넣고도 경영진이 교체되기는커녕 대대로 한 가문이 국가의 경영권을 물려받고 있는 것이다.

재미있는 것은 대부분의 사람들은 북한의 부자 세습 체제를 비판하면서 우리나라의 재벌 경영에 대해서는 별다른 문제의식을 갖지 않는다는 점이다. 오히려 재벌의 공과 과를 함께 봐야 한다거나, 외국 자본의 종속을 막기 위해서는 어쩔 수 없이 재벌의 존재를 인정해야 한다는 식으로 문제의 본질을 흐린다. 공을 높이 평가하더라도 과오는 고쳐나가야 하고 존재를 인정하더라도 시장 질서를 교란하는 행위까지 인정하자는 것은 아닐 텐데, 대부분의 우리나라 언론은 재벌을 여론의 장에 올리는 것조차 꺼린다. 온종일 머리가 아프도록 북한의 세습 정권을 비판하는 종합편성채널은 남한의 재벌 경영권 세습에 대해서는 입을 다문다.

우리나라 재벌 대기업은 3, 4세 경영을 정착시키기 위해 아무런 인수합병(M&A) 시너지도 나지 않는 기업을 밀가루반죽 주무르듯 뗐다붙였다하길 반복한다. 재벌 2세가 가진 지분을 3세와 4세가 상속받은 뒤 거액의 상속세를 내야 하는 상황에 대비해 그룹의 일감을 재벌 3세와 4세가 경영하는 회사가 독차지한다. '프론티어 정신'이 없는 재벌 3세와 4세들은 급기야 식당, 술집, 꽃집 사업까지 벌여 시장을 집어삼킨다. 자영업자들의 인생을 벼랑 끝으로 내몰면서까지 경영권 세습을 위한 자금 마련에 몰두한다. 절대 빈곤 속에 내몰린 북한 국민이나, 자유시장의 경쟁 속에서 조금씩 삶의 터전을 잠식당해가는 남한 국민이나 '선출되지 않은 권력'에게 착취당하기는 마찬가지다.

그렇다고 중소기업의 지배구조가 깨끗하다고 말하기는 더더욱 어렵다. 중소기업은 지배구조라고 부르기에도 민망할 정도로 소유와 경영의 분리, 경영감시 시스템의 기본도 갖추지 못한 곳이 허다하다. 아버지인 기업 소유자가 아들인 경영자에게 회사를 물려주는 모습은 재벌 대기업과 별반 다르지 않다. 이런 시스템 속에서 주주의 대리인인 경영자를 감시하는 시스템은 온전히 자리를 잡지 못했다. 사업 초기의 창업기업은 의욕만 앞서 있고 기업의 체계도 갖추기 전이기 때문에 여러모로 지배구조가 어설플 수밖에 없다. 하지만 중소기업이 재벌보다 더 낫다고 볼 수 있는 것은 재벌은 불과 몇 퍼센트도 안 되는 지분으로 그룹 전체를 지배하도록 복잡한 순환출자 구조를 짜서 연명해왔지만, 대부분의 중소기업은 확실한 지분을 갖고 경영권을 행사한다는 점이다. 떵떵거릴 이유가 있을 만큼의 주식이라도 가진 사람이 떵떵거리는 게 중소기업이다. 반면 재벌 대기업은 외국계 헤지펀드가 불과 10퍼센트도 안 되는 지분을 사서 주주로서 목소리라도 내려고 하면 어쩔 줄 몰라 하며 국민연금 등 국내 기관투자자들에게 구원의 손길을 요청하면서도, 노동조합이나 하청기업을 상대할 때는 마치 전체 지분을 다 가진 양 떵떵거린다.

중소기업이든 재벌 대기업이든, 가족으로 세습되는 시스템은 근본적으로 경영 감시 기능이 취약할 수밖에 없다. '자식 이기는 부모 없고, 팔은 안으로 굽는' 가족은 공사(公私)의 구분이 잘 안 되기 마련이다. 모기는 음습하고 더러운 물에 알을 낳듯 기업의 분식회계 행위도 경영

감시가 제대로 이뤄지지 않는 가족 기업에서 더 쉽게 싹튼다.

아버지와 아들, 그들의 '마름'이 만든 대호에이엘의 분식회계

코스닥 시장에 상장된 알루미늄 제조업체 대호에이엘. 이 회사의 전 경영지원본부장은 회사 돈을 횡령하기 위해 유령회사를 만들었다. 하청업체로부터 들어오는 납품대금을 중간에서 가로채기 위해 만든 서류상 회사였다. 수수료 명목으로 옆으로 새나간 돈만 1억 5000만 원에 달했다. 대기업에 비해 횡령 규모는 작지만, 연봉 3000만 원을 받는 임금노동자가 한 푼도 쓰지 않고 꼬박 5년을 모아야 하는 돈이라고 생각하면 결코 적은 돈은 아니다. 경영지원본부장이 이렇게 회사 돈을 횡령할 수 있었던 것은 전 회장은 물론 전 대표이사까지 모두 분식회계를 공모했기 때문이다. 오너인 회장은 아버지였고 대표이사는 아들, 경영지원본부장은 이들 가족의 뜻대로 움직이는 '마름'이었다.

이들이 분식회계를 저지르는 데 사용한 수단은 세금계산서였다. 증빙 서류가 있으면 쉽게 넘어가는 '관료주의' 사회 특성상 가짜 세금계산서는 자주 등장하는 분식회계 수단이다.

갑 기업이 을 기업에 100만 원짜리 상품을 판다고 가정하자. 갑 기업은 부가가치세(VAT) 10퍼센트를 포함해 110만 원을 을 기업에 상품을 외상으로 팔고 받을 돈, 즉 매출채권으로 회계장부에 기록한다. 이중 실제 상품가격인 100만 원은 매출액이 되고 부가가치세 10만 원은 나중에 을 기업으로부터 외상값이 들어오면 세무서에 줘야 할 돈이란 의미로 부가가치세 예수부채(豫受負債)가 된다. 회계에서 '예수'는 미리 받아둔다는 의미다. 부가가치세는 미리 받아두고 나중에 세무서에 줘야 할 빚이란 의미다.

갑 기업이 을 기업으로부터 상품 판매대금을 받으면 부가가치세까지 잘 받았다는 것을 확인해주기 위해 일종의 영수증을 끊어주는데 이것이 세금계산서다. 세금계산서에는 기업이 상품을 얼마나 팔았는지, 외상으로 판 금액이 얼마나 되는지, 즉 매출액이나 매출채권 금액이 적혀 있으니 세금계산서만 보면 갑 기업과 을 기업 사이의 매출거래 규모가 얼마나 되는지 알 수 있다. 회계감사를 나온 회계사도 이 세금계산서를 보고 회사의 매출액이나 매출채권 금액이 얼마인지 확인한다.

대호에이엘의 계열사들은 실제로 상품을 거래한 적이 없는데도 서로 짜고 1200억 원 규모의 가짜 세금계산서를 끊어줬다. 수천억 원의 매출 실적이 세금계산서 하나로 불쑥 생겨난 것이다. 국민의 예금을 안전하게 관리해야 할 은행은 이 회계장부를 의심 없이 받아들고 100억 원에 달하는 돈을 대출했다.

여기가 끝이 아니었다. 손실이 누적돼 사업 밑천까지 모두 바닥난 회사, 즉 완전 자본잠식 상태로 공짜로 준다고 해도 손사래를 칠 만한 회사에도 가짜 세금계산서를 끊어주는 방식으로 매출 실적이 있는 것처럼 꾸몄다. 제대로 영업성과도 나지 않는 회사를 마치 성과가 좋은 회사로 꾸며놓고 대호에이엘의 다른 계열사에 30억 원에 인수합병(M&A) 시켰다. 인수된 회사로 들어온 인수대금 30억 원은 아버지와 아들과 '마름'이 나눠가지는 식으로 회사 돈을 횡령한 것이다. 제대로 된 대주주라면 자신이 지분을 가진 회사가 망가지는 모습을 보고 싶지 않는 것이 정상이지만, 사익 추구에 눈이 먼 오너 일가는 회사가 어떻게 되든 노동자들이 땀 흘려 번 돈을 자신의 호주머니에 주워 담기에 바빴다.

자본은 이윤 추구가 존재의 이유이자 본능이기 때문에 탐욕스럽다. 과도한 본능은 도덕이나 법의 울타리도 넘어선다. 그래서 본능을 적절히 조절해줄 수 있는 이성이 필요하다. 이윤 추구의 본능에 충실한 경영자에게는 본능이 사회적 규범을 넘어설 때 이를 제어해줄 수 있는 이성적인 감시자가 필요하다. 프로이드는 인간의 자아(ego)가 쾌락과 본능을 추구하는 원초아(id)와 도덕적 완성을 위해 원초아를 감시하는 초자아(superego) 사이에서 나온 중재의 산물이라고 말했는데, 이를 기업에도 적용할 수 있을 것 같다.

상근감사, 감사위원회, 사외이사 등과 같은 기업 내 경영 감시 장치들이 생겨난 것은 이윤 추구의 본능과 이를 감시해 온 이성이 서로 변증법적으로 다투면서 탄생한 자본주의 진화의 결과물들이다. 가족 기업을 신뢰할 수 없는 것은 이런 진화의 결과물들이 '가족'이란 이름 아래 한꺼번에 허물어져버린다는 데 있다. 중소기업에서부터 거대 재벌 대기업까지, 기업을 사회적 가치를 만드는 곳이 아니라 오너 일가의 사유재산으로 여기는 잘못된 인식이 한국 자본주의가 더 나은 시스템으로 진화하는 길을 가로막고 있다.

사외이사의 게으름은 유죄
대법원까지 간 분식회계 사건

::

코어비트의 거짓말

'횡령(橫領)'을 국어사전에서 찾아보면 "공금이나 남의 재물을 불법으로 차지하여 가짐"이라고 돼 있다. 기업의 대주주나 사장이라고 할지라도 회사 돈을 배당이나 급여로 받지 않고 자기 돈인 양 빼돌리면 횡령죄가 성립된다. 횡령죄의 뒤에는 개와 개 주인처럼 언제나 배임(背任)죄가 따른다. 배임죄는 회사에 고의로 손해를 끼친 행위를 말하는데, 대주주나 경영진의 횡령은 회사 돈을 마음대로 빼돌린 것이기 때문에 이는 곧 회사에 손해를 끼친 행위가 된다. 우리나라 재벌 총수들이 감옥에 가장 많이 들락거리게 하는 죄목이 바로 특정경제범죄가중처벌법에 따른 횡령·배임 혐의다.

횡령은 주식회사의 탄생과 관련이 깊다. 대주주가 회사의 가장 많은 주식을 갖고 있지만, 전체 주식을 몽땅 소유하고 있지 않는 이상, 주식을 나눠 가진 주주들 모두는 투자한 지분만큼의 권리를 회사 재산에 대해 갖고 있다. 회사가 벌어들인 돈은 이렇게 여러 주주들의 공동 재산이기 때문에 대주주라고 할지라도 회사 돈을 마음대로 쓰는 것은 다른 주주들의 사유재산권을 침해하는 행위일 수 있다. 주주로부터 회사 운영을 위임받은 경영자는 더더욱 회사의 주인이 아니기 때문에 회사 돈을 마음대로 빼돌려서는 안 된다.

대주주나 경영진이라고 해도 회사 돈을 마음대로 빼돌려서는 안 되는 것은, 이윤 추구가 지상 과제인 자본주의적 관점에서 보더라도 그렇다. 돈은 인간이 필요한 상품을 쉽게 교환하기 위해 만들어졌지만, 더 많은 돈을 벌기 위한 밑천으로 쓰였을 때는 '자본'이 된다. 자본가는 이 자본을 투입해 노동력, 생산수단, 원재료 등을 구입해 상품을 만든다. 생산된 상품을 시장에 판매했을 때는 초기에 투입한 자본금보다 더 많은 돈, 즉 이윤을 남겨야 한다. 이윤은 물론 자본가의 성과급이나 스톡옵션, 투자자들의 배당 등으로 쓰이지만, 다른 기업과의 경쟁에서 승리하기 위해 생산수단 재투자에도 사용된다. 만약 이윤이 비효율적으로 쓰인다면 시장 점유율 경쟁에서 살아남기 어렵다. 즉 많은 비용을 들여 만들어낸 상품이 시장에서 팔리지 않게 된다는 얘기다. 온전히 자기 돈으로만 사업을 하는 기업은 그리 많지 않다. 대부분의 기업은 회사채나 은행 대출 등 부채를 이용해 사업을 하는데, 이윤이 나지 않으면 이자를 낼 돈이 없어 결국 부도가 나게 된다. 참고로 기업이 영업을 해서 벌어들인 돈, 즉 영업이익을 이자비용으로 나눈 지표를 이자보상배율(영업이익/이자비용)이라고 하는데, 이 배율이 1배가 안 된다는 것은 영업을 해서 벌어들인 돈으로 이자조차 감당하기 어렵다는 의미다. 2014년을 기준으로 이 배율이 1배가 안 되는 대표적인 재벌 대기업이 현대중공업, 동부, 한진중공업, GS, 현대, 한화, 한진 등이다.

냉혹한 자본의 이윤 추구 동학 속에서 대주주나 경영진이 이윤의 일부를 빼돌리는 행위는 곧 기업의 퇴출을 앞당기는 것이 된다. 횡령은 이렇게 자본주의의 본성을 거스르는 행위이기 때문에 재벌 총수라고 할지라도 감옥행을 피할 수 없다. 나중에 특별 사면으로 풀려나는 일이 대부분이지만, 어쨌든 몸이 아프지 않다면 구속은 한다.

자본주의 시스템은 상근감사, 감사위원회, 사외이사, 외부감사인 등 경영자들의 횡령·배임 행위 등을 감시하기 위한 장치가 마련되는 데까지 진화했다. 물론 감시는커녕 경영진 의견에 반대 의사 하나 피력하지 못한다는 이유로 '거수기'라는 비난을 받지만, 반대로 해석하면 우리 사회가 경영진에 대한 감시 의무를 그만큼 중요시하고 있다는 것을 보여준다. 경영진이 분식회계로 횡령을 저질렀을 때 이를 제대로 막지 못한 사외이사도 처벌을 해야 한다는 대법원 판결이 2014년에 있었다. 남편이 범죄를 저질러도 아내는 처벌받지 않지만, 경영진과 사외이사의 관계는 그렇지 않은 것이다. 대법원에 따르면 사외이사가 게으른 것은 죄가 될 수 있다.

대법원까지 올라간 코어비트의 분식회계 및 횡령 사건

한때 코스닥 상장사였던 코어비트에서 일어난 일이다. 이 회사는 전 대표이사의 횡령 사실을 감추기 위해 분식회계를 했다. 세계 금융위기가 한창이던 2008년, 코어비트는 한 비상장사 주식 55만 주를 17억 6000만 원에 사들였다. 하지만 회계장부에는 이 주식을 110억 원에 산 것처럼 기록했다. 보유 주식의 가치를 5배 넘게 부풀린 것이다. 비상장사는 일반 투자자들이 주식시장에서 주식을 살 수 없기 때문에 기업의 주머니 사정을 일일이 투자자들에게 공시하지 않아도 된다. 공시 규제가 느슨한 비상장사의 특성을 횡령을 감추는 수단으로 쓴 것이다.

코어비트는 또 계열사에 돈을 빌려준 적도 없었고 계열사의 상품을 구입할 때 계약금 명목으로 미리 준 선급금도 없었다. 그런데도 회계장부에는 계열사에 대여해준 돈과 선급금이 30억 원에 달한다고 거짓으로 기록했다. 이는 모두 대표이사가 횡령으로 빼간 돈이다.

무형자산인 영업권도 분식회계에 동원됐다. 영업권이란 건물, 기계, 토지처럼 눈으로 볼 수 있고 손으로 만질 수 있는 유형자산이 아니라 브랜드 가치, 명성, 경영조직, 특허권 등 오랫동안 영업을 하면서 얻게 된 눈에 보이지 않는 자산 중 하나다. 돈으로 계산할 수도 없고 자산으로 인식할 수 있는 시기나 가치를 판단하기가 어려워 평소에는 자산으로 간주하지 않지만, 기업을 인수합병한 과정에서 돈을 주고 사들였을 때는 자산으로 본다. 영업권은 좀 추상적이어서 가치를 정확히 계산하기 어렵다 보니 분식회계에 자주 동원된다.

코어비트는 개점휴업 상태인 계열사가 마치 정상적으로 영업을 하는 것처럼 기록, 영업권의 가치가 엄청나게 큰 것인 양 부풀렸다. 영업권은 기업이 제대로 영업을 하고 있는 상태라면 자산으로 인정되지만, 전문 인력이 대거 이탈해 영업망이 파괴되거나 대규모 손실로 자본이 잠식되는 등 사업성이 크게 나빠지면 손실로 털어내야 한다.

코어비트가 이런 방식으로 부풀린 수익은 150억 원에 달했다. 코스닥 시장에서 퇴출된 2010년 당시 자본금은 140억여 원이었는데, 거짓으로 부풀린 돈이 퇴출 당시 사업 밑천보다 더 많았으니 심각한 수준이었다.

사외이사는 대표이사의 이 같은 분식회계 행위를 알 만한 정황이 있었음에도 이를 지적하지 않았다. 오히려 대법원 재판정에서 "이사회에 꼬박꼬박 참석하지 않아 몰랐다"고 답변했다. 스스로 경영자의 감시자 노릇을 제대로 못했다고 시인한 것이나 다름없는 말을 해명이랍시고 했으니, 평소에 얼마나 경영 감시 역할에 소홀했는지 알 수 있다. 문제는 우리나라 대다수 사외이사들은 코어비트 사외이사와 비슷한 수준이란 사실이다. 그저 이사회에 참석해 경영진이 올린 안건에 '찬성' 의견을 내고 거마비를 챙기는 게 지금의 사외이사가 하는 일이다. 최소한 재무제표를 볼 수 있는 안목을 키우든지, 재무제표를 읽을 줄 모른다면 주위 전문가에게 의뢰해 재무제표를 분석해보려는 노력은 해야 경영진의 감시자란 역할에 충실한 것 아닐까.

횡령의 조건

코어비트의 분식회계에서 짚고 넘어갈 부분은 경영자가 회사 돈을 횡령하는 주요 수단으로 공시 규제가 느슨한 회사들을 동원한다는 것이다. 주식시장에 상장돼 있지 않은 비상장사나 장학재단과 같은 비영리법인, 특수목적법인(SPC)[50] 등이다. 자금의 흐름이 투명하게 공개되지 않는 약점을 간파한 것이다.

또 회계감사를 하는 회계사들이 증빙 서류가 있으면 회사 측이 작성

---

50   특수목적법인(SPC): 기업의 특수한 목적을 이루기 위해 일시적으로 만들어지는 일종의 서류상회사.

한 재무제표를 그대로 승인하기 때문에 가짜 세금계산서나 은행 전표 등도 매출거래를 속일 때 동원된다. 기업의 브랜드, 영업조직의 가치 등을 의미하는 영업권처럼 가치를 측정하기가 어려운 항목도 분식회계에 자주 쓰인다. 연구개발비도 대표적으로 가치를 측정하기 어려운 항목 중 하나다.

횡령을 뿌리뽑기 위해서는 기업의 내부 사정을 속속들이 알기 어려운 외부감사인이나 감독당국보다 내부 감시자들의 역할이 중요하다. 상근 감사, 감사위원회, 사외이사 등 내부 감시자들이 감시를 제대로 못했을 때 사후 처벌을 강화하는 방법도 있지만, 보다 근본적인 접근이 필요하다. 즉 자본을 감시하기 위해서는 자본에 독립적인 감시자가 필요하다. 지금의 내부 감시자들은 그들에게 급여를 주는 경영진에게 쓴소리를 하기 어렵다. 직장을 잃을 각오를 해야 하는 판에 누가 경영자의 비리를 고발할 수 있을까. 회계사들도 마찬가지다. 감사 수임 계약이 끊어질 수 있는 위험을 무릅쓰고 경영자의 불법 행위를 금융당국에 고발할 수 있을까.

과거 부실 저축은행 사태 당시 금융당국은 지배구조가 취약한 저축은행에 한해 상근감사의 급여를 경영진이 아닌 정부가 주는 방안을 검토한 적이 있다. 경영진의 직원이 아니라 정부에서 나온 관료가 부실한 기업을 감시하도록 하자는 아이디어다. 결국 기업의 자율적 경영을 지나치게 위축시킨다는 비판으로 제도화하진 못했지만, 공공이 사적 자본을 감시하자는 취지는 공감할 만하다. 저축은행 등 제2금융권뿐만 아니라 분식회계 범죄가 자주 일어나는 코스닥 기업에도 적용할 만한 제도일 것이다. 시장도 공공의 감시를 받지 않으면 괴물이 된다. 물론 관료와 시장 간 유착을 걱정할 수 있겠지만, 지금처럼 전혀 감시 기능이 작동하지 않는 것보다는 나을 것이다.

회계사의 감사의견, 경제 사범도 잡는다?

허위 수출 실적으로 시중은행에서 3조 원대 거액 대출을 받은 모뉴엘 사태. 금액만 다를 뿐 이와 똑같은 방식의 수출금융 부정행위가 적발돼 충격을 줬습니다. 이른바 '제2의 모뉴엘'로 불리는 후론티어의 부당대출 금액은 1500억여 원에 달했습니다. 관세청에 따르면 2014년 후론티어의 사장은 생산원가가 2만 원인 TV캐비닛을 개당 2억 원으로 부풀려, 총 1563억 원을 일본에 있는 후론티어의 지사로 수출 신고를 하고 물품은 대표이사의 아내 명의로 설립한 유령회사인 미국의 P사로 발송했습니다. 이후 이 허위 수출 매출채권을 은행권에 팔아 자기 돈으로 챙겼고 수출 채권 만기가 되면, 같은 방식의 위장 수출을 반복해 은행권 대출을 돌려막았습니다.

관세청 조사대로라면 이 후론티어의 사장은 원가를 부풀리고 매출채권도 거짓으로 꾸몄으니 분식회계를 한 것이지요. 그렇다면 이 회사를 감사한 회계사가 감사를 잘못한 것일까요? 2만 원짜리 물건이 2억 원으로 둔갑하다니. 세상에 수도권 변두리 아파트 한 채 가격의 TV캐비닛을 살 정신 나간 사람이 있을까요? 이런 것마저 회계감사를 통해 바로잡지 못했다면 회계사는 있으나 마나한 사람이겠지요.

회계감사란 독립된 제3자가 다른 사람이 작성한 회계장부가 회계기준에 맞게 작성됐는지를 검사하는 일입니다. 주주, 채권자, 노동자, 거래업체 등 이해관계자가 많은 자본주의 경제시스템에서 회계감사는 기업의 회계 투명성을 판단하는 기초 작업입니다. 재무제표가 회계기준에 맞게 작성됐다면 회계사는 감사의견으로 '적정'을, 전반적으로 양호하지만 일부가 회계기준에 맞지 않게 작성되어 있다면 '한정'의견을 줍니다. 재무제표에 중요한 회계기준 위반 사항이 있고 이 위반 사항을 고치지 않으면 재무제표 전체를 믿을 수 없다고 판단될 때는 '부적정'의견을, 감사인이 의견을 표시할 만큼 회사가 충분한 근거를 제공하지 못했을 때는 '의견 거절'을 제시합니다. 회계사로부터 부적정 의견이나 의견 거절을 받았다면, 주식시장 상장사의 경우 상장폐지 사유가 됩니다.

공인회계사는 회계감사에서 기업의 재무제표가 회계기준에 맞게 작성됐는지를 중심으로 살펴보지만, 이 과정에서 경영진의 부정행위를 발견하기도 합니다. 이번 후론티어의 수출 금융 부정 사건에서도 회계사가 범인을 잡았다고 해도 과언이 아닙니다. 가우 공인회계사 감사반 소속 회계사는 2014 회계연도의 감사의견을 '의견거절'로 제시했습니다. 회계기준에 맞게 재무제표가 작성됐는지를 살펴보기 힘들 정도로 회사가 자료를 주지 않았다고 외부에 알린 것입니다.

감사보고서를 보면, 회사가 대표이사에게 자산총계의 49퍼센트에 달하는 58억 원을 대출했지만, 사용처에 대한 명확한 자료나 상환 계획을 제시하지 못했다고 나와 있습니다. 또 기말 외상매출금 86억 원도 명확한 회수금액을 판단하기 어렵다고 밝혔습니다. 이런 내용의 감사보고서는 2015년 4월 14일 금융감독원 전자공시시스템에 공시됐고 관세청도 이 감사보고서를 토대로 조사에 착수했습니다.

후론티어의 재무제표를 보면 이상한 점이 한두 가지가 아닙니다. 우선 2014년 재무상태표를 보면 재고자산이 '0원'입니다. 창고에 쌓여 있는 자산이 아예 없다는 얘기인데요, 생산 활동을 하지 않아 창고에 보관할 재고품이 없었거나 창고에 쌓인 재고품을 몽땅 허위 매출실적에 반영하기 위해 유령회사로 넘겼을 것으로 추정됩니다. 판매시점과 생산시점을 정확히 맞추다 보니 재고품이 남지 않았다고 볼 수도 있지만, 허위 수출을 일삼아온 기업이 이렇게까지 치밀하게 경영을 했을까요? 새롭게 상품을 팔아 늘어난 매출채권을 몽땅 손실처리한 것도 석연치 않습니다. 2013년 33억 원 규모의 매출채권은 2014년 86억 원으로 늘어나는데 이중 50억 원이 대손충당금[51]으로 설정돼 있습니다. 한 해 동안 상품을 팔았는데 몽땅 손해를 봤다는 얘깁니다.

어쨌든 이렇게 형편없는 회사도 모뉴엘이 그랬던 것처럼 무역보험공사의 보증서를 받았고 이 보증서는 은행이 대출을 한 근거가 됐습니다. 또 산업자원부의 무역의 날 장관 표창과 수출의 탑 훈장도 받았습니다. 무역금융 분야 있는 분들이 그러더군요. "수출 증대가 1차적인 목적이라 수출만 된다 싶으면 무조건 지원해준다"고요.

우리나라는 '수출로 먹고 사는 나라'이지, '허위 수출로 먹고 사는 나라'는 아닐 겁니다. 수출이 허위이든 말든 무조건 수출 실적만 올리면 된다고 생각하는 실적주의와 관료주의가 모뉴엘 사태에 이어 제2의 모뉴엘 사태까지 터지는 데 한몫 하지 않았을까요? 여기에서 벗어나지

---

[51] 대손충당금(貸損充當金): 매출채권이나 대여금 등 받을 돈이 계약 상대방의 부실 등으로 못 받게 됐을 때 미래에 발생할 손실에 대비해 쌓아두는 계정이다. 대손충당금을 쌓으면 곧바로 회사는 그만큼을 손실로 털어내게 된다.

않으면 또 어떤 기업이 허위 수출 실적을 꾸며 나라 곳간을 빼먹을지 모를 일입니다.

레임덕 부른 '최규선 게이트' 결말은?

김대중 정권 말 터진 회계 사건

::

유아이에너지 분식회계 논란

김대중 전 대통령도 임기 말에는 권력형 게이트에 휘말려 곤욕을 치렀다. '진승현 게이트', '이용호 게이트'도 있었지만, 김대중 정부의 체면을 바닥으로 떨어뜨린 사건이 중동에서 자원개발 사업을 하던 최규선 씨가 김 전 대통령의 삼남 홍걸 씨를 내세워 각종 이권에 개입했다는 의혹이 제기된 이른바 '최규선 게이트'다. 최규선 씨는 제15대 대통령직 인수위원회 김대중 대통령 당선자 보좌역이었다. 2015년 현재는 코스닥 상장사인 루보를 인수했고 사명을 썬코어로 바꿔 전기자동차, 무인 경비 시스템 개발 사업 등을 하고 있다.

정권을 흠집 내려는 시도였는지, 실제로 부정부패 행위가 있었는지는 여전히 의문이지만, 최 씨는 2003년 법원으로부터 징역 2년형을 선고받았다. 홍걸 씨에게 3억 원을 건넨 혐의가 드러난 탓이다. 당시 금융 당국은 최 씨가 운영한 유아이에너지의 분식회계 정황도 포착했다. 유아이에너지는 손실이 늘어나 자본금이 완전히 바닥나기 시작한 자본잠식 상태로 결론이 나면서 주식시장에서 퇴출됐다. 최 씨는 물론 자원개발 사업에 희망을 품고 유아이에너지 주식에 투자한 소액주주들까지 모두 휴지 조각이 된 주식을 받아들게 된 것이다.

"최규선, 공사대금 횡령" 주장한 금융당국

유아이에너지의 분식회계 혐의는 크게 2가지다. 중동에서 자원개발 사업을 하면서 이라크 쿠르드 자치정부로부터 받은 공사대금을 받지 않은 것처럼 기록, 이 돈을 횡령했다는 것이 첫 번째 혐의다.

유아이에너지는 지난 2007년 이라크 쿠르드 자치정부와 이동식 발전설비 공사 계약을 체결한다. 쿠르드 자치정부는 유아이에너지에 공사대금과 계약금을 지급했지만, 유아이에너지는 이를 아직 돈을 받지 않은 외상값, 즉 매출채권으로 회계장부에 기록했다. 이미 돈을 받았음에도 돈을 받지 않은 채권으로 처리해놨다는 것이다. 금융당국은 쿠르드 자치정부로부터 받은 공사대금을 받지 않은 것처럼 거짓으로 기록해 최 씨가 이 돈을 빼돌렸다고 봤다. 물론 반론도 있다. 당시 금융감독원의 분식회계 조사 결과에 대해 유아이에너지와 감사인인 삼일회계법인은 즉각 이의를 제기했고 금융당국도 이의 제기를 일부 받아들였으니 관련 혐의는 무죄로 봐야 한다는 것이 최 씨 측의 주장이다.

또 한 가지 분식회계 혐의는 유아이에너지와 쿠르드 자치정부가 맺은 병원(도혹병원) 건설 관련 계약에서였다. 공사 계약금을 받아놓고 회계장부에는 이 계약금을 원래 받은 금액보다 적은 금액을 선수금으로 기록했다는 것이다. 선수금이란 일종의 계약금으로, 상품이나 서비스의 대가를 나눠 받기로 했을 때 먼저 받은 금액을 말한다. 예를 들어 계약금으로 100만 원을 받았는데 회계장부엔 20만 원으로 기록하고, 나머지 80만 원을 최 씨가 횡령했다고 본 것이다.

"분식 인정하나 고의 아니었다…횡령 없었다"는 최규선 회장

그러나 최 씨의 주장은 다르다. 먼저 지적된 매출채권 허위 기재 관련 혐의는 금융당국도 이의 제기를 받아들였으니 일단 넘어가자. 두 번째 도쿡병원 건설 과정에서 받은 계약금을 횡령했다는 혐의는 도저히 인정할 수 없다고 최 씨는 항변한다.

이 사건을 간략히 짚어보자. 유아이에너지의 모회사 유아이이엔씨는 2006년 이라크 쿠르드 자치정부와 도쿡병원 건설 관련 계약을 맺는데 그 이듬해인 2007년에는 공사계약자가 원래 모회사 유아이이엔씨에서 자회사 유아이에너지로 바뀐다.

쿠르드 자치정부는 공사 계약금 270억 원을 맨 처음 계약을 맺은 유아이이엔씨로 송금을 한다. 유아이이엔씨는 이 계약금을 공사계약자가 유아이에너지로 바뀐 뒤에도 자회사에 송금을 하지 않았다. 원칙대로라면 계약자가 바뀌었으니 마땅히 계약금도 바뀐 계약자에게 주는 것이 옳지만, 최 씨는 당시 유아이에너지가 공사자금 조달에 어려움을 겪고 있어 계약금을 넘겨주면 불필요한 데 써버릴 수 있다고 보고 돈을 넘겨주지 않았다는 것이다. 마치 아버지가 따낸 공사 계약을 아들에게 넘겨줬지만, 부실한 아들이 못 미더워 계약금까지는 넘겨주지 않은 상황으로 비유할 수 있다.

유아이에너지 입장에선 공사 계약자로서 마땅히 들어와야 할 계약금이 들어오지 않았으니 이를 손실 처리할 수밖에 없었다. 금융당국은 유아이이엔씨가 계약금을 유아이에너지에 넘겨주지 않은 것은 최 씨가 횡령할 목적이 있다고 봤고, 유아이에너지에는 손실을 끼쳤으니 배임 혐의도 있다고 봤다. 또 들어와야 할 계약금이 유아이에너지의 회계장부에는 없었으니 회계장부를 조작했다고도 주장했다. 물론 이를 회계장부에 제대로 반영하지 않은 데 대해서는 최 씨 측도 잘못을 인정하고 있다. 다만 고의적인 분식회계가 아니라 회계규정을 잘 모른 데서 비롯한 실수였다는 게 최 씨 측 주장이다.

이런 가운데 한국거래소는 유아이에너지가 손실 누적으로 회사를 운영할 수 있는 자본금이 바닥났다고 판단, 주식시장에서 퇴출시켰다.

하지만 최 씨는 그때 받은 계약금 270억 원은 여전히 유아이이엔씨가 갖고 있기 때문에 횡령한 적이 없다고 이야기한다. 또 거래소가 자본금이 바닥났다고 판단한 유아이에너지의 감사보고서도 잘못됐다고 주장한다. 상장폐지 근거가 된 것은 삼일회계법인이 2012년 9월 13일에 공시한 재감사보고서인데, 여기에 어떤 문제가 있다는 것일까.

최 씨의 주장은 이렇다. 유아이에너지의 도훅병원 관련 공사 계약은 상장폐지 직전인 2012년 8월 6일 공사계약이 해지된다. 자금을 제대로 조달하지 못해 공사를 시작하지도 못한 탓이다. 어쨌든 공사 계약은 해지됐고 앞서 쿠르드 자치정부가 유아이이엔씨에 송금한 270억 원의 계약금은 또 다른 공사 계약(술래마니아 병원 건설 계약)의 계약금을 준 것으로 합의했다. 유아이에너지가 유아이이엔씨로부터 받지 못해 손실 처리해온 골칫거리 '도훅병원 계약금'이 이젠 사라진 것이다. 삼일회계법인은 이런 사실을 인정해 그동안 손실로 처리해온 도훅병원 계약금을 '채무면제이익'으로 회계장부에 반영한다. 일반적으로 계약금은 계약이 제대로 이뤄지지 않으면 다시 돌려줘야 하는 돈, 즉 일종의 '빚'이 되지만, 이제는 이런 빚이 사라졌다는 의미다. 270억 원 규모의 손실이 사라졌다는 게 회계장부에 반영된다면 유아이에너지는 상장폐지의 근거가 됐던 자본잠식 상태에서 벗어날 수 있다.

문제는 손실이 언제부터 사라지느냐다. 삼일회계법인은 공사 계약이 해지된 시점이 2012년 8월 6일이기 때문에 2012 회계연도의 회계장부에 반영해야 한다고 봤다. 이렇게 되면 거래소의 상장폐지 결정은 정당하다. 회계결산을 하게 되는 2012년 말이 돼야 손실이 사라지게 되는데 이때는 이미 상장폐지를 결정한 다음이기 때문이다.

반면 최 씨는 2011 회계연도 재무제표에 손실이 사라진 것을 반영해야 한다고 주장한다. 거래소가 상장폐지 결정을 하기 전 다시 감사하라고 한 재무제표는 2011 회계연도의 재무제표였기 때문에 공사 계약이 해지됐다는 사실을 회계법인이 알았다면, 그 사실을 해당 재무제표에 반영했어야 한다는 것이다.

최 씨는 이런 논리로 거래소를 상대로 상장폐지 무효확인 소송을 진행했고 1심에선 승소했다. 거래소는 이런 재판 결과에 불복해 항소를 제기한 상태다. 항소심을 진행하게 될 서울고등법원은 어떤 결정을 내리게 될까.

재판을 앞둔 가운데 회계학계 원로 교수들의 의견이 나와 주목된다. 한국회계학회 회장을 지낸 성균관대 송인만 교수, 역시 한국회계학회 회장을 역임한 이창우 서울대 경영대학 교수, 금융위원회 회계제도심의

위원을 지낸 정도진 중앙대 경영경제대학 교수가 최 씨의 주장이 맞다는 의견을 내준 것이다.

이들 원로 교수진은 문제가 된 '도훅병원 선수금'은 최 씨 말대로 2011 회계연도에 사라지게끔 재무제표에 반영해야 한다고 봤다. 기업회계기준상 결산일과 재무제표가 이사회로부터 승인받는 날 사이에 일어난 사건 중 손익에 중대한 영향을 미치는 사건은 '보고기간 후 사건'으로 이전 재무제표에 반영하게 돼 있다는 논리다. 도훅병원 공사가 2012년 8월 6일에 해지됐지만, 재감사보고서는 그해 9월 12일에 이사회 승인을 받았기 때문에 '보고기간 후 사건'에 해당한다는 것이다. 이렇게 되면 유아이에너지는 2011 회계연도부터 관련 손실이 사라지면서 상장폐지 사유인 자본잠식 상태를 벗어나게 된다.

중앙대 정도진 교수는 "기업회계기준에 따르면 '보고기간 후 사건'이 반드시 해당 회계연도 말부터 첫 번째 재무제표가 이사회로부터 승인받는 기간에만 일어나야 한다는 법은 없다. 유아이에너지는 상장폐지 절차로 재감사를 받는 특수한 상황이었기 때문에 재무제표 승인 이전에 일어난 도훅병원 공사 해지 계약은 2011 회계연도 재무제표에 반영하는 게 맞다"고 강조한다.

2심 법원은 '유죄' 판단…최규선, 징역 9년 받고 수감

최 씨는 1심에선 한국거래소에 승소했지만, 2심 법원을 넘어서진 못했다. 서울고등법원 민사16부(배광국 부장판사)는 2016년 12월 19일 유아이에너지가 한국거래소를 상대로 낸 상장폐지 결정 무효 확인 소송에서 1심과 달리 한국거래소의 손을 들어줬다. 고등법원은 "이 사건의 선수금은 유아이에너지가 도흑병원 공사계약과 관련해 받은 돈"이라며 한국거래소의 상장폐지 결정이 정당하다고 판단했다.

최 씨는 또 개인의 횡령·배임 혐의가 1심 법원에서 유죄로 결정되면서 2016년 11월 징역 5년, 벌금 10억 원을 선고받고 법정 구속됐다. 구속 수감 중이던 그는 건강상의 이유로 구속집행 정지를 신청했고, 병원 치료를 받던 틈을 타 도주했으나 다시 검거됐다. 도주를 시도한 '괘씸죄'로 형은 1년 더 연장됐다. 그는 이후 상급 법원에 항소했다. 그러나 항소심에서 더 많은 형량이 추가된 것이다. 2018년 1월 고등법원은 최 씨에게 징역 9년에 벌금 10억 원을 선고했다.

회계 전문가들은 경영자가 분식회계 사건에 휘말리면, 일단 무혐의를 주장하기보다 조금이라도 잘못한 점이 있는지 파악해, 이를 수정하고 반성하는 태도를 보이는 게 중요하다고 조언한다. 실수로 분식을 했다 하더라도 이런 태도가 형량을 가르는 중요한 기준이 된다고 한다. 실수라 하더라도 반성하지 않는 경영자는 다음에도 똑같은 실수를 저지를 수 있기 때문이다. 고의든 아니든, 자본시장의 잠재적 피해자를 양산할 가능성이 큰 경영자에게 사법당국은 자비를 베풀지 않는다.

도시바와 분기 자본주의

일본의 대표적인 전자기업 도시바는 2015년 1조 5000억 원대 분식회계 사건에 휩싸이면서 홍역을 치렀습니다. 공든 탑이 한순간에 무너지는 순간, 도시바에 평생을 바친 직원들은 얼마나 허탈하게 이 사태를 지켜봤을까요.

분식회계 사건이 일어나는 데는 경영진의 사리사욕도 있지만, 기업문화도 크게 작용합니다. 소통이 되지 않는 상명하복(上命下服)의 경직된 기업문화는 분식회계가 잘 자랄 수 있는 토양이 되지요. 도시바의 분식회계를 조사한 제3자위원회는 "현장에서 상사의 뜻을 거역할 수 없는 기업 풍토가 있었다"며 "외부에서 발견하기 어려운 방식으로 회계를 고의적이고 지속적으로 조작했다"고 지적했습니다. 제3자위원회란 회사 내부의 감사 조직만으로는 미덥지 못하다고 보고, 검찰 출신 인사를 위원장으로 변호사, 회계사로 구성된 외부인들의 위원회입니다. 아무래도 경직된 기업문화 속에서 내부인에게 분식회계 조사를 맡기면 공정성 시비가 끊이질 않겠죠. 대기업 안에는 언제나 '줄서기' 문화라는 게 있잖습니까.

도시바가 부풀린 당기순이익은 1518억 엔으로 우리 돈 약 1조 4100억 원에 달하는데요, 이만한 이익 부풀리기가 이뤄지는 데는 경영진의 계속적인 압박이 있었습니다. 사사키 사장은 심지어 "사흘 동안 120억 엔(1130억 원) 규모의 영업이익을 맞추라"고 요구하기도 했답니다.

대우나 동양그룹 등 우리나라에서 벌어지는 대형 분식회계 사건도 카리스마적인 오너와 경영진이 만들어낸 상명하복의 조직 문화가 바탕에 깔려 있습니다. '안 되면 되게 하라', '하면 된다'는 불굴의 기업가 정신은 자유로운 소통 없이 그저 명령으로만 하달되면 '안 되면 (회계장부를 꾸며서라도) 되게 하라', '(분식회계도) 하면 된다'로 곡해되기 십상이지요.

사내 감사부와 리스크관리부 등 감독기구의 지적을 귀담아듣지 않는 경영진이 있다면 문제는 곪아 터지게 마련입니다. 자본주의가 진화했다는 것은 기업이 시장의 욕망에만 충실하지 않도록 내부 감사 조직을 두기 시작했다는 것을 의미하지요. 물론 모두 대주주, 오너에게 월급을 받는 처지라 제대로 된 감사가 이뤄지지 않는 경우가 태반이지만, 어쨌든 없는 것보다는 나을 겁니다. 도시바도 분식회계를 바로잡을 기회가 여러 번 있었습니다. 지난 2013 회계연도에는 공사손실충당부채를 계상해 손실을 털어내야 한다는 안건이 이사회에 올라왔지만 경영진은 이런 지적을 간단히 무시했지요. 공사손실충당금이란 미리 예상되는 미래의 손실을 합리적으로 추정할 수 있다면 손실로 털어내는 계정입니다. 손실을 합리적으로 추정할 수 있었음에도 털어내지 않는 것도 분식회계에 해당합니다.

도시바의 사례는 우리나라에서도 시사하는 바가 큽니다. 동양 사태는 물론 2015년을 강타한 대우건설, 대우조선해양 등 잇따른 건설사, 조선사의 분식회계나 빅배스 문제도 자기 성과에만 집착하는 최고경영자의 독선이 있었다고 볼 수 있습니다. 연임에 집착한 나머지 '내 임기 중에만 아니면 된다'는 식으로 손실 반영을 미루다 보면 대형 분식회계 사건으로 이어지면서 더 많은 이해관계자의 삶을 괴롭히게 됩니다.

최근 미국 경영계에선 장기적인 기업의 성장보다 단기적인 성과에만 집착하는 이른바 '분기 자본주의(Quarterly capitalism)'를 극복하자는 목소리가 높습니다.

도미니크 바턴 맥킨지앤드컴퍼니 회장은 "기업은 분기 성과에 집착하는 '분기 자본주의'에서 '장기 자본주의(long-term capitalism)'로 이동해야 한다. 이는 기업을 관리·경영하고 이끄는 방식의 근본적 변화를 필요로 하고 사회 속에서 기업의 가치와 역할을 규정하는 방식도 달라져야 한다"고 강조했습니다. 이를 위해 장기 목표에 집중한 동기 유발 방식·조직 구조 재편, 직원·협력업체·고객·채권자·지역사회·환경 등 이해관계자를 위한 노력, 상장사 이사회의 주인의식 강화 등이 필요하다고 역설합니다. 자본주의 사회를 주도하는 주도층들 사이에서도 지금처럼 지극히 눈앞의 이익, 자기 자신의 이익만 생각하는 시스템이 영속할 수 있을지 불안감을 갖고 있는 것입니다.

물론 새로운 얘기는 아닙니다. 경제가 위기에 빠지면 언제나 흘러나오는 설교입니다. 일선 노동자들은 '단기 성과에 집착 말라'는 직원 대상 교육을 들을 땐 고개를 끄덕이면서도 일터로 돌아가면 휴가도 반납한 채 단기 성과를 올리는 데 온 정력을 쏟아붓습니다. 회사 주주도 아닌데 그저 해고돼 산업예비군[52]이 되지 않으려고 발버둥을 치는 것이죠.

분식회계는 '분기 자본주의'가 정점을 찍고 균열이 생길 때 열리는 열매입니다. 경영진이 감옥에 가고 수백 억원에 달하는 추징금을 무는 일을 보면서도 저 열매가 내가 재임할 때는 열리지 않으리라는 강력한 확신이 있는 것처럼 일합니다. 이 성과주의적 분기 자본주의에 소통이 없는 상명하복의 기업문화가 결합한다면, 이는 정말 '헬기업(hell company)'으로 가는 고속철도를 탄 것이겠지요?

---

52 산업예비군: 카를 마르크스(Karl Marx)는 생산 과정에서 추방된 노동자들이 산업예비군을 형성한다고 설명했다. 이 산업예비군은 자본주의에 필요한 부속물로 호황기에는 생산 과정에 동원되지만, 공황이 오면 실업자가 돼 생산과정에서 추방된다. 산업예비군은 이미 취업한 노동자의 지위를 불안정하게 하고 노동조건을 악화시킨다.

제 3 장

자본주의 속 기업

분식회계는
필수일까

분식회계의 조건,
거시적·미시적 분석

앞서 제2장에서 살펴본 기업의 사례를 보면 분식회계를 하는 다양한 원인을 엿볼 수 있다. 대놓고 가짜 매출을 만들어 사기를 친 모뉴엘이나 회사 돈 횡령을 목적으로 한 세모그룹처럼 고의로 회계장부를 조작하기도 하고, 효성그룹처럼 경기불황에서 살아남기 위해 어쩔 수 없이 (이 역시도 고의이지만) 분식회계를 하기도 한다. 이 모든 것을 관통하는 이유는 하나로 정리된다. 회사의 경영자나 오너, 기업 집단의 사익 추구다. 다시 말하면 기업의 이윤을 극대화해 기업의 관리자나 소유자가 가져가는 몫을 늘리려는 이유에서라고 요약할 수 있다. 물론 이윤을 고의로 축소하는 역분식회계도 세금을 덜 내거나 임금 인상을 억제해 사익을 추구하는 행위와 연결된다.

흔히 강도나 살인과 같은 반인륜적인 범죄 행위를 접했을 때, 사람들은 사건의 원인을 범인의 불우한 가정환경이나, 원한 관계, 사이코패스적 심리 상태와 같은 지극히 개인적이거나 좁은 사회관계 속에서 찾지만, 그런 사소한 원인들이 범죄로 이어지는 것에도 거대한 사회적 구조가 자리하고 있다. 실업이 만연해 취업 경쟁이 더욱 치열해지고, 사회 안전망이 부족해 돈을 벌지 못하면 최소한의 인간다운 삶조차 기대할 수 없는 구조가 점점 더 강화된다. 이런 사회에서는 사회적 약자에 대한 '혐오 현상'과 흉악한 범죄 행위가 더 만연해질 수 있다.

기업의 분식회계도 근본적으로는 거시적인 시스템 안에서 원인을 찾아야 한다. 시장 경쟁에서 잘 나가는 기업보다는 부도 위기에 처한 기업이 회계부정의 유혹을 더 많이 느끼게 되듯이, 기업 전반의 불황이 심화하는 불경기 속에서 분식회계 행위가 더 자주 발행할 수 있는 것은 자연스러운 귀결이다. 분식회계를 한 경영자에 대한 강도 높은 책임 추궁도 필요하겠지만, 오로지 개인적 이유에서만 문제의 원인을 찾게 되면 전혀 문제를 해결할 수가 없다. 범죄의 징후가 보이는 사람을 미리 선별해내긴 어렵듯이 분식회계 징후 기업도 꼭 집어서 선별해내긴 어렵다. 물론 생존 경쟁에서 낙오한 사람이 범죄의 확률이 높고 시장 경쟁에서 낙오한 부실기업이 분식회계를 저지를 가능성은 크지만, 그렇다고 곧장 그런 사람이나 기업이 활동을 할 수 없도록 격리하기도 어렵고 그렇게 해서도 안 된다.

분식회계 행위를 하는 기업은 극히 일부에 불과한데 거대한 사회 구조를 문제 삼는 것은 다소 지나칠 수 있다는 반문도 있을 수 있겠다. 그러나 우리가 제2장에서 살펴본 분식회계 기업들도 설립할 때부터 회계 부정을 저지르려고 했던 곳들은 아니었다. 지극히 평범하고 주변에서 쉽게 볼 수 있는 기업들이다. 극히 일부가 아니라 평범한 기업도 특정한 조건이 되면 충분히 저지를 수 있다는 얘기다. 게다가 우리나라의 분식회계 적발 시스템은 매우 취약하다. 회계사들은 회계감사에 필요한 자료를 회사 측에 요구하기도 어려울 정도로 '을'이 되어버렸고, 회계 감독당국의 소규모 인원으로 외부감사 대상 기업 2만 2000여 곳의 회계장부를 모두 들여다보기란 거의 불가능에 가깝다. 감독 시스템이 치밀하다면 분식회계는 극히 일부 기업에 대한 '특수한' 사례라고 자신 있게 이야기할 수도 있지만, 그럴 만한 환경이 안 되는 것이 우리나라의 현실이다.

경영자가 분식회계의 유혹에 빠지고, 이를 실행에 옮기는 이유는 무엇일까. 경영자가 사이코패스라는 둥, 수단 방법을 가리지 않고 목적을 달성하라고 가르친 가정교육이 잘못 됐다는 둥, 특정 학교 출신이라 학연에 이끌려 부정을 저질렀다는 등 온갖 개인적 이유를 든다면, 경영자가 여러 번 바뀌는 동안에도 계속해서 분식회계가 일어난 기업의 사례들을 설명할 수가 없다.

분식회계는 무엇보다 기업이 더 많은 이윤 추구를 위한 경쟁에 내몰리고 있는 시스템이 만든 범죄다. 어제까지 멀쩡히 상품을 잘 만들던 기업도 이윤 경쟁에서 낙오하면 내일의 생존을 장담할 수 없게 만드는 무한경쟁의 시장 시스템이 분식회계를 낳는다. 시장 감시자의 부족으로 부정이 적발되지 않을 확률이 더 높은 상황에서 다른 기업도 조금씩은 다 부정행위를 하는 마당에 나 혼자 정직하게 장사를 하면 결국 나만 손해를 본다는 의식이 시장 저변에 깔려 있어서다. 기업이 피터지는 이윤 경쟁만을 위해서가 아니라 공동체에 더 많은 기여를 할 수 있게끔 만드는 것이 옳다는 데 이견이 있는 사람은 없을 것이다. 경영자도 부정의 유혹에서 자유로워질 수 있고 노동자와 지역사회가 모두 이익이 되는 방향으로 기업 환경을 다시 만들어나갈 필요가 있다.

그렇다고 구조 탓만 할 수도 없다. 분식회계는 경쟁 지상주의적인 시장 시스템 속에서 일어나는 일이지만, 그 시스템 안에서 국민을 기만하고 숫자를 뜯어고치는 행위를 한 주체는 결국 사람이다. 회계를 누구보다 잘 안다는 전문가들이 저지르는 고차원적인 범죄 행위인 것이다.

좀 더 미시적으로 들여다보자. 분식회계뿐만 아니라 주가조작, 배임, 횡령 행위와 같은 대부분의 기업 범죄 행위는 크게 3가지 조건이 갖춰졌을 때 일어난다. 부정을 저지를 수 있는 기회, 내·외부로부터의 압력, 부정행위에 대한 합리화가 그것이다.

테이블 위에 수백만 원의 돈다발이 있고 감시하는 사람이 아무도 없다는 기회, 내일까지 갚아야 할 카드빚이 있는 팍팍한 일상으로부터의 압력, 정직하게 살아가는 사람만 손해라고 자신을 합리화하는 3가지 조건이 모두 충족되면 절도 범죄는 실제 행동으로 이어지게 된다. 분식회계를 실행에 옮긴 재무담당자도 오랫동안 회사를 다니면서 가족을 먹여 살려야 하는 판국에 감옥에 갈지도 모르는 분식회계를 저지르기 위해 회사로 출근하는 사람은 없을 것이다. 주주, 사외이사, 상근감사가 회계에는 까막눈이라는 기회, 이번 분기까지 목표 실적을 달성해야만 한다는 사장의 압력, 정직하게 회사를 경영하는 기업만 시장 경쟁에서 뒤처질 뿐이라는 합리화, 이 3가지 조건이 성립할 때 분식회계가 일어나게 된다.

이런 '부정의 트라이앵글'이란 미시적 도구로 좀 더 구체적으로 살펴보자.

부정의 트라이앵글

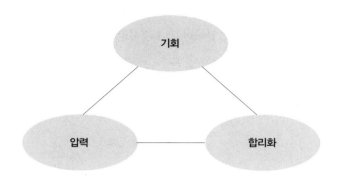

1. 기회

분식회계 사례에서 보면, 금융당국과 시장의 감시가 덜한 비상장사나 서류상회사(SPC), 해외법인 등을 활용하는 모습을 자주 볼 수 있다. 감시가 취약하다는 기회가 분명히 작용한다. 또 거래처와의 관계가 강력한 '갑을(甲乙)' 관계로 형성돼 있거나 친인척 등 끈끈한 특수관계자로 엮여 있다면, 온갖 부적절한 거래 조건도 눈을 감아주는 기회가 생기게 된다. 객관적으로 회계적 증거를 입증하기 곤란한 거래가 많은 곳도 숫자를 속여먹기 좋다. 무엇보다 가장 좋은(?) 기회는 오너나 내부 감사, 대표이사, 사외이사, 준법감시인, 노동조합이 회계에 까막눈이고 회계를 잘 아는 직원들이 자주 이직하는 등 '시어머니'가 없을 때가 분식회계가 일어나기 쉬운 시간이다. 제2장에서 살펴본 코어비트란 기업의 사외이사는 분식회계 사건에 엮이자 "나는 이사회에 참석한 적도 없기 때문에 분식회계에 대해서는 알지 못한다"고 변명했다. 이런 변명은 경찰이 "나는 신고를 받고도 범죄 현장에 출동하지 않았기 때문에 그 범죄에 대해서는 알지 못한다"고 주장하며 형을 감경해달라고 주장하는 것과 같다. 세월호 사태가 일어난 직후 7시간 동안 모습을 드러내지 않은 대통령에게도 사태의 책임을 묻는 것처럼, 기업의 경영을 감시해야 할 사외이사가 이사회에 참석조차 하지 않는 것 자체가 분식회계의 기회를 제공한 책임이 있다고 봐야 할 것이다.

2. 압력

분식회계 기업들 중에는 유난히 장관 표창을 받거나 언론의 극찬을 받은 기업이 많다. 미국의 엔론이 그랬고 우리나라의 네오세미테크나 모뉴엘이 그랬다. 칭찬은 고래도 춤추게 하지만, 때론 과도한 사회적 극찬이 기업에 계속해서 좋은 성과를 내야만 한다는 압력으로 작용하게 되면서 분식회계로 이어지는 경우를 보게 된다.

기업에 있어서의 압력은 크게는 시장 경쟁으로부터의 압력이다. 포화 상태의 시장에서 출혈 경쟁으로 이익이 줄어들 지경에 이른다거나, 아무리 열심히 기술 개발을 해도 다른 기업이 내놓는 제품에 처참하게 밀릴 때, 고객 수요가 급격히 줄어들기 시작할 때, 기업은 부정을 저질러서라도 실적을 올려야 한다는 압박에 시달리게 된다.

때론 감당할 수 없을 정도로 빚이 늘어나 금리 변동에 대응할 수 없을 지경에 이르거나 거래처가 납품대금을 갚으라고 아우성을 칠 때도 일단 실적이 좋으니 돈을 갚을 수 있다고 설득해야 한다는 압력이 작용한다.

압력 사회, 스트레스 과잉의 사회, 궁지에 몰린 쥐가 고양이를 물듯

과도한 압력은 평소와는 다른 행동을 감행하게 하는 원인이 된다.

3. 합리화

사회에선 멀쩡하던 사람이 군대에 가면 왜 후임병에게 눈뜨고 보지 못할 가혹행위를 저지르는 사건이 일어나는 것일까. 선임병이 시켰다는 둥, 군대니까 '까라면 까야' 한다는 둥, 모두 군 기강을 위한 일로 가혹한 방법을 써서라도 기강을 잡는 것이 중요하다는 둥…. 군대에서의 비합리적인 행동을 합리화할 수 있는 논리는 얼마든지 많다. 기업 조직에서도 경영자가 분식회계가 심각한 범죄 행위라는 인식이 없고 오히려 이를 조장하는 상황에서는 분식회계를 합리화하려는 기제가 작동한다. 특히 기업의 근본적인 가치나 장기적인 성장, 사회 공헌보다 단기적인 주가 올리기에 관심이 많은 경영자가 있는 곳은 분식회계를 합리화하려는 동기가 강하게 일어날 수 있다. 도덕성이 떨어지는 가족 기업 안에서 오너가 개인의 거래와 회사의 거래를 혼동하는 공사(公私) 구분이 없을 때도 문제가 된다. 이렇게 공사 구분이 안 되는 곳에서는 오너 개인의 사리사욕만을 취하는 일을 해놓고도 '회사 발전을 위해 한 일'이라고 합리화하는 일이 생기게 된다.

지금까지 설명한 기회, 압력, 합리화라는 '부정의 트라이앵글'이란 도구로 대우건설의 분식회계를 설명해보자. 대우건설은 2015년 9월 합리적으로 추정할 수 있는 예상 손실을 기업 실적에 반영하지 않아 3900억 원대의 당기순이익을 부풀린 분식회계를 저지르다 회계감독당국으로부터 중징계를 받았다. 이 회사는 공사진행률로 매출액을 인식하는 건설사 특유의 회계처리 기준이 있기 때문에 분식회계 사실을 객관적으로 증명하기 어렵다는 '기회'가 있었다. 금융당국이 증거를 찾는 데 걸리는 시간만 장장 1년 9개월이었다. 또 2008년 글로벌 금융위기 이후 부동산 경기 악화로 건설사들은 거액의 손실을 떠안게 됐는데, 하루 빨리 실적을 개선시켜야 한다는 외부로부터의 '압력'도 있었다. 또 대우건설이 중징계를 받기 전까지 언론에 이야기한 것처럼 "대우건설이 징계를 받아야 한다면, 다른 건설사들 모두 징계를 받아야 한다. 건설사들의 회계처리 관행을 인정해야 한다"고 합리화하는 모습도 보여줬다. '부정의 트라이앵글'이 모두 충족되면서 중징계감의 분식회계 행위로 이어졌다고 볼 수 있는 것이다.

대우건설 분식회계 사례로 본 부정의 트라이앵글

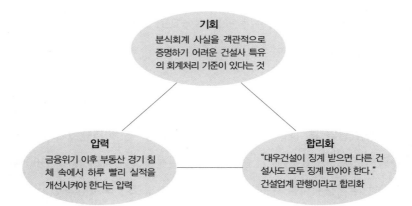

한국사 교과서 국정화의 아이러니

2015년 하반기, 느닷없이 역사 논쟁이 일었습니다. 정부가 한국사 교과서를 국정화하겠다고 발표하면서 고려대, 연세대, 성균관대 등의 역사학과 교수들이 집필거부를 선언했고 학생들도 촛불집회에 나섰습니다. 소셜네트워크서비스도 역사 교과서 국정화에 대한 찬반토론으로 달궈졌지요.

경제논리로 보면 박근혜 정부의 이번 국정화 결정은 자유경쟁 시장으로 운영돼온 한국사 교과서 시장을 정부 독점 시장으로 전환하는 것을 의미합니다. 기존 역사교과서 편찬 사업을 하던 출판사들은 생산하던 제품의 판매처를 잃어버리게 된다는 의미입니다.

이렇게 되면 어떤 결과로 이어질까요? 우선 출판사들은 역사교과서를 만들어놓은 뒤 아직 일선 학교에 팔지 않고 창고에 쌓아둔 재고품을 한꺼번에 손실로 처리해야 합니다. 지금까지는 역사 교과서 재고품을 일선 학교에 팔면 매출액으로 잡을 수 있었지만 교과서가 국정화되면 팔 수 있는 기회가 아예 없어지게 됩니다.

게다가 '기타 비유동자산' 항목으로 잡혀 있는 교과서 개발비 역시 한꺼번에 손실로 반영해야 합니다. 역사학자들을 동원해 교과서를 집필하는 데 들어간 비용도 교과서가 쓸모가 없어졌으니 회사의 '자산'이 아니라 '비용'으로 털어내야 하는 것입니다.

그동안 검인정으로 편찬해온 역사교과서는 금성출판사가 진보적 관점에서 교학사가 뉴라이트의 관점에서 서술한 것으로 평가받고 있는데요. 여기에 역사의 아이러니가 있습니다.

박근혜 정부 아래에서 출간될 역사교과서는 교학사에서 편찬한 교과서와 비슷한 관점을 보일 것으로 예상되는데 한국사 교과서가 국정화로 전환되면 현재 은행 주도의 기업개선작업(워크아웃) 절차를 밟고 있는 교학사의 재무 상황이 극도로 악화할 가능성이 있습니다. 오히려 금성출판사는 재무구조가 튼실해 한국사 국정화 '소나기'를 버틸 수 있는 기초체력을 갖추고 있지요.

교학사의 2014년 말 기준 재무제표를 살펴보면 우선 부채비율이 271퍼센트에 달합니다. 부채 1040억 원 중에서도 1년 안에 갚아야 하는 유동부채가 901억 원이며 급한 나머지 주주, 임원, 종업원에게서까지 손을 내밀어 빌린 돈이 240억 원에 달합니다. 은행 대출을 받기 위해 담보로 제공한 토지와 건물도 884억 원 규모이고 양철우, 양진오 대표이사는 190억 원 규모의 땅과 건물을 은행에 대출 담보로 내주고 있습니다. 양철우 교학사 회장은 뉴라이트 관점에서 본 교학사의 한국사 교과서 편찬을 주도한 장본인으로 꼽힙니다.

교학사의 한국사 교과서는 2014년 일선 교사들이 채택을 하지 않아 채택률 0퍼센트라는 불명예를 안게 됐고 그 결과 기업 이미지의 타격을 입은 교학사는 2014년 말 75억 원의 영업손실을 기록했습니다.

한국사 교과서가 국정화된다면 재고자산과 교과서 개발비 자산을 몽땅 손실로 처리해야 하기 때문에 교학사의 재무적 부담은 더욱 커질 수 있습니다. 교학사의 재고자산은 253억 원, 교과서 개발비 자산은 297억 원 규모에 달하는 데 이중 한국사 교과서 관련 자산만 계산하더라도 만만찮은 규모일 것으로 추정됩니다. 정확한 금액을 알 순 없지만, 손실 처리 금액에 따라 교학사는 부도 위기에 내몰릴 수도 있는 것입니다.

기획재정부는 교학사 지분 11.74퍼센트를 보유한 2대주주입니다. 교학사의 설립자가 사망하면서 상속세를 현금으로 내지 않고 교학사 주식으로 대신 냈기 때문이지요. 최경환 기획재정부 장관은 국민 세금으로 교학사 지분을 가진 2대주주를 대표하는 사람이니 세금 손실을 막기 위해서라도 청와대에 반기(?)를 들고 교과서 국정화에 반대해야 하는 건 아닌지 모르겠습니다.

반면 금성출판사는 지난해 말 부채비율이 85.8퍼센트로 매우 양호한 모습을 보이고 있습니다. 1년 안에 갚아야 하는 유동부채는 449억 원인데 1년 안에 현금화할 수 있는 유동자산은 625억 원이라 빚 갚을 돈도 충분합니다. 영업이익도 53억 원에 달하고 사업을 통해 들어오는 실제 현금, 즉 영업활동 현금흐름도 매우 안정적인 모습을 보이고 있습니다. 한국사 교과서가 국정화해 관련 자산을 몽땅 손실로 처리하더라도 버틸 수 있는 체력을 충분히 가지고 있는 겁니다.

어쨌든 한국사 교과서 국정화는 기존 출판사들의 미래 매출액에 타격을 주는 일인 것은 분명합니다.

교학사의 양철우 회장은 총 제작비 100억 원, 제작기간 17년을 들여 《교학 한국사 대사전》을 편찬했고 자신의 땅과 건물까지 모두 담보로 내주며 역사 교과서 편찬으로 타격을 입은 회사를 살리려 하고 있습니다. 보수적인 역사 교육을 위한 양 회장의 노력이 보수주의적 역사 교육을 독점하려는 박근혜 정부로 인해 재정적 타격을 입게 생겼으니, 이 것이 역사의 아이러니가 아니고 무엇일까요?

회계장부로 거짓말하는
구체적 상황들

사람이 거짓말을 하는 데는 다 이유가 있는 것처럼 기업의 거짓말에도 이유가 있다. 앞 장에서는 이윤 추구를 지상 최대 과제로 삼고 있는 자본주의 시장경제 아래에서 분식회계가 일어날 수밖에 없는 거시적인 환경과 그 시스템 속에 사는 개인이 분식회계를 실행에 옮기게 되는 미시적인 조건들을 살펴봤다. 하지만 분식회계 사례를 모아놓고 보면 기업이 회계 장부를 조작하는 공통된 상황들이 있다. 이런 상황을 유형화할 수 있다면, 우리는 기업의 재무제표를 볼 때 분식회계의 가능성을 염두에 두고 볼 수 있는 안목이 생길 수 있을 것이다.

분식회계가 일어나는 상황─왜 자신의 가치를 뻥튀기하는가?

1. 주식시장 상장과 주식 발행 통한 대규모 자금 조달

먼저 기업이 투자자로부터 자유롭게 자금을 끌어다 쓰기 위해 주식시장에 상장하거나 새롭게 주식을 발행해 대규모 자금을 조달해야 하는 상황에 있다면, 분식회계의 유혹이 있을 수 있다. 주식시장 상장은 아무 기업이나 할 수 있는 게 아니다. 일정한 수익성과 건전성 조건을 충족해야 한다. 삼성전자나 현대자동차와 같은 대기업들이 있는 코스피 시장에 상장하려면 적어도 최근 연도 매출액이 1000억 원 이상이거나 3년 평균 700억 원 이상이어야 한다. 중소기업들이 상장하는 코스닥 시장도 일반 기업의 경우 당기순이익 20억 원 이상, 매출액 100억 원 이상 등의 기준 중 하나라도 갖춰야만 기본적인 '신체검사'라도 통과할 수 있다. 사정이 이렇기 때문에 주식시장에 상장을 하겠다고 공공연히 밝힌 기업이 최근 경영성과가 갑작스럽게 나빠진다면, 회계장부의 숫자를 조작해서라도 주식시장에 상장을 하고 싶은 욕구가 생기게 된다. 상장을 통해 투자금을 회수할 수 있도록 해주겠다는 벤처캐피털과의 약속을 지키지 못하면 고율의 이자를 내야 할 상황에서 회계장부에 손을 댈 수도 있는 것이다.

상장을 위해 실적을 부풀리는 것은 매우 악질적인 행위다. 정보가 부족한 개인투자자들은 아무것도 모른 채 주식을 샀다가 결국 분식회계가 들통 나면서 기업이 주식 시장에서 퇴출되면 투자금을 몽땅 날릴 수도 있다. 그야말로 이런 거짓말은 무조건 피해야 할 '폭탄'이지만, 앞서 유니드코리아의 사례에서 살펴본 것처럼 우리나라 상장 절차는 작정하고 분식회계를 한 기업을 거를 수 있을 만큼 완벽하지는 않다. 회계법인, 증권사, 한국거래소, 금융감독원이란 심사 관문이 있지만, 유니드코리아는 보란 듯이 상장 심사를 통과해 3년 동안 우리나라 주식 시장에서 수백억 원에 달하는 돈을 끌어다 썼다.

2. "나 돈 잘 갚는 기업이야"…신용도 속여 저금리 대출

기업의 대외 신용도를 좋게 보여 더 나은 조건에서 대출을 받기 위해서도 분식회계가 이뤄진다. 은행은 예금자들이 예금한 돈을 빌려줬다가 떼일 만큼 신용이 나쁜 기업에는 대출을 해주지 않는다. 제1금융권인 은행권의 깐깐한 심사 기준을 통과해야만 대출도 받을 수 있는 것이다. 주식시장 근처에도 가지 못한 기업들은 일단 자금 사정이 급하기 때문에 분식회계로 빚 갚을 능력이 충분한 것처럼 행세하고 은행 대출을 받거나 더 낮은 금리를 요구하기도 한다. 실제로는 상품을 판 것이 없는데도 마치 매출 실적이 엄청난 것처럼 속인 뒤 3조 원대 은행 대출을 받은 모뉴엘이 대표적인 사례다.

3. 인수합병(M&A) 과정에서 실제 기업 가치보다 비싸게 팔기

시골 재래시장에서 물건을 파는 상인이라고 할지라도 자신이 팔고자 하는 물건 값은 많이 받고 싶을 것이다. 우리는 시장 가격보다 터무니없이 높은 가격을 부르는 사람이 있다면, 그런 사람을 사기꾼이라고 부른다. 채소에 애벌레를 집어넣고 농약을 치지 않은 유기농 채소라고 속여 파는 일도 일어난다. 유기농 채소가 아닌 것을 유기농 채소라고 속이는 행위도 일종의 재래시장판 분식 행위다. 실제 가치보다 뻥튀기해 판매 가격을 높이려는 술수다.

기업을 사고파는 인수합병(M&A) 시장에서도 이와 비슷한 사기 행위가 일어난다. 금방 부도가 날 회사를 마치 정상적으로 영업이 이뤄지는 회사인 것처럼 속여 비싼 값에 팔아치우려는 것이다. 대호에이엘의 사례가 그렇다. 자본금이 바닥나 공짜로 준다고 해도 가져갈 사람이 없는 회사를 가짜 세금계산서를 끊어주는 방식으로 매출액을 속이고 대호에이엘의 계열사에 30억 원에 팔았다. 대호에이엘 계열사 노동자들이 벌어들인 회사 돈은 이렇게 대주주인 아버지와 아들에게 넘어갔다.

4. 기업 가치 뻥튀기해 주가조작, 고가에 팔아 시세차익 실현

기업 매각까지는 아니지만, 보유한 주식을 비싼 가격에 팔기 위해서도 분식회계가 이뤄진다. 주가는 기업의 자산 가치나 실적이 반영되기 마련이기 때문에, 형편없는 회사라도 마치 우량한 회사인 것처럼, 실적이 좋은 것처럼 부풀려놓고 부풀린 영업실적을 언론에 발표하면 주가가 오르게 된다. 주식시장에 상장된 기업의 분식회계는 주가와 연결되기 마련이다. 이 때문에 분식회계 사건이 일어나고 나면 어김없이 투자자들의 소송이 이어진다. 의도적으로 주가를 부풀린 뒤 비싼 값에 팔고 떠나는 '먹튀' 경영자는 악질 중의 악질이다. 이런 경영자를 미리 구별하기 위해서는 이들이 자신의 회사 주식을 미리 팔아치운 전력이 없는지를 잘 봐야 한다. 회사에 돈줄이 말라 자금이 급한 나머지 최대주주가 가진 주식을 팔 때도 있지만, 돈이 급한 상황이 아닌데도 주식을 파는 대주주나 경영진이 있다면, 이들의 도덕성부터 의심해봐야 한다. 자신의 기업이 앞으로 성장을 하고 가치가 좋아질 것이라고 홍보를 해도 모자랄 판에, 스스로 주식을 매각하는 것은 기업의 가치를 경영진 스스로가 부정하는 행위이기 때문이다.

5. 경영실패 감추거나 성공 신화 쓰기 위한 경영진의 자작극

회계는 기업 내부에서도 전문가의 영역이 돼 있다. 재무팀 소속 임직원

과 경영진이 입만 맞추면 실적도 조작할 수 있고, 다른 부서 임직원들은 자기 회사 안에서 어떤 일이 벌어지고 있는지 모를 때가 많다. 경영진이 자신의 경영실패는 감추고 싶고 성과는 부풀리고 싶은 것은 인지상정이다. 기업의 실적은 경영진의 연임 여부뿐만 아니라 성과급이나 스톡옵션과 연결돼 있기 때문에 임기 중 한몫 챙기고자 하는 경영진이라면 회계 장부 조작에 손을 댈 가능성이 크다. 더구나 대다수 기업의 전문경영인들은 장기적인 성장보다 단기적인 성과에 목을 매는 것이 지금의 현실 아닌가. 분식회계 의혹이 제기되고 있는 대우조선해양은 3조 원대 손실을 감췄다는 의심을 받고 있다. 만약 손실을 일찍 반영했다면 성과급은커녕 해임을 면치 못했겠지만, 대우조선해양의 전 대표이사 고재호 씨는 3조 원의 손실을 내고도 21억 원이 넘는 성과급을 챙겨갔다. 또 미국에서 일어난 엔론 사태는 경영자가 거액의 성과급을 챙겨가기 위해 분식회계로 실적을 부풀린 사례로 볼 수 있다.

6. 유리한 상거래, 인허가 조건에 맞추기 위해

기업과 기업 간 거래는 개인들처럼 상품과 돈이 교환되면서 끝나는 것이 아니라 대부분 외상으로 이뤄진다. 외상으로 원자재를 사면서 매입채무가 생기고, 그렇게 사들인 원자재로 제품을 만든 뒤 외상으로 팔면 매출채권이 생긴다. 이렇게 외상 거래가 빈번하기 때문에 거래 상대방이 외상값을 제대로 갚을 수 있을지가 중요하다. 자금 사정이 어려운 기업에 상품을 미리 넘겨줬다가는 외상값을 떼일 수 있기 때문에 상거래를 하면서도 기업의 재무 상황을 꼼꼼히 들여다보게 되는 것이다. 이 때문에 자금 사정이 어려운 기업은 원자재를 싼 값에 구하기 위해 회사의 재무제표를 우량한 것처럼 꾸미고 싶은 유혹을 받게 된다. 유리한 조건에서 거래를 하고 싶은 것이다.

또 정부의 인허가 조건에 맞추기 위해서도 분식회계 충동을 느낄 수 있다. 가령 금융당국은 우리나라 금융회사의 대주주 인가 요건으로 일정한 부채비율을 유지하도록 하고 있다. 고객의 돈을 관리해야 할 금융회사의 대주주가 빚쟁이라면, 빚을 갚거나 이자를 내는 데 고객 돈을 써버릴 수가 있기 때문이다. 빚을 몇 퍼센트만 줄여도 금융회사 대주주로 인가를 받을 수 있다면, 감추고 싶은 빚은 최대한 감추려는 분식회계가 이뤄질 수 있다.

역분식회계가 일어나는 상황 – 왜 자신의 가치를 깎아내리는가?

1. 조세 회피

기업이 일부러 재무 상황이나 실적을 실제보다 줄이는 식의 역분식회계가 일어나는 가장 큰 목적은 조세회피에 있다고 볼 수 있다. 기업의 세금은 영업이익을 기준으로 부과하기 때문에 최대한 영업이익을 줄여야 세금도 덜 낼 수 있다. 일부러 영업이익을 줄이는 식으로 세금을 덜 내려는 기업도 있지만, 연구개발비처럼 국가가 세금 특례를 장려하는 비용을 늘리는 식으로도 조세를 회피하기도 한다. 연구개발비는 대표적인 무형자산으로 객관적으로 측정하기 어렵기 때문에 이를 활용한 역분식회계가 종종 이뤄지게 된다. 앞서 다룬 포스코는 연구개발비를 부풀려 1700여억 원의 세금을 포탈했다.

2. 회사 재산 횡령과 비자금 조성

회사의 재산을 빼돌리는 가장 쉬운 방법이 무엇일까? 회사 돈을 특정한 곳에 대여금으로 빌려줬다고 기록한 뒤, 돈을 빌려간 곳이 갚지 않고 종적을 감춰 몽땅 손실을 봤다고 기록하는 방법일 것이다. 실제로 재무제표에 나와 있는 단기대여금이란 항목은 꼼꼼히 살펴봐야 한다. 단기대여금의 대부분을 대손충당금으로 설정해 손실로 털어냈다면, 그 돈은 경영진이나 회계를 아는 그 누군가가 횡령한 것으로 의심해볼 수 있다.

3. "회사도 어려운데 가격 좀 올립시다" 제품가격 인상 여론 조성

기업들 중에는 제품 가격을 시장 상황에 따라 자유롭게 조정하지 못하는 회사들이 있다. 서민 경제가 큰 영향을 미치는 생활필수품 회사들이 대표적이다. 다이아몬드 반지 가격이 10배가 올라도 별 다른 감흥이 없겠지만(신혼부부들은 깜짝 놀랄 수 있지만, 예물로 다이아몬드 반지가 아닌 다른 대체재를 구할 것이다), 라면, 소주, 담배 가격이 오르면 정권 지지율에 영향을 미칠 만큼 여론이 험악해진다. 이 때문에 주류 회사나 식음료 회사처럼 서민 생활에 직결되는 상품을 생산하는 곳들은 "우리도 힘들다"는 엄살을 피우고 싶어 한다. 제품 가격을 인상하는 것이 불가피한 상황인 것처럼 보이려면 기업의 재무 상황이 나빠지는 것처럼 보여야 하기 때문이다. 기업이 문을 닫기 일보직전이라면 서민들도 상품 가격 인상에 동의해주지 않겠는가. 이런 기업은 손익계산서보다 현금흐름표를 꼼꼼히 봐야 한다. 영업실적은 적자라도 현금이 꼬박꼬박 잘 들어오고 있다면, 실적을 일부러 축소해서 가격 인상 여론을 이끌어내려는 건 아닌지 의심해 볼 수 있다.

4. "손에 흙도 안 묻힌 주주들에겐 나눠주기 싫어" 이익 배당 억제

건설회사가 이익을 빼돌리는 방법은 인근의 함바집을 이용하는 것이다. 함바집 사장과 짜고 건설 인부가 함바집에서 식비로 쓴 것처럼 영수증처리를 한 뒤 회사 돈을 경영진이 횡령하는 것이다. 회사가 벌어들인 돈이 이익잉여금으로 회사 내부에 쌓여 있으면, 주주들은 투자금에 대한 배당 압력을 높이게 된다. 이 때문에 비용이 많이 나간 것처럼 꾸며 배당금으로 나눠줄 돈이 얼마 없는 것처럼 속이는 것이다. 함바집에 재무제표라는 게 있을 리 없고, 함바집 사장에게 입막음 비용만 지불하면 조사를 해도 증거가 나올 리 없다. 뱃속으로 들어간 음식을 어떻게 조사해볼 수도 없는 노릇 아닌가. 이런 원리로 재무제표가 공개되지 않는 비상장사, 서류상회사, 해외 자회사, 장학재단, 사학재단과 같은 비영리법인 등을 '함바집'으로 이용한다.

5. "노동자에겐 나눠주기 싫어" 임금 인상 요구 억제

기업의 노동자 임금 책정의 기준은 회사가 사업을 통해 벌어들인 실적, 즉 영업이익이다. 영업이익을 많이 내면 노동조합은 그해 임금 협상에서 "열심히 일해서 번 돈만큼 임금을 올려 달라"고 요구할 수 있다. 이 때문에 기업은 임금 인상 요구를 억누르기 위해 영업이익을 실제보다 줄이는 역분식회계를 할 수도 있다. 회사도 힘든데 노동자들도 양보를 해달라는 논리가 성립될 수 있기 때문이다. 나아가 노동자 정리해고와 같은 구조조정에 정당성을 부여하기 위해서도 영업실적을 축소하는 역분식회계가 일어날 수 있다. 실상은 좀 달랐지만, 앞서 살펴본 쌍용자동차의 분식회계 논란 속에서 노동조합은 회사가 정리해고를 밀어붙이기 위해 손실을 부풀렸다고 주장했다.

6. 독점 이익에 대한 사회적 비난 예방

승자독식 구조에 대한 사회적 감시 수준이 높아진 현재, 독과점 기업이 이익을 독점한다면 대중적 반발에 직면할 수 있다. 우리나라는 공정거래위원회라는 국가 기구까지 두고 일감 몰아주기나 가격 담합 행위를 감시한다. 정치에서 독재가 옳지 않듯 경제에서도 독점은 무조건 나쁜 것이란 인식이 있다. 이 때문에 독과점을 형성한 기업은 실적이 잘 나와도 잘 나왔다고 이야기하기 어렵다. 이동통신 3사나 KT&G와 같은 기업이 대표적인 시장 독과점 기업에 해당할 것이다. 통신사들이 이익을 많이 낸다면, 곧바로 통신요금을 내려야 한다는 여론이 형성될 것이다. 물론 이동통신사나 KT&G는 독과점 기업의 예를 든 것일 뿐 역분식회계를 했다는 건 아니다.

모든 유형의 분식회계를 보면 공통점이 있다. 누군가에게 분배되어야할 몫을 다른 누군가가 부당하게 가져가는 데 이용한다는 것이다. 그것이 개인투자자들의 주식 투자금의 형태든, 은행 예금이든, 국가에 낸 세금이든, 소비자의 생활비든. 이 모든 것의 공통점은 바로 일하는 평범한 사람들의 노동이 만든 잉여가치라는 것이다.

제 4 장

기업의 거짓말,

어떻게
막을 것인가

회계처리 단계별로 보는
분식회계 근절 대책

문제를 해결하는 가장 빠르고 확실한 방법은 문제의 원인을 파악해 원점을 타격하는 것이다. 그러나 숫자를 이용한 기업의 거짓말, 분식회계 문제를 살펴보면 그 원인을 명확히 파악하기가 쉽지 않다. 기업이 재산이나 실적을 실제보다 부풀리거나 축소하는 목적은 결국 경영자의 사익 추구나 기업의 이윤 추구와 연결되는데, 이는 자본주의 시장경제의 근본적인 원리이기도 하다. 기업 간 경쟁에서 살아남는 자만이 계속해서 사업을 영위할 수 있는 자본주의를 극복한다면 기업이 굳이 거짓말을 해서까지 경쟁 우위에 서려고 하지 않겠지만, 수백 년 동안 견고하게 다져진 전 지구적 자본주의 시스템이 하루아침에 극복되는 것도 아니기 때문에 "분식회계를 없애기 위해 자본주의를 극복하자"고 주장하는 것은 지나치게 공허한 메아리로 들릴 수밖에 없다. 기업이 이윤만이 아니라 사회 공동체를 위해 헌신하는 경제 시스템을 만들어나가는 해법은 현재 드러나고 있는 다양한 모순을 해결하는 과정에서 나올 수 있다.

기업이 내부 사정을 회계장부로 공개하는 과정을 한번 살펴보자. 먼저 기업이 그동안의 자금 조달에서부터 투자, 영업, 판매 등의 과정을 재무제표로 작성하는 과정이 있다. 이때 재무제표는 기업이 스스로 작성해야 한다. 그런 다음 이 재무제표를 회계 전문가인 회계사에게 의뢰해 회계감사를 받는다. 기업이 제대로 숙제를 했는지 숙제 검사를 하는 단계로 비유할 수 있다. 회계사가 기업의 재무제표가 회계기준에 맞게 작성이 됐는지에 대한 견해를 감사의견으로 표시하면 회계사의 감사의견이 담긴 재무제표가 감사보고서의 형태로 금융감독원 전자공시시스템에 공시된다. 재무제표에 별다른 문제가 없다면 모르겠지만, 분식회계가 의심되는 곳은 금감원이 재무제표가 회계기준에 맞게 제대로 작성됐는지를 살펴보는 회계감리를 하게 된다. 만약 회계감리 결과 분식회계 사실이 적발되면 자본시장 범죄를 논의하고 처벌하는 금융위원회 산하 증권선물위원회에 징계 안건을 상정, 행정적 징계를 내리게 된다. 과징금과 같은 행정 처벌로는 감당이 안 되는 중대한 회계 범죄로 판단되면 금융위원회가 검찰에 수사를 의뢰해 징역형까지 가능한 형사적 처벌을 받게 한다. 이것이 지금의 기업의 거짓말을 처벌하는 순서다.

형식적으로 보면 별다른 문제점이 없어 보이지만, 현미경으로 들여다보면 여러 가지 문제점이 곳곳에 숨어 있다. 해결할 수 있는 방법이 없는지 단계별로 살펴보도록 하자.

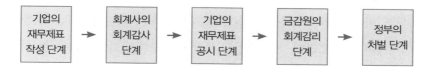

기업의
재무제표
작성 단계 → 회계사의
회계감사
단계 → 기업의
재무제표
공시 단계 → 금감원의
회계감리
단계 → 정부의
처벌 단계

기업의 재무제표 작성 단계

우리나라 기업은 총자산 120억 원 이상인 기업에 한해서만 공인회계사의 회계감사를 의무적으로 받도록 하고 있다. 어느 정도 자산 규모가 되는 기업은 지역사회에 미치는 영향이 크기 때문에 정확한 내부 사정을 국민 앞에 일일이 밝히도록 하고 있는 것이다.

많은 사람이 오해를 하고 있지만, 재무제표는 기업이 작성하는 것이다. 그동안의 잘못된 관행 탓에 회계사가 재무제표를 작성하는 줄 잘 못 알고 있는 사람이 많다. 심지어 주식시장에 상장한 기업의 경영진마저도 재무제표 작성이나 오류의 책임이 공인회계사에게 있는 것처럼 오해를 하고 있는 경우가 생각보다 많다. 재무제표 오류에 대한 가장 큰 책임은 기업에 있다. 기업의 재무제표를 회계사에게 대신 작성하라고 하는 것은 현행 '주식회사 등의 외부감사에 관한 법률' 위반이다. 만약 재무제표를 회계사에게 대신 작성해달라고 하는 기업이 어디인지 알게 되면 금융감독원이나 한국공인회계사회에 신고하면 된다.

하지만 외부감사를 의무적으로 받아야 하는 2만 2000여 기업 중에선 스스로 재무제표를 작성할 능력이 없는 곳이 꽤 많다. 그런 곳이 숫자로 집계는 안 되지만, 재무제표 대리 작성 관행을 근절하자고 4대 회계법인이 자정 노력을 선언하고 한국공인회계사회 내부에 신고 센터를 설치해야 할 정도라면 대리 작성은 시장에 만연한 범죄 행위라고 할 수 있다. 재무제표를 회사 스스로 작성하지 않는 것부터 회계부정 행위이므로, 우리나라 회계 시스템은 시작부터 불법 행위로 출발한다고 해도 과언이 아니다. 법에 저촉되지 않기 위해서는 외부감사 대상 기업은 의무적으로 재무팀에 회계 전문가를 두고 재무제표를 작성하도록 하거나, 회계감사를 하는 법인이 아닌 다른 회계법인에 의뢰해 재무제표를 작성하도록 해야 한다. 중에게 제 머리를 깎으라고 할 순 없듯이 최소한 감사를 하는 당사자가 감사 대상 기업의 재무제표를 작성하는 일만큼은 막자는 취지다.

기업들은 이런 현행 법규마저도 불합리한 규제라고 엄살을 떤다. 물론 인원이 적은 중소기업에 재무를 담당하는 직원이 퇴사하거나 이직을 하면 기업은 곧바로 재무제표를 작성할 수 없는 상황에 처하기도 한다. 또 수익성에 도움이 안 된다는 이유로 재무제표 작성 책임을 무조건 기업에 떠맡기는 것은 불합리하다는 논리를 대기도 한다. 그러나 총자산이 120억 원 규모에 이를 때까지 회계장부 하나 못 만드는 기업이라면, 국민은 이런 기업을 신뢰해야 할 이유가 없다. 믿음을 주기 위해서는 회계장부 정도는 만들 수 있어야 하는 게 당연하다. 회계 전문 인력을 고용할 능력도 없고, 감사를 맡은 회계사가 아닌 다른 회계사에게 재무제표를 작성해달라고 하는 일까지 어렵다고 한다면, 정상적인 기업 활동은 어떻게 하고 있는지가 의심스럽다. 이런 기업은 우리나라

땅에서 돈을 벌면서 우리 국민과 솔직하게 소통할 의지가 없다고 봐야한다.

문제는 이런 기업을 회계사가 신고하도록 지난 2014년부터 신고 센터를 마련했지만, 그후 단 한 건의 신고도 접수되지 않았다는 것이다. 신고를 해도 포상금을 주지 않으니 일감을 잃어버리고, 회계법인에서 짤릴 각오를 하고 신고센터를 찾는 회계사는 없다는 의미다. 마치 일정한 근무시간을 정해놓은 노동 관련 법들이 간단히 무시되고 있듯이 외부 감사에 관한 법률의 기본적인 질서조차 제대로 지켜지지 않고 있는 것이 현실이다. 물론 금융당국도 회계사가 감사를 시작하는 시점에 회사가 작성한 재무제표를 정부에도 제출하도록 하는 제도 개선책을 내놨다. 감사 시작 시점의 재무제표와 감사 이후의 재무제표를 비교하는 방식으로 재무제표 대리 작성을 막아보겠다는 것이지만, 이 역시 지극히 행정 편의주의적인 발상이다.

재무제표 대리 작성을 막으려면 이런 관행을 속속들이 알고 있는 내부자들의 고발을 활성화하는 것이 가장 효과적이다. 신고 포상금을 대폭 높여야 하는 이유다. 적어도 신고한 회계사가 죽을 때까지 먹고 살 걱정은 없을 만한 액수여야 한다. 재원은 세금으로 마련할 수도 있겠지만, 일선 기업과 회계법인이 십시일반 모아서 기금을 조성하는 것도 방법일 것이다. 결국 재무제표 대리 작성을 막는 것은 회계감사에 집중할 시간을 벌 수 있어 감사의 질을 높이는 데도 도움이 되는 일이고, 기업이 스스로 재무제표를 작성하는 관행을 만드는 것은 시장과 국민에게 신뢰를 주는 일이기 때문이다.

물론 재무제표를 작성할 능력이 있는 기업도 정확한 재무제표를 작성하는 데는 한계가 있을 수 있다. 기업 규모가 커지고 사업구조가 복잡해지면서 바로 옆의 부서에서 어떤 일이 벌어지는지를 전혀 이해하지 못하는 일이 많아지고 있다. 사업부서와 재무부서가 긴밀히 소통하면서 의사결정을 하곤 있지만, 재무제표를 작성하는 재무팀 직원이 자신이 근무하는 기업의 사업을 속속들이 이해하지 못하면 엉터리 재무제표가 작성될 수도 있다. 재무팀 직원은 기업의 사업 과정을 정확히 이해해 언제 매출이 발생하고, 언제 현금이 들어오는지, 손실은 어떤 구조로 발생하는지, 사업 현장 상황이 어떤지를 알고 있어야 한다. 현장에서 사업을 하는 직원들도 재무제표에 손실과 이익으로 반영해야 할 상황이 어떤 것인지를 알아야 거래처와 각종 계약을 체결하거나 파기하면서 즉각 재무팀에 알려 이익과 손실을 정확하게 반영할 수 있게 될 것이다. 규모가 큰 기업은 사업장마다 회계 전문가들이 순회하면서 살펴볼 수 있도록 하는 것도 방법이다. 제2장에서 살펴본 대우건설의 분식회계 사례를 보면 현장 사업장과 재무팀 간 소통이 제대로 이뤄지지 않는 모습이 적나라하게 드러나 있다. 현장에선 미분양이 속출해 손실이 날 것이 뻔한데도 재무팀은 예상 손실을 재무제표에 반영하기를 미루고 계속해서 수익이 나고 있는 것처럼 기록하는 상황이 벌어지는 것이다. 최소한 사업장을 책임지는 위치에 있는 사람이라면 회계 지식을 갖출 수 있도록 기업이 비용을 들여 회계 교육의 기회를 자주 가질 수 있도록 해야 한다.

전반적인 외부감사 대상도 더욱 확대할 필요가 있다. 회계 정보는 투자자(금융자본)와 기업(산업자본)을 연결해주는 언어이면서 동시에 기업의 내부 사정을 투명하게 공개하는 사회적 인프라이기도 하다. 비영리법인은 외부로부터 투자를 받지는 않지만, 지역사회와 공동체에 미치는 영향이 크기 때문에 규모가 있는 곳들은 투명하게 내부의 재산 상황이나 자금 흐름 등을 공개할 필요가 있다. 종교단체, 대형 병원, 사립학교와 같은 비영리법인들은 회계감사를 받지 않다 보니 재단 비리가 제대로 드러나지 않고 있는 데다, 검찰 조직이 강도 높은 수사에 나서지 않는 한 '불투명성'을 문제 삼는 국민적 의심을 해소할 길이 없다. 영향력 있는 비영리법인들도 그때그때 회계 정보를 공개한다면 국민의 신뢰가 더욱 높아질 것이다. 이렇게 서로가 믿을 수 있다면, 교회에 헌금을 내는 사람들도 믿고 기부를 할 수 있고 시민단체 후원자도 더욱 늘어날 수 있을 것이다. 아픈 곳을 고쳐준 병원에 병원비를 내면서도 병원비가 적절히 책정된 금액인지 의심하지 않고 낼 수 있게 될 것이다.

금융 정책을 총괄하는 금융위원회도 이런 비영리단체에 대한 회계감사를 의무화하는 작업을 시작하기는 했지만, 속도가 너무 더딘 감이 있다. 비영리법인에 대한 회계감사 의무화는 지난 2008년 글로벌 금융위기 이후부터 추진된 정책이지만, 여전히 현실화하지 않고 있는 것은 힘 있는 비영리단체들의 로비에 정부가 봐주기로 일관하고 있는 것으로밖에 달리 해석할 도리가 없다. 지하경제의 양성화란 그동안 불투명한 상태로 방치해둔 곳들의 회계정보를 투명하게 공개하고 정확히 측정된 재무 상황에 맞게 세금을 걷는 것을 의미할 것이다. 서민들의 담뱃값이나 교통 범칙금, 서민 증세 등으로 부족한 세수를 때울 생각일랑 말고 탈세의 온상이 돼 있는 비영리법인들부터 정비해나가는 것이 순리가 아닐까 한다.

회계사의 기업 회계감사 단계

기업이 스스로 재무제표를 작성했다면, 공인회계사로부터 숙제 검사를 받는다. 회계사는 회계기준에 맞게 재무제표가 작성됐는지 검증을 하고 의견을 밝히는데, 이런 작업을 회계감사라고 한다. 재무제표에 이상이 없다면 '적정' 의견을, 대체로 회계기준에 맞게 작성이 됐지만 일부 하자가 있다면 '한정' 의견을, 회계기준에 맞지 않는 부분이 상당하다면 '부적정' 의견을, 아예 회계사가 의견을 밝히기 어려울 정도로 재무제표가 엉망이라면 '의견거절'을 준다. 기업이 회계사로부터 '의견거절'을 받으면 상장기업은 주식시장에서 퇴출되고 비상장기업이라도 믿을 수 없는 재무제표를 보고 돈을 빌려줄 금융기관이나 거래를 할 거래처는 없어질 테니, 사실상 기업 경영을 할 수 없는 상황에 처하게 된다.

이렇게 보면 회계사는 기업의 생사를 좌우할 만큼 엄청난 권한을 가진 것처럼 보이지만, 기업으로부터 회계감사 계약이라는 일감을 얻지 못하면 회계법인도 먹고 살기 어렵기 때문에 실제로는 대다수 기업에 '적정' 의견을 주고 있는 게 현실이다. 금융감독원이 2015년 7월 주식시장에 상장된 1848개 기업의 2014 회계연도 감사보고서를 분석한 결과, 회계사가 적정 의견을 밝힌 곳이 99퍼센트에 달했다. 회계사들이 객관적인 감사 의견을 내지 못하고 있는 상황에서, 국민에게 제공되는 회계정보가 온전할 리가 없다.

이렇게 회계사가 기업에게 '을'이 된 것은 '회계감사'라는 자유경쟁 시장에 맞지 않는 서비스를 시장 논리에 따라 팔고 있는 근본적인 모순 때문이다. 기업은 기본적으로 회계정보를 숨기거나 분식회계로 실적을 부풀리고 싶어 하지, 엄격한 회계감사를 받고 싶어 하지 않는다. 회계감사의 품질이 좋다는 것은 기업이 숨기고 싶은 분식회계 부분마저 바로잡을 정도로 엄격하고 정확한 감사를 한다는 의미일 텐데, 비싼 수수료를 내고 경영진이 쇠고랑을 찰 수도 있는 엄격한 회계감사를 받고 싶어 하는 곳은 없을 것이다. 오히려 회계사가 회계기준에 맞지 않는 재무제표도 설렁설렁 넘어가주고, 재고자산을 속인 것도 눈감아주는 '저질 회계감사'가 기업에는 더욱 선호된다. 기본적으로 악화가 양화를 구축하는 시장 구조다. 게다가 해마다 배출되는 회계사는 점점 늘어나고 대형 회계법인을 떠나 신생 회계법인을 설립하는 곳도 많아지는 상황에서 회계업계의 감사 일감 구하기는 더욱 치열해졌고, 엄격한 회계감사로 정도를 걸으려는 회계사들은 더욱 발붙이기 힘든 구조로 가고 있다.

기본적으로 회계감사 시장은 시장 실패가 필연이기 때문에 정부 개입이 있을 수밖에 없다. 어느 수위로 정부 개입의 정도를 결정하는 것이 옳은지에 대한 고민이 있을 수밖에 없는 것이다. 이런 맥락에서 우선 생각해볼 수 있는 것은 기업이 자율로 회계사를 선택하는 자율수임 방식의 회계감사를 줄이고 국가가 회계사를 지정해주는 '지정 감사제'를 확대할 필요가 있다. 지금은 부실기업이나 배임·횡령 등 불법 행위가 발생한 기업, 상장 예정 기업 등에 한해서만 회계사를 국가가 지정해주고 있지만, 주식시장에 상장된 기업 1800여 곳이나 비영리법인 중에서도 국민 생활에 영향을 미치는 정도가 큰 대형 법인들에 한해 지정 감사제를 확대 도입하는 것도 방법이다. 국가가 지정한 회계사는 엄격하게 회계감사를 한다고 해서 일감이 떨어지지 않기 때문에 회계사의 소신대로 회계감사를 할 수 있는 장점이 있다.

또 회계업계가 무한경쟁 시장에 내몰리면서 회계사들의 감사 능력도 계속해서 떨어지고 있다. 회계법인은 조직을 유지하기 위해 과중한 업무를 회계사들에게 지우는 데다 과거보다 업무 대비 임금도 줄어들면서 경험 있는 회계사들은 대형 회계법인을 떠나 중소형 회계법인을 설립하는 일이 많아지고 있다. 대형 회계법인은 조직의 허리 역할을 하는 인재들이 떠나고 오래 몸담은 파트너급 회계사들과 갓 입사한 신입 회계사들만 남는 모래시계형 인력 구조로 바뀌고 있다. 경험이 부족한 회계사들을 교육할 만한 선임급 회계사들이 부족하다 보니 감사를 하러 간 기업에서 교육을 받고 오는 회계사들도 허다한 실정이다. 기업에게 교육을 받는 회계사가 기업의 재무제표를 제대로 감사할 수 있을 리 없다. 더구나 건설업, 조선업 등 수주산업이나 바이오산업처럼 회계감사의 전문성이 필요한 영역은 더욱 늘어나고 보다 엄격한 회계감사를 주문하는 요구도 늘고 있지만, 회계사들의 능력은 이를 쫓아가지 못하고 있다.

따라서 회계법인 내부 조직을 업종별로 정비하고 본인이 맡은 업종에 대한 전문성을 키울 수 있도록 개편할 필요가 있다. 회계법인의 사업 방식은 파트너 간의 무한경쟁 체제인데, 이런 방식도 근본적으로 바꿔야 할 것이다. 일정한 순환 주기를 두고 건설업종 담당 회계사는 건설사, 전기전자업종 담당 회계사는 관련 기업에 대해서만 일감을 얻도록 해, 산업에 대한 이해도를 높여 나가야 정확한 회계정보가 생산될 수 있다. 이는 지금의 회계법인 구조를 생각하면 지나치게 비현실적인 대안으로 보일 수도 있다. 하지만 일부 잘 나가는 회계법인 파트너의 호주머니를 채워주기 위해 전 국민이 부정확한 회계정보에 노출되는 일이 발생하는 것이 지금의 구조라고 본다면, 공익을 위해 이 정도 대안은 충분히 도입해볼 수 있을 것이다.

과거에는 한 회계사가 같은 기업을 6년 이상 회계감사하지 못하도록 막았지만, 2008년부터 이 제도를 폐지했다. 회계사가 업계에 대해 어느 정도 이해를 할 때가 되면 다른 회사로 이동하게 되면서 기업 이해도가 떨어진다는 이유에서다. 그러나 이런 규제 완화가 기업과 회계사 간 유착을 강화해 오히려 부정확한 회계정보가 양산되는 결과로 이어지는 모습을 봐왔다. 대표적으로 세월호 사태를 일으킨 세모그룹은 13년 동안 한 회계감사반에만 회계감사 업무를 맡겨왔다. 경영진과 회계사의 관계가 분식회계를 제대로 지적할 수 없을 만큼 견고하게 유착되는 것이다. 업종별로는 한가지 업종을 오랫동안 담당해 전문성을 키울 수 있도록 하되 한 기업에 오랫동안 감사를 맡길 수 있도록 한 것은 다시 법을 고쳐 금지해야 한다.

언론사에 근무하는 기자가 출입하는 기관에다 큰소리를 치면서 자료를 요구할 수 있는 이유는 생업에 종사하는 국민을 대신해 알권리를 충족하라는 임무를 부여받았다고 보기 때문인데, 회계사도 정확한 회계정보를 국민에게 알리라는 임무를 부여받았다고 볼 수 있다. 그만큼 회계사가 기업에 큰소리치며 자료를 요구할 수 있는 이른바 '갑'으로 만들어줄 수 있는 대책들도 마련돼야 한다. 갑까진 안 되더라도 최소한 을은 면해야 제대로 감시를 할 수 있을 것 아닌가. 가령 회계감사 과정에서 기업의 분식회계나 횡령 등 범죄 행위를 한 정황이 포착된다면, 즉시 감독당국에 신고해 조사가 이뤄지도록 제도를 만들어야 한다. 이런 아이디어는 과거 글로벌 금융위기 이후 회계 산업 선진화 방안을 만들면서 금융당국에서 논의된 적이 있는데 기업 부담을 우려해 제도화하지 못했다. 불법을 방치하는 것이 규제 완화의 목적은 아닐 것이다. 또 정보가 부족한 개인들이 분식회계 기업에 투자해 손실을 보는 일이 없도록 주식시장 상장을 준비하는 기업을 감사하는 국가 지정 감사인에 한해서는 검찰에 준하는 계좌추적 권한을 부여해 분식회계 기업이 아무런 걸림돌 없이 주식시장에 상장하는 일만큼은 막아야 한다. '갑질'이 사회적인 문제가 되고 있지만, 감독하는 위치에 선 사람들이 '을'이 되었을 때의 폐해는 감시를 받아야 할 측의 부정행위가 고쳐질 수 없다는 측면에서 국민에게는 불행일 수밖에 없다.

기업의 재무제표 공시 단계

회계사들의 회계감사가 끝난 재무제표는 금융감독원 전자공시시스템을 통해 전 국민에게 공시되는데, 재무제표를 제대로 읽을 줄 아는 국민은 회계사나 증권사, 신용평가사의 애널리스트와 같은 극소수 전문직 종사자들에 불과하다. 매일 기업에 대해 기사를 쓰는 경제담당 기자들 중에도 재무제표를 제대로 이해하지 못하는 사람이 허다할 정도이니, 일반 국민들에게 회계는 너무나 동떨어진 별세계인 것이다. 회계용어를 누구나 이해할 수 있도록 쉬운 말로 바꿔야 할 필요성이 절실하다.

게다가 기업의 재무제표만 덜렁 공시하는 것으로 그쳐선 안 된다. 기업의 사내유보금이나 부채비율, 유동성비율, 배당가능이익, 매출채권회전율, 재고자산회전율 등 계산기를 두드려야 하는 정보들까지 친절히 공시할 수 있도록 해야 한다. 일반 국민에게는 날것 그대로의 데이터보다 이렇게 알기 쉽게 가공한 회계정보가 더 절실하다. 계산법을 알지 못하면 계산기가 있어도 이를 알아내기가 어려운 것이 현실이다. 낫 놓고 기역자도 모르게 해놓고는 왜 낫 놓고 기역자도 몰랐냐고 투자자 책임만 물어서는 곤란하다.

회계정보도 기업 편의가 아니라 이용자 편의로 공시돼야 한다. 가령 건설사나 조선사와 같은 수주기업은 사업장별 공사 내역이 중요한데 이런 정보는 기업의 원가 정보가 유출될 수 있다는 이유로 공개하지 않고 있다. 사업장별 공사 내역이 없는 수주기업의 재무제표는 사실상 제대로 된 회계정보로 기능을 하지 못한다는 것을 대우건설, 대우조선해양의 사례에서 알 수 있었다. 기업 입장에서도 이렇게 공시하는 것이 대규모 손실 위험을 줄일 수 있는 대안이 될 수 있다. 어떤 프로젝트에서 예상 손실이 누적되는지를 알면 비슷한 사업을 무턱대고 추진하지 않게 될 것이고 그렇게 되면 적자 사업에 회사의 역량을 쏟아붓는 일도 미리 예방할 수 있게 되는 것이다.

금융감독원의 회계감리 단계

재무제표가 공개된 이후 분식회계 징후가 있는 기업은 금융감독원이 회계감리를 하게 된다. 회계감리란 재무제표가 회계기준에 맞게 작성됐는지, 회계사의 회계감사가 제대로 수행됐는지를 금융당국이 다시금 검증하는 작업으로 광범위한 회계부정 행위 조사 업무라고 볼 수 있다. 문제는 앞서 여러 번 지적한 바 있듯 외부감사 대상 기업은 2만

2000여 곳에 달하는데 이를 감시할 금감원의 감리 인원은 30여 명에 불과하다. 인원을 대폭 확충할 필요가 있지만, 작은 정부를 지향하는 시장주의적 국가 시스템상 시장을 감시하는 인원을 늘릴 가능성은 거의 없다고 볼 수 있다. 우선 감리 인원을 대폭 늘리고, 외부 회계법인에 외주를 주는 방식으로라도 감리 업무를 활발히 할 수 있도록 해야 한다. 금감원 인력뿐만 아니라 회계법인 인력까지 동원해 부실 저축은행을 일제히 조사할 때처럼 해마다 1000여 명씩 늘어나고 있는 회계 전문가들을 활용해 분식회계 조사를 할 수 있도록 하는 방법도 생각해 볼 수 있다.

분식회계를 감시할 인력이 부족하다면, 기업의 내부고발을 활성화하는 것도 방법이다. 그러나 현재 분식회계 제보자에 대한 신고 포상금은 5억 원에 불과하다. 주가조작 신고 포상금은 20억 원에 달하고 심지어 저축은행 비리 고발자는 금융감독원 직원으로 채용하는 제도까지 있는 데 비해 분식회계 포상금은 지나치게 적다. 분식회계 제보자는 업계에 소문이 날 경우 재취업을 할 수 없을 정도로 생계에 어려움을 겪을 수도 있기 때문에 제보를 한 이후에도 생계를 이어갈 수 있도록 주가조작 포상금 수준으로 대폭 상향할 필요가 있다. 분식회계 기업 경영진이 부풀리고 빼돌린 금액을 환수할 것까지 계산하면 포상금 수준을 높이는 것이 그리 세금을 낭비하는 일은 아닐 것이다.

또 제보자가 제보를 한다손 치더라도 지나치게 높은 수준의 제보 자료를 요구하고, 확실한 제보가 아니라면 조사조차 나가지 않는 금융당국의 소극적인 일처리 방식도 개선할 필요가 있다. 지금 금융당국에 분식회계 혐의를 제보하려면 제보자가 분식회계를 입증하는 자료를 통째로 금감원에 제출해야 한다. "도둑이야~"라고 외치기 위해 도둑의 신상 정보와 정확한 범죄기록까지 신고자가 몽땅 만들어서 제출해야 하는 꼴이다. 이는 관료가 해야 할 일을 제보자에게 떠넘기는 지극히 관료주의적 행태다. 물론 조사 인력이 절대적으로 부족한 탓도 있지만, 어느 정도 분식회계로 의심할 정황이 충분하다면, 공격적으로 조사에 착수할 수 있도록 해야 한다.

물론 경쟁업체가 분식회계 신고를 남발할 가능성도 있지만, 기업 비리는 항상 시장 경쟁 과정에서 경쟁업체에 의해 드러나는 일이 많다. 분식회계 조사에 착수했다는 사실이 알려지는 데 따른 기업 부담이 우려된다면 사안이 다소 잠잠해졌을 때를 기다렸다가 암암리에 조사에 착수하는 것도 방법이다. 어차피 분식회계 조사 여부는 외부에 공표하지 않는 일 아닌가. 물론 조사 과정에서 외부에 소문이 날 가능성도 있겠지만, 소문 날 것이 두려워 조사조차 못하는 우를 범해선 곤란하다.

증권선물위원회의 분식회계 기업 징계 단계

금융당국의 조사 결과 분식회계 사실이 드러나면 금융위원회 산하 증권선물위원회가 기업에 대한 행정조치에 나서게 된다. 그러나 문제는 행정조치와 사법적 조치 사이의 간극이 지나치게 크다는 점이다. 어떤 기업은 수천억 원을 분식회계로 부풀리고 과징금 20억 원을 받고 끝나는데, 어떤 기업은 대표이사가 20여 년 형을 살고 있다. 이는 증권선물위원회가 사건을 검찰에 넘겨도 검찰이 곧바로 수사에 착수하지 않거나 아예 검사 책상 서랍 안에 잠자는 사건으로 남겨놓기 때문에 벌어진다. 형평성에 맞는 처벌이 이뤄질 수 있도록 검사들이 적극적으로 수사를 하거나 증권선물위원회의 행정처벌 수준을 높이는 정책이 있어야 한다.

또 분식회계 조사에 있어서는 회계감독당국인 금융감독원이 전문가임에도 검찰 수사가 시작되면 금감원은 조사할 수 있는 회계장부가 없어 조사에 들어가지도 못한다. 검찰이 모든 자료를 압수해간 뒤 금감원과 공유를 하지 않는 것이다. 분식회계 사건들을 찬찬히 들여다보면 검찰이 조사했을 때는 무죄로 결론이 났지만, 금감원이 다시 조사해서 혐의를 밝혀내는 사례가 종종 있다. 검찰과 금감원 간의 공적을 내세우기 위한 경쟁이 누구를 위한 것인지 생각해봐야 한다. 검찰은 압수한 회계장부를 금감원과 공유해 기관 간 협력 속에서 조사를 해나가는 것이 필요하다. 중요한 것은 분식회계 혐의를 밝혀내는 것이지 누가 밝혀내느냐가 아니다. 검찰이 자료 공개를 거부할 때는 해당 검사에게 페널티를 줄 수 있는 제도도 마련할 필요가 있다.

회계시스템은 곳곳에 구멍이 나 있지만, 이에 대한 제도 개선은 더디다. 법을 만드는 국회가 회계에 대한 이해도가 부족하기 때문이다. 회계는 어렵고 그래서 제도 개선을 한들 '표가 안 된다'고 생각할 수 있다. 물론 더불어민주당의 김기준, 김기식 의원 등 최근 진지하게 회계정책 개선에 나선 정치인들이 눈에 띄는 것은 반가운 일이다. 그러나 정치인들이 좀 더 회계시스템에 대한 이해도를 높이고, 이것이 진정 필요한 인프라라고 생각해야 제도 개선이 이뤄질 수 있다. 또 회계 투명성이 강화

되면서 이전보다 투명하게 내부 정보를 공개해야 하는 기업의 반발도 무마할 수 있어야 한다. 수많은 제도 개선 아이디어는 결국 국회가 움직여야만 바뀌는 것 아닌가.

불법 판치는 아파트 회계, 주범은 입대의

매일 잠을 자고 밥을 먹고 아이를 키우는 곳이지만, 정작 아파트 관리비로 낸 내 돈이 어떻게 처리되고 있는지를 아는 사람은 거의 없을 겁니다. 실상을 알고 나면 아파트 각지에서 주민 폭동이 일어나진 않을까 두려울 정도이지요.

아파트에 전세나 월세로 사는 분들은 혹시 아셨습니까? 집주인이 내야 할 돈까지 세입자들이 내고 있었다는 사실을 말입니다. 전세보증금을 올리고 반전세로 전환되는 것도 서러운데 집주인이 낼 돈까지 내주고 있었다니…. 개인 소유의 주택에 세 들어 산다면 집주인과 세입자가 부담해야 할 몫이 명확합니다만, 수백 세대가 사는 아파트인 데다 전문성이 필요한 관리비 회계처리를 회계를 잘 모르는 입주자대표회의(입대의)가 간섭을 하다 보니 온통 뒤죽박죽돼 있습니다. 우리나라 어떤 아파트라도 사정은 비슷하다고 하니 독자 여러분이 사는 아파트도 예외는 아닐 겁니다.

아파트는 이윤을 추구하는 기업은 아니지만 여러 부대시설 이용료나 알뜰 장터 행사를 해서 들어오는 수입이 있습니다. 이런 수입을 잡수입이라고 하는데, 잡수입 관리규약을 보면, 집주인이 기여한 수입은 장기수선충당금으로 적립해야 합니다. 장기수선충당금은 관리규약에서 정해놓은 장기수선계획에 따라 엘리베이터나 CCTV, 울타리와 같은 중요한 시설을 보수하기 위해 쌓아두는 돈으로 집주인들에게만 걷습니다. 가령 5년에 한 번 페인트칠 공사를 하도록 장기수선계획에 나와 있다면, 그대로 해야 하지요. 이 돈을 집주인에게만 걷는 이유는 벽지가 낡으면 세입자가 알아서 도배를 하지만, 보일러나 수도가 고장 나면 집주인이 고쳐줘야 하는 것과 같은 것으로 이해하시면 됩니다.

집주인과 세입자가 함께 기여한 수입은 관리비에서 빼주거나 예비비로 쓰도록 해야 합니다. 예비비는 집주인과 세입자가 모두 부담해서 아파트 운영에 쓰는 돈입니다.

아파트 단지 안에 있는 어린이집 임대 수입이나 이동통신 중계기 임대 수입과 같은 것들은 집주인과 세입자 중 누가 번 것이라고 해야 할까요? 어린이집 건물이나 통신시설을 이용할 장소를 제공한 것이니까 집주인이 기여한 것이고 이렇게 벌어들인 수입은 장기수선충당금으로 쌓게 되지요. 하지만 아파트 쓰레기장에 버린 재활용품을 고물상에 팔아서 들어온 수입이나 알뜰 장터 수입, 게시판 광고 수입과 같은 것들은 집주인과 세입자가 모두 기여한 것으로 여기서 벌어들인 돈은 관리비를 깎아주는 데 쓰거나 예비비로 적립해야 합니다.

우리나라 대부분의 아파트는 이런 규정을 무시합니다. 세입자들이 기여해서 번 수입까지 장기수선충당금으로 쌓아버립니다. 즉, 세입자들이 버린 재활용품을 팔아 번 돈으로 집주인이 내야 할 엘리베이터나 울타리 수리비를 대고 있는 겁니다.

또 장기수선계획에는 5년마다 페인트칠 공사를 하게 돼 있는데, 5년이 지나도 벗겨진 곳 하나 없이 깨끗하다고 가정합시다. 굳이 돈을 들여 도장 공사를 할 필요가 없겠지요. 통상 아파트 도장 공사에는 수억 원대의 비용이 나간다고 합니다. 반대로 5년마다 페인트칠을 하게 돼 있는데 생각보다 빨리 페인트칠이 벗겨져 흉물스럽게 변하면, 5년이란 기간 이전이라도 페인트칠을 해야겠지요.

입대의와 관리사무소는 장기수선계획을 3년마다 검토하고 이를 수정하려면 입대의 의결을 거쳐야 합니다. 하지만 실제 현장에선 '3년'이란 주기와 상관없이 수시로 장기수선계획을 조정해야 하는 상황이 비일비재한데, 이렇게 3년이 되기 전에 장기수선계획을 고치려면 전체 집주인 과반의 서면동의를 받아야 하지요. 공사 한번 할 때마다 집주인 과반의 서명을 받는 게 가능할까요? 특히 세종시처럼 입주민 대부분이 세입자일 때는 서명을 받기가 더욱 어렵습니다. 서울에 판교에 대전에…. 집주인 찾아 삼만리라도 벌여야 할 판이지요.

이렇게 법에 나온 대로 장기수선충당금을 활용해 주요 시설 공사를 하기란 쉽지 않습니다. 게다가 이 충당금을 쌓겠다고 관리비를 올리면 집주인들의 불만이 터져 나옵니다. 그렇다고 고장 난 엘리베이터나 펌프를 그대로 둘 수도 없고, 그래서 관리사무소에선 장기수선충당금이 아니라 예비비, 잡지출로 회계처리를 하게 됩니다. 집주인의 몫을 세입자들이 부담하는 일이 만연한 것이지요.

이렇게 회계처리가 엉망진창이 된 것은 주택관리 전문가가 아닌 입대의가 아파트 회계처리에 지나치게 간섭을 하면서 벌어집니다. 집주인들이 내야 할 장기수선충당금은 주택법에 따라 장기수선계획에 나와 있는 대로 적립을 해야 하지요. 그러나 이렇게 법대로 적립하게 되면 아파트 관리비가 오를 수 있다는 이유로 이를 무시합니다. 장기수선충당금이 계획에 나온 대로 들어오질 않으니 정작 이 돈이 필요한 중요 시설 수리비에 쓸 수 있는 돈이 없고 결국 세입자들이 낸 돈에 손을 댈 수밖에 없게 되지요. 아파트 관리소장 인사권은 입대의가 갖고 있기 때문에 생계가 걸려 있는 관리소장은 부당한 줄 알면서도 입대의에 항의를 할 수도 없습니다.

지방자치단체는 이런 사정을 고려하지도 않습니다. 지자체는 현실을 무시하고 관리규약대로 장기수선충당금을 걷어서 집행하지 않았다며 아파트 관리소장에게만 과태료를 부과합니다. 관리사무소는 입대의에 법규정대로 하자고 이야기할 수도 없고, 그렇다고 입대의가 원하는 대로 하면 지자체에 과태료를 내야 하는 샌드위치 신세인 셈입니다.

물론 관리사무소가 약자라고 해서 무조건 두둔하는 건 아닙니다. 일부 관리비를 횡령하거나 부정을 저지르는 관리소장들은 회계감사를 하면 관리비가 올라간다는 이유를 들어 입주민의 3분의 2 이상 동의를 받아 회계감사를 피해 갑니다. 실제로 오르는 관리비는 몇백 원에 불과한데 자신들의 부정을 감추기 위해 회계감사를 받지 않도록 종용하는 것입니다. 올해 10월부터 300세대 이상인 아파트는 의무적으로 회계감사를 받아야 하지만, 입주민 3분의 2의 서면 동의가 있다면 감사를 받지 않아도 된다는 규정을 악용하는 것이죠. 아파트 관리비에 대한 회계처리는 관리소장에게 맡기고 외부 공인회계사를 선임해 철저히 회계감사를 받게 하는 것. 입대의는 관리비 몇 푼 아끼자고 눈을 부릅뜰 것이 아니라 주택법과 규약에 따라 관리비가 공정하게 집행될 수 있는 환경을 만들기 위해 노력하는 것과 같은 기본적인 첫 단추부터 다시 채워야 할 때가 아닌가 합니다.

새로운 사회를 여는 신인류, 계산하는 인간

중국의 고사 조삼모사(朝三暮四)는 《장자》에서 유래했다. 흔히 눈앞에 보이는 이득에만 집착하는 사람을 비꼬는 말로 쓰인다. 송나라 저공이 원숭이들에게 "먹이가 부족하니 너희에게 주던 도토리를 아침에 3개, 저녁에 4개로 줄이겠다"고 하자 원숭이들이 화를 낸다. 그러자 저공은 다시 "아침에 4개, 저녁에 3개로 바꾸겠다"고 하자 '무식한' 원숭이들은 도토리 개수가 같은지 모르고 좋아하더라는 얘기다.

하지만 원숭이들이 정말 무식했던 것일까? 오히려 회계적으로 보면 더 똑똑한 쪽은 저공이 아니라 원숭이들이다. 저공이 원숭이들에게 도토리 7개를 주겠다고 한 것은 원숭이들 입장에선 '도토리 7개'로 계산할 수 있는 매출이 발생한 것이다. 그러나 매출이 발생했다고 당장 현금이 들어오는 것은 아니다. 거래처로부터 외상으로 거래를 한 뒤 받아야 할 돈이 실제로 들어와야 기업에도 유리한 것이다. 현금은 빨리 회수월수록 좋은 것이다. 현금이 빨리 들어오면 그 돈을 이자나 배당수익을 얻을 수 있는 예금이나 주식에 투자할 수 있지 않겠는가. 이런 관점에서 보면, 원숭이들 입장에선 도토리 7개란 매출이 발생했지만, 아침에 4개, 저녁에 3개를 회수하는 것이 아침에 3개, 저녁에 4개를 회수하는 것보다 더 낫다. 저공이 저녁에는 잠적해 도토리를 주겠다는 약속을 지키지 않아 외상으로 받아야 할 '매출채권'이 부도 처리될 가능성까지 고려한다면 단연 원숭이들이 회계 지능은 한 수 위였던 것이다 (실제로 우리나라 조선업체들은 발주처가 주는 해양플랜트 공사대금을 공사 시작 시점에는 적게, 공사가 끝날 무렵에는 더 많이 받는 식, 즉 '헤비테일' 방식으로 계약을 맺었는데 최근 발주처가 공사대금을 주지 않으면서 대규모 손실을 떠안게 됐다. 이는 전형적인 발주처의 조삼모사에 속은 경우다).

물론 송나라 저공은 원숭이들을 너무나 사랑한 까닭에 원숭이들의 의견을 들어준 사려 깊은 사람이라고 볼 수 있겠지만, 손실과 이익을 정확히 계산하는 인간, 즉 호모 칼쿨루스(Homo calculus)의 면모는 보여주지 못했다.

인간이 동물과 다른 여러 가지 특성 중 하나는 바로 '계산하는 인간'이다. 무슨 일이든 계산하고 이해타산을 따져 행동하는 경향이 많은 자본주의 사회의 현대인을 '계산적 인간'이라고 다소 부정적인 뉘앙스로 이야기하지만, 인류는 농사를 시작하기 훨씬 이전부터, 수렵과 채집 생활로 끼니를 때우던 시절부터 계산하는 인간이었다. 기본적으로 공동체 구성원들의 주린 배를 채우려면 공동체 인원이 몇 명인지, 고기로 쓸 만한 짐승은 몇 마리나 사냥해야 하는지, 혼자서는 사냥하기 어려운 큰 짐승을 포획할 때는 몇 명의 장정이 더 필요한지, 몇 개의 창과 화살촉이 필요한지…. 당장 사냥터에 나가기 전까지만 해도 계산해야 할 것이 한둘이 아니었을 것이다. 회계는 이런 계산하는 인간의 특성에서 출발한 것이다. 원시사회에선 수렵, 채집 활동을 하는 누구나 기초적인 회계를 하는 사회였다고 상상할 수 있겠다.

인류 공동체의 규모가 커지고 비옥한 강가에 정착해 농사를 짓게 되면서 계산해야 할 것들은 더욱 많아졌다. 한 해 뿌려야 할 씨앗의 양과 공동체가 굶어 죽지 않기 위해 토기에 보관해야 할 곡식의 양, 계절의 바뀜에 따라 씨앗을 뿌려야 할 시기와 거둬들여야 할 시기, 강이 범람하는 시기 등을 계산해야 했을 것이다. 거기다 노동 인구가 늘고 축력(畜力)과 철제농기구를 농사에 사용하게 되면서 식량 생산력은 크게 개선됐고 공동체 구성원을 먹이고도 남은 '잉여생산물'이 많아지게 되면서 곡식창고를 중심으로 한 회계도 발전을 거듭하게 된다. 잉여생산물을 관리하는 창고지기들은 먹을 것이 부족해진 다른 공동체의 침략을 막기 위해 무기를 만들게 됐고, 군사력을 갖춘 권력 집단으로 변모해갔다. 창고지기들은 과학이 발달하지 않은 사회에서 다른 공동체 구성원보다 하늘과 날씨, 계절의 흐름을 빨리 읽는 능력을 가지면서 무력과 함께 신의 권능까지 지닌 지도자로 거듭나게 된다. 곡식창고는 고대의 지구라트나 피라미드와 같은 신전이 됐고, 그 신전에서 각종 고대 숫자와 문자의 흔적이 발견되는 것은 우연이 아닐 것이다. 잉여생산물을 기록하는 일은 이제는 평범한 사람들이 감히 접근하지 못하는 전문가만의 영역이 됐다.

수천 년 동안 잉여생산물의 관리자는 고대 노예제 사회의 지도자에서 중세의 영주와 성직자, 왕과 귀족, 현대의 자본가 계급으로 바뀌어갔다. 그런 과정 속에서 회계는 더욱 전문화했고, 회계사나 애널리스트처럼 회계 전문가가 아니고서는 감히 기업의 재무제표를 읽기도 어려울 정도로 복잡해졌다. 평범한 사람들이 보기에 회계는 딱딱하고 냉혹한, 돈의 논리를 기록하는 가장 자본주의적인 학문이 되어버렸다. 회계사들 중 일부가 자본가들의 탈세와 분식회계를 도와주는 '업'을 하게 된 것도 이런 역사적 흐름 위에 있다.

태초에 회계는 회계 전문가들만의 전유물이 아니었다. 인류가 먹고 사는 문제를 해결하기 위해 생산물의 생산량을 기록하는 필요에 의해 생겨났고, 공동체에서 가장 계산이 빠르고 똑똑한 구성원이 그 일을 맡아 공동체의 생존에 기여했을 것이다. 그러다 지배계급과 피지배계급이 분화되기 시작하면서 지배계급이 잉여생산물을 독식하고 분배를 왜곡하기 위해 회계를 전문가들만의 전유물로 바꿔놓은 것이다. 현대 사회도 마찬가지다. 인간은 누구나 '계산하는 인간'이란 본성이 있기 때문에 쉬운 말로 풀이하면 누구든 이해할 수 있는 내용을 괜히 어려운 회계용어를 써서 평범한 사람들의 접근을 막고 있다. 각종 신용카드 포인트와 할인혜택을 계산할 줄 아는 사람이라면 누구든 이해할 수 있는 것이 회계임에도 온갖 '외계어'를 동원해 언어의 성벽을 쌓아놓은 것이다.

억압받는 모든 평범한 사람들이 회계 언어를 익히는 것, 회계 지능을 갖는 것은 문맹자였던 민중이 문자를 익히면서 세상에 눈을 뜨고 문자로 기록된 역사를 읽고 새로운 역사를 창조할 힘을 갖는 것처럼 혁명적인 일이다.

인류 역사에서 가장 많은 잉여생산물을 생산한 일하는 사람들, 그러면서도 해고 불안에 시달리며 육아, 보육, 교육, 주거 문제 하나 제대로 해결하지 못하고 불안한 노후를 맞는 사람들. 인터넷으로 최저임금 인상률을 검색하며 결혼과 출산과 인간관계를 포기해야 하는 청년 알바생들. 폐지 줍는 일로 여생을 마쳐야 하는 도시 노인들. 우리 사회에서 민중이라 불리는 모든 이들이 그들 스스로 만들어놓은 잉여생산물이 얼마나 되는지, 그 잉여생산물 중 우리가 얼마나 나눠 갖고 있는지, 잉여생산물의 관리자들이 온갖 쓸데없는 곳에 쏟아붓는 가치가 얼마나 많은지를 안다는 것. 그것을 혁명이라고 부르지 않으면 뭐라고 불러야 할까.

다행스럽게도 인터넷, 정보통신 기술이라는 하드웨어와 민주주의라는 소프트웨어의 발전이 거듭되면서 공동체의 생산수단을 보유한 기업의 회계정보가 모든 국민에게 공개되고 있다. 우리나라 금융감독원의 전자공시시스템은 회계적 측면에선 구텐베르크의 활판인쇄술에 비유할 수 있을 만큼 대중의 회계 지능을 높일 수 있는 기반이다.

기반은 마련돼 있지만, 여전히 평범한 사람들이 이해하기에는 회계는 지나치게 어렵다. 우리나라의 금속활자가 구텐베르크의 활판인쇄술보다 일찍 탄생했음에도 인류에 공헌한 정도를 저평가받고 있는 것도 그저 지배계급의 언어를 찍어내는 데만 그쳤기 때문이다. 반면 서양의 활판인쇄술은 근대적 신문을 만들어 시민계급을 결집토록 하고 프랑스 혁명 등 근대 시민혁명에서 핵심적인 역할을 했기에 오늘날 역사적 가치를 인정받게 됐다. 금감원 전자공시시스템도 자본만이 이해하는 언어가 아니라 누구나 쉽게 이해할 수 있는 언어로 탈바꿈해나갈 필요가 있다.

계산하는 인류 공동체에서 회계는 곧 권력을 의미한다. 회계 언어가 대중의 언어로 바뀌기 위해서는 지난한 과정이 필요할 것이다. 그렇다고 언제까지나 까막눈으로 살 수만은 없지 않은가. 왜 회계 언어를 평범한 사람들이 알아야 하는지, 회계를 알면 볼 수 있는 세상이 어떤 것인지를 그려보고 싶었다. 평범한 사람의 피와 땀으로 일궈놓은 가치가 어떻게 생겨나서 어떻게 분배되는지, 그것이 정의로운 것인지를 주권자 국민들이 매사에 판단하게 된다면, 이 사회가 얼마나 더 발전할 수 있을까. 진정 나라의 주인들의 눈을 가리는 부조리한 구조를 그냥 두고 넘어갈 수는 없었다.

전문가가 아닌 비전문가의 한 사람으로서 회계라는 성벽에 기어오르는 동안 자그마한 창으로 들여다본 성벽 너머의 부조리한 일들을 기록했다. 자본주의의 오늘을 기록하고 감시하는 경제 기자로 사는 동안 그 기록은 멈추지 않을 것이다.

분식회계, 위험한 숫자놀음 조작된 회계장부

기업의 거짓말

ⓒ김도년·유윤정, 2016

초판 1쇄 2016년 4월 15일 발행
개정 1쇄 2018년 7월 23일 발행

지은이 김도년·유윤정
감 수 성병수
펴낸이 김성실
책임편집 박성훈
교정교열 권우철
표지 디자인 석운디자인
본문 디자인 이주영
제작 한영문화사

펴낸곳 시대의창 **등록** 제10−1756호(1999. 5. 11)
주소 03985 서울시 마포구 연희로 19−1
전화 02)335−6121 **팩스** 02)325−5607
전자우편 sidaebooks@daum.net
페이스북 www.facebook.com/sidaebooks
트위터 @sidaebooks

ISBN 978−89−5940−673−9 (03320)

잘못된 책은 구입하신 곳에서 바꾸어드립니다.

이 도서의 국립중앙도서관 출판시도서목록(CIP)은
서지정보유통지원시스템 홈페이지(http://seoji.nl.go.kr)와
국가자료공동목록시스템(http://www.nl.go.kr/kolisnet)에서 이용하실 수 있습니다.
(CIP제어번호: CIP2018020143)